FRANÇAIS
MAIS PAS GAULOIS

DES MÊMES AUTEURS

Daniel Cohn-Bendit

Sous les crampons... la plage (avec Patrick Lemoine), Robert Laffont, 2018.

Forget 68, Éditions de l'Aube, 2018.

Et si on arrêtait les conneries ? (avec Hervé Algalarrondo), Fayard, 2016.

L'Humeur de Dany, Robert Laffont, 2014.

Pour supprimer les partis politiques !? Réflexions d'un apatride sans parti, « Ceux qui marchent contre le vent », Indigène éditions, 2013.

Debout l'Europe ! (avec Guy Verhofstadt), André Versaille, 2012.

La Gouvernance en révolution(s), Charles Léopold Mayer, 2012.

Que faire ?, « Tapage », Hachette, 2009.

Liquider 68 ? Forum Libération de Grenoble (avec Georges-Marc Benamou), Frémeaux & Associés, 2008, CD audio.

Forget 68, Éditions de l'Aube, 2008.

Petit dictionnaire de l'euro (avec Olivier Duhamel et Thierry Vissol), Seuil, 1998.

Une envie de politique (avec Lucas Delattre et Guy Herzlich), La Découverte, 1998.

Nous l'avons tant aimée, la Révolution, Barrault Éditions, 1986.

Le Grand Bazar, Belfond, 1975.

Le Gauchisme, remède à la maladie sénile du communisme (avec Gabriel Cohn-Bendit), Seuil, 1969.

Patrick Lemoine

Le Grand Livre du foot (avec Jérôme Bureau), Hachette Sport, 2020.

Le Grand Livre du rugby (avec Jérôme Bureau), Hachette Sport, 2019.

Sous les crampons... la plage (avec Daniel Cohn-Bendit), Robert Laffont, 2018.

Le Carré magique. Quand le jeu était à nous, Talent Sport, 2016.

DANIEL COHN-BENDIT
PATRICK LEMOINE

FRANÇAIS MAIS PAS GAULOIS

Des étrangers qui ont fait la France

Robert Laffont

ISBN : 978-2-221-26094-4
Dépôt légal : janvier 2023
Éditions Robert Laffont – 92, avenue de France 75013 Paris

Préambule

Ce livre a été écrit à quatre mains, par des auteurs qui, bien qu'étant tous les deux nés en France, ne sont intellectuellement pas partis du même « endroit ».

D'un côté, Daniel Cohn-Bendit, fils de réfugiés ayant fui le nazisme, qui a vu le jour à Montauban à la fin de la Seconde Guerre mondiale, et a grandi en France en tant qu'apatride pendant les quatorze premières années de sa vie. Il deviendra allemand en 1959 puis français, donc binational, en 2015.

De l'autre, Patrick Lemoine, un « Français de souche », selon l'expression justement controversée, et « Parigot pur sucre du 15e arrondissement » depuis son premier cri, poussé en 1951, auxquels les cinquante-deux pays qu'il a parcourus durant sa carrière de journaliste ont donné un peu de recul et une certaine forme de « sagesse » – encore qu'il puisse, à l'occasion, se montrer gentiment « franchouillard » ou au contraire « anti-français » dès lors que l'on veut mettre sur un pied d'égalité Molière et Shakespeare, Pierre de Fermat et Isaac Newton, Louis XIV et Elizabeth II.

Pour « Dany » : sa naissance, et le statut qui en a découlé, a surdéterminé sa conscience. Car, bien qu'ayant vécu – hormis de 1959 à septembre 1966 et de mai 1968 à juin 1978 – à la fois en France et en Allemagne, il n'a jamais eu une identité « nationale ». Il ne « pense » la France, ou l'Allemagne, que du point de vue d'un apatride... européen.

Mais pas en sport, personne n'est parfait ! Depuis ses premières émotions remontant à l'enfance, quand il voyait jouer l'équipe de France de foot, son cœur a toujours été peint en bleu, et pratiquement jamais aux couleurs de la RFA. Sauf lorsque cette dernière affrontait l'ex-URSS de Brejnev, l'ex-Yougoslavie de Milosevic, ou qu'elle se mesure aujourd'hui à la Russie de Poutine, la Hongrie d'Orbán, ou à la Serbie de qui que ce soit.

De l'« internationalisme prolétarien » beaucoup prôné par Patrick Lemoine, il ne reste plus, en revanche, que les quelques miettes d'un ex-soixante-huitard sur le retour. Même s'il lui arrive encore de brandir l'étendard avec force, pour soutenir des idées portées par des Françaises et des Français de gauche.

De l'échange entre ces deux hommes ayant roulé leur bosse résultent une réflexion et deux questions : « Qu'est-ce que c'est, la France ? » Et : « Pourquoi est-on en droit de se poser la question ? »

Pourquoi ? Parce qu'ils estiment que, depuis dix ans au moins, « on » n'arrête pas de nous bassiner avec ce que sont « vraiment la France », la prétendue « spécificité française » et autres balivernes.

Ce livre est une tentative : il envisage que l'identité française proprement dite n'existe peut-être pas. Et ces pages sont à la fois un coup de cœur et une proposition. Celle de s'arrêter un instant afin de revisiter l'histoire de ce pays, du début du XXe siècle à aujourd'hui, au travers des actes de ces étrangers qui « l'ont faite », la France. Vaste programme, comme disait l'autre. Que ce « Franco-Allemand germano-français » et ce désormais « vieux Gaulois gaucho » ont tenté de remplir. Le premier en réfléchissant aux notions d'identité et de nationalité ; son « petit camarade » en contant histoires et parcours choisis de ces hommes et femmes qui ont enrichi notre patrimoine.

Un inventaire forcément subjectif et incomplet, mêlant des géants – Marie Curie, Marc Chagall, Jacques Brel, Karl Lagerfeld, par exemple – et de parfaits inconnus, ou presque, tels le petit Italien Désiré Bianco, plus jeune « soldat » à avoir été reconnu « mort pour la France » durant la Première Guerre mondiale (il avait treize ans), ou Mamoudou Gassama, un jeune Malien sans papiers qui a escaladé un immeuble à la force de ses bras, en 2018, pour réussir à sauver un enfant qui se tenait dans le vide, agrippé à la rambarde d'un balcon.

De l'identité

Lors d'une conférence donnée en Sorbonne en 1882, Ernest Renan tenta d'éclaircir ce qui était pour lui un malentendu : la confusion entre « race » et « nation ».

« Une nation, expliqua-t-il, est une âme, un principe spirituel. […] C'est la possession en commun d'un riche legs du passé, et le consentement actuel, le désir de vivre ensemble, la volonté de continuer à faire valoir l'héritage qu'on a reçu. » Il ajoutait : « L'existence d'une nation est un plébiscite de tous les jours, comme l'existence de l'individu est une affirmation perpétuelle de la vie. » Avant de conclure, en écartant la chimère selon laquelle la nation serait une « réalité naturelle » – vision qui, douze ans après la guerre de 1870, était celle de l'Allemagne – : « L'homme n'est esclave ni de sa race, ni de sa langue, ni de sa religion, ni du cours des fleuves, ni de la direction des chaînes de montagnes. Une grande agrégation d'hommes, saine d'esprit et chaude de cœur, crée une conscience morale, qui s'appelle une nation. »

Partant, peut-on s'identifier à la France sans être français ?

« Français », c'est ce qui, d'un point de vue strictement bureaucratique, est inscrit sur la carte d'identité. Moi, Dany, je l'ai eue à soixante-huit ans. C'est-à-dire sur le tard. Comment pourrais-je donc me dire *français* au sens où on l'entend généralement, dès lors qu'administrativement je ne le suis que depuis huit ans, et qu'*allemand* je le suis depuis bien plus d'un demi-siècle ? Pendant longtemps, je n'ai même pas été un Français « de papiers ».

Ne voyez là ni provocation ni jeu de ma part, seulement l'expression du refus de me réduire à une identité nationale définie par autrui. Je ne souhaite pas m'identifier à l'histoire de l'Allemagne, où je n'ai été et ne reste, justement, qu'un citoyen… « de papiers ».

Par exemple, quand rejaillit à Berlin l'éternel débat – qui n'en finira jamais – sur la responsabilité historique de l'Allemagne envers les Juifs (mais pas seulement), je réponds chaque fois : « Sans moi. » Tout en sachant raison garder, j'ai une position à peu près semblable quand, en France, on veut me lancer sur le sujet. Ce qui ne m'empêche pas, en privé, d'avoir mon opinion.

Ainsi, j'ai reconnu et respecté le courage de Jacques Chirac, qui, en juillet 1995, a été le premier président de la République à reconnaître et à dénoncer l'insupportable comportement de l'« État français » – c'est-à-dire du monde politique et de l'administration – pendant l'Occupation. Mais il aurait dû aller jusqu'au bout. Les politiciens, les fonctionnaires – hauts et petits – n'ont pas été les seuls responsables. Cette collaboration, une partie importante de la société française y a participé.

Et si, parmi elle, tous n'ont pas adhéré au pétainisme ni « vendu de beurre aux Allemands », les petites lâchetés quotidiennes de chacun pour survivre ont, qu'on le veuille ou non, participé à son installation et à son maintien pendant quatre ans. Il y a eu, bien sûr, des villages entiers, et quelques villes, qui ont caché des enfants, qui se sont tus et ont été reconnus « Justes parmi les nations » (Moissac, notamment, où a été protégé Gabriel, « Gaby », mon grand frère). Mais cela ne suffit pas à pouvoir affirmer que *la* France a résisté. De Gaulle l'a longtemps soutenu – ce fut une contre-vérité. Nécessaire, apparemment, pour redonner une dimension positive à la conception qu'il avait de l'identité française, car il estimait que l'on ne pourrait repartir droit dans ses bottes sans réduire, puis effacer, cette fracture.

Je comprends que certains puissent encore s'étonner que cette France, qui avait porté quatre ans auparavant le Front populaire au pouvoir, puis que cette « France de gauche », pensait-on, ait retourné si rapidement la veste de son uniforme après la débâcle de juin 1940. C'est sans doute parce qu'elle n'était pas de gauche, ou pas tant que cela ? Pas plus qu'elle ne le fut le 2 janvier 1956 après la victoire de la SFIO[1] et de ses alliés aux législatives ; ni en 1981 et en 1988, avec l'élection et la réélection de François Mitterrand à la présidentielle ; ni même au printemps 1997, quand Lionel Jospin devint Premier ministre par accident ; ou lorsque, quinze ans

1. Section française de l'Internationale ouvrière. Le nom du Parti socialiste français de 1905 à 1969.

plus tard, François Hollande entra à l'Élysée en une période où l'important, pour beaucoup, était d'envoyer Nicolas Sarkozy dans les cordes.

L'a-t-elle jamais été, en vérité ?

En fait, aux élections législatives de mai 1936, ce qu'avaient voulu 57 % de la France masculine – les femmes n'avaient pas encore le droit de voter –, c'était juste un bien-être social. Le reste, ils s'en moquaient pas mal. Donner sa voix à la gauche ne signifie pas que l'on vote pour un héroïsme ou une résistance permanente. La France de 1936 ne s'est ainsi globalement pas cabrée pour que l'on vienne en aide aux républicains espagnols.

Entendons-nous : finir par s'arranger de tout, comme cela a été le cas à partir de juillet 1940, n'est pas un gène proprement français. Peu d'hommes et femmes, où que ce soit, sont des héros. On peut avoir des fulgurances ou, à l'image de toutes les résistances, de durables comportements héroïques, mais se mettre physiquement en danger n'est pas le propre de l'être humain.

C'est pour cela que l'Allemagne et la France sont d'accord sur un point. Ce n'est pas le seul, mais celui-ci est primordial. À l'aune des deux conflits mondiaux du XXe siècle, les deux peuples ont une volonté commune : « Plus jamais ça ! »

À ceci près que l'expression ne se comprend pas pareillement sur les bords de la Spree et sur ceux de la Seine… En Allemagne, on entend par là que plus jamais un homme ou une femme de la Bundeswehr[1] ne mettra

1. Défense fédérale – l'armée allemande.

le pied au-delà de ses frontières. Du côté de la France, cela veut dire que plus jamais un soldat étranger ne foulera son sol. Et, pour les Français, c'est la justification fondamentale de l'arme atomique. Voilà pourquoi, très vite après son retour aux affaires, de Gaulle affirma : « La bombe, c'est la nouvelle ligne Maginot. » Ce n'est évidemment pas *que* cela, puisque la réconciliation des deux pays a été, elle aussi, fondamentale.

Il s'est ainsi ancré dans les esprits que, si la défaite de l'armée en 1940, puis celle, morale – jusqu'à l'été 1944 –, d'une partie de la société française ont eu lieu, c'est parce qu'il ne « fallait pas les laisser entrer », comme le clama, gouailleuse, Arletty lorsqu'on la jugea pour avoir eu une histoire d'amour avec un lieutenant de la Luftwaffe[1].

Cette double humiliation reste une blessure identitaire et narcissique, certes refoulée, que la France porte en elle depuis près de quatre-vingts ans – ce qu'en Allemagne, on ne comprend souvent pas.

En revanche, j'aime que des Allemands ne veuillent plus se balader à travers le monde pour y faire on ne sait trop quoi. Oui, je préfère des Allemands qui refusent tout militarisme conquérant à certains qui rêvent encore d'un grand Reich s'étendant de Brest à Vladivostok et du cap Nord norvégien à la pointe sud de la Sicile.

« De la Meuse jusqu'au Niémen, de l'Adige jusqu'au Détroit, l'Allemagne, l'Allemagne au-dessus de tout,

1. Nom de l'armée de l'air allemande créée par Hermann Göring, en 1935.

au-dessus de tout au monde. » Ce sont les paroles de la fin du premier couplet de ce que fut l'hymne national jusqu'à la chute du IIIe Reich. Tout en ayant conservé la musique de Joseph Haydn, c'est la troisième strophe du Lied écrit par August von Fallersleben – dans lequel il n'est plus évoqué cet expansionnisme territorial mégalo – qui est chanté depuis. Ce n'est pas plus mal. Mais il est vrai que, depuis les agressions serbe et russe en Bosnie et en Ukraine, je plaide pour la participation allemande, en hommes et en armes, pour la défense des peuples martyrs. Les temps changent ; moi aussi.

Revenons à mes parents.

Après qu'un personnage haut placé eut prévenu mon père, Erich, un avocat de gauche, qu'il allait prochainement être arrêté, il fuit l'Allemagne dès mars 1933, juste après l'incendie du Reichstag, avec Herta, ma mère, étudiante en droit. Aussitôt, ils furent déchus de leur nationalité.

Ils s'installent à Paris, jusqu'à ce que la débandade militaire française de mai-juin 1940 les repousse dans le Tarn-et-Garonne, où ils survivent avec Gaby, né en 1936 à Montrouge et déclaré en mairie. Après le Débarquement et une fois l'espoir revenu, la fantaisie les prend de lui donner un petit frère – ce qui m'a fait dire que j'étais une « envie du Jour J ».

Ayant pour projet d'émigrer aux États-Unis (voire en Israël, pour ce qui était de ma mère) et d'y retrouver leur amie Hannah Arendt, ils ne déclarent pas ma naissance – le 4 avril 1945, à Montauban – dans les six mois qui la suivent. Dès lors, je ne peux plus être français, et me retrouve apatride comme eux, bénéficiant d'un passeport Nansen, et basta ! Ce fameux Nansen, un viatique protecteur qui a sauvé tant d'émigrés et qui porte le nom de son créateur, le premier haut-commissaire pour les réfugiés de la SDN[1], lequel l'imagina en 1921 afin que les Russes qui fuyaient sans papiers la terreur rouge, la guerre civile et les famines soviétiques, puissent officiellement vivre loin de chez eux.

Si en 1959 j'ai pris la nationalité allemande, c'est totalement par opportunisme : cela m'éviterait de faire mon service militaire. Une loi venait d'être édictée, exonérant de cette obligation les enfants dont le père et la mère avaient été persécutés par le régime nazi. Ce n'est pas pour autant que je me suis senti investi de l'âme teutonne.

Ce qui est surréaliste, dans cette histoire, c'est que, sans cette opportunité administrative, je n'aurais pas pu être expulsé en 1968 et reconduit à la frontière près de Forbach. Selon la convention de Genève, on ne peut en effet pas être renvoyé dans le pays que l'on a été obligé de quitter pour des raisons politiques ou humanitaires. Ce qui a permis, soit dit en passant, au camarade Georges Marchais, alors numéro deux du Parti communiste français, de m'appeler l'« anarchiste allemand » lorsqu'il s'en est pris à moi dans un éditorial de *L'Humanité*. Il aurait pu dire l'« anarchiste

1. Société des nations, l'ancêtre de l'Organisation des Nations unies (ONU).

débile mental irresponsable » – voire « contre-révolutionnaire ». Non, il a appuyé sur un point sensible très spécifique : la haine du « Boche », toujours très vivace alors dans le pays.

Assigné à la nationalité allemande par les propriétaires du bunker de la place Colonel-Fabien, germanisé de fait en étant chassé par le ministre de l'Intérieur de Charles de Gaulle – ce qui était grotesque –, je me suis soudain trouvé replongé dans ce qu'était l'essence de mon identité d'apatride.

Car, de nationalité, je n'en ai toujours eu qu'une : européenne. Comme elle n'existe pas dans les textes, je me suis, avec les ans, résolu à en avoir… deux, afin d'approcher un statut qui y ressemblerait un peu. Il n'y avait qu'une échappatoire. Avoir les nationalités de là où j'ai vécu les moments politiques les plus intenses de ma vie. D'où ma démarche, en 2015 – même si j'y avais réfléchi avant et m'en étais ouvert à la fin des années 1990 à Martine Aubry, ministre du gouvernement Jospin. À ce moment-là, c'était toutefois plus compliqué : la procédure impliquait que je renonce à la nationalité qui était la mienne depuis 1959. Ce qui me faisait repartir à la case départ, et allait à l'encontre de ce que je voulais.

Et même lorsqu'il y a huit ans, j'ai déposé ma demande au consulat français de Francfort, on m'a fait comprendre que ce n'était pas si simple… Bien que Jacques Chirac et Gerhard Schröder se soient entendus pour accorder la double nationalité à quelqu'un partageant son temps entre la France et l'Allemagne, le *final cut* restait cependant à l'appréciation des ministres de l'Intérieur. J'ai donc demandé que l'on envoie directement mon dossier à Bernard Cazeneuve, locataire Place Beauvau ; et l'affaire a été réglée.

Comme je le dis souvent, je suis désormais le plus français des Allemands, et *vice versa*.

À un « détail » près : lorsqu'une équipe de France ou un club français joue, quelle que soit la discipline, je le soutiens sans la moindre réserve. Parce que lorsque j'avais huit ou neuf ans – une époque où je me moquais bien du concept de nationalité –, ce sont les dribbles, les passes, les tirs au but de Raymond Kopa – un de ces étrangers, justement, qui a « fait la France » – qui m'ont fait découvrir et aimer passionnément le foot. Je ne savais même pas que c'était un Polonais naturalisé ; je voyais juste qu'il portait le maillot bleu de l'équipe nationale ou celui, rouge et blanc, du Stade de Reims. Point barre.

En sport, on aime, ou on n'aime pas. C'est comme les préférences culinaires. Cela se structure à l'enfance, où, quel bonheur ! le dimanche, à la maison, c'était steak-frites. C'est pour cela que, dans ce domaine, je suis francophile – un terme que je préfère à *français*.

Mais je ne veux pas être hypocrite : lorsque j'étais môme et qu'avec Gaby nous nous promenions dans les rues de Francfort, lorsque nous croisions un type qui avait une trentaine d'années ou plus, nous nous disions parfois : « Lui, ça a dû *en* être un… » Un quoi ? Un nazi, bien sûr. Il y avait donc en moi un profond esprit de revanche, et cela me plaisait lorsque les Allemands perdaient un match.

Pour en revenir à des sujets moins enclins aux réactions purement émotionnelles, j'arrive à comprendre que l'on puisse se sentir en même temps européen et français.

Emmanuel Macron a depuis longtemps compris que l'avenir s'incarnait dans cet « en même temps »-là. Et que la « grandeur de la France » – dont il est très imprégné mais qui n'est pour moi qu'une suridentification s'appuyant sur les événements cardinaux de l'histoire de ce pays – reste probablement son unique manière de jouer un rôle déterminant.

Selon lui, la France doit, en se référant aux Lumières, essayer, par son inventivité, d'enrichir le patrimoine moral, intellectuel et culturel du XXIe siècle, en oubliant – sciemment ou pas – les traces que Goethe, Schiller, Hegel, Kant ont eux aussi laissées depuis le XIXe siècle, et en laissant sur la touche ces génies que furent pour le siècle suivant Freud, Jung, Brecht, Moravia, Primo Levi.

Pour continuer à « refaire le monde », il va falloir se relever de bonne heure. Les cartes, qui n'avaient pas été mélangées depuis Louis XV et Frédéric le Grand, ont été complètement redistribuées après l'effondrement des impérialismes britanniques et français il y a un peu plus de soixante ans. La seule possibilité pour la France, selon moi, de retrouver une place décisive dans la politique mondiale, passera par son positionnement au sein de l'Europe. Au-delà de l'économie, de la démocratie, de la démographie, de la pensée, de la

« tech 2.0 », voire de la « force de frappe », son statut futur dépendra du politique.

L'Histoire a voulu que l'Europe – et je mets de côté la Russie, ce que je faisais déjà avant qu'elle agresse l'Ukraine – compte deux nations ayant à la fois un siège permanent avec un droit de veto au Conseil de sécurité des Nations unies *et* l'arme atomique : la France et la Grande-Bretagne, que ce soit celle d'avant ou après le Brexit. Ensemble, elles pouvaient être une force. Seules, elles en sont dépourvues. À l'ONU, par exemple, la France n'a jamais osé user en solitaire de son droit de veto. Parce qu'elle n'a jamais eu le poids politique pour le faire.

Afin de dépasser ce privilège n'ayant à mes yeux plus de sens, je propose depuis des années d'installer – au moins durant une période transitoire, dans vingt ans on verra – un représentant du couple franco-allemand dans le siège occupé par la France au Conseil de sécurité des Nations unies. Ce qui serait plus représentatif des « Vingt-sept » et, surtout, renforcerait l'unité dans le binôme Paris-Berlin.

Ce challenge et la complexité des relations internationales, Emmanuel Macron sent comment les surmonter ; une partie de l'opinion, elle, croit que se recroqueviller autour de la défense d'une prétendue identité nationale rabougrie suffira pour s'en sortir. Ces gens-là ne voient dans l'Europe qu'un cheval de Troie de la mondialisation, et ils désignent le chef de l'État comme étant le traître qui nous conduirait à la destruction de la nation.

Ce repli nationaliste s'expliquerait, selon certains, uniquement par de la xénophobie. Je ne suis pas d'accord et, pourtant, j'exècre par-dessus tout le rejet de celle ou celui venu d'ailleurs. Or c'est un réflexe qui survient partout et chaque fois qu'une société est en difficulté : c'est de la faute de l'autre. Pas pour ce qu'il est, mais parce qu'il est là, tout bêtement. Bref, de même que « s'arranger de tout » en s'adaptant vaille que vaille aux circonstances, fussent-elles parfois insupportables, « vomir l'étranger » n'est pas non plus exclusivement français.

Il ne faut pas se voiler la face : cet état d'esprit faisandé existe bel et bien. Les scores obtenus par Marine Le Pen et Éric Zemmour à la dernière élection présidentielle en témoignent, bien qu'il s'agisse avec eux essentiellement d'une xénophobie ciblée à l'encontre des musulmans, à plus forte raison si ce sont des immigrés. La société française s'est montrée, depuis un an, plus charitable à l'endroit de l'Ukraine et de ses réfugiés. Loin de nous, pourtant, l'idée de faire de ce pays le symbole d'une humanité plus réussie. Et s'il est, depuis février 2022, une victime, cela ne l'exonérera pas d'avoir, quand il le pourra, et surtout le voudra – comme les Allemands l'ont fait –, une réflexion en profondeur sur la collaboration, jadis, avec les nazis d'une partie de sa population.

Avec le nombrilisme chauvin français, c'est un autre mécanisme qui s'est enclenché. L'Allemagne a, d'une certaine façon, elle-même connu un épisode du genre quand elle s'est reconstruite, au milieu des années 1950.

Le manque de main-d'œuvre, dû au nombre effarant de soldats tués, disparus, prisonniers, et d'invalides ne pouvant plus travailler « dans le dur », a amené le gouvernement chrétien-démocrate (CDU[1]) à passer des contrats avec l'Espagne, le Portugal, la Turquie, et avec ce qui était encore la Yougoslavie, pour « importer » des gars robustes et courageux afin d'intensifier, par la reconstruction de milliers de bâtiments, de routes, de voies ferrées et d'usines, le rythme du « miracle économique allemand ». Le promoteur de cet improbable prodige, Ludwig Erhard, alors ministre de l'Économie et futur chancelier, avait très tôt saisi le besoin d'appeler de tels virils baroudeurs, alors qu'il y avait pourtant un million d'Allemands sans emploi. Après une mobilisation générale de tous les partis, y compris le sien, et des syndicats, le Bundestag a voté à l'unanimité une résolution imposant de ne pas signer lesdits contrats tant qu'il resterait un seul chômeur… Qu'à cela ne tienne, deux semaines plus tard, Erhard faisait affaire avec les États concernés, et personne n'a bronché ni n'est descendu dans la rue, les syndicats sachant très bien que les tâches proposées ne pouvaient convenir à leurs adhérents.

Contradiction ? Sans aucun doute… mais réfléchie. Ces sans-emploi, pas forcément jeunes, avaient en effet refusé le plan échafaudé par les députés. Tous ces Allemands ayant vu, contraints par Hitler, leurs pères, leurs époux, leurs frères s'échiner jusqu'à se démolir le dos dans ce genre de travaux avant la guerre ont

1. Christlich Demokratische Union.

dit : « Pas nous ! » D'autant que, depuis une décennie, l'exemple américain de la société de consommation, du bien-être et des loisirs, se répandait progressivement un peu partout en RFA[1].

Les migrants, eux, qui voulaient échapper à la pauvreté et commencer une nouvelle vie, allèrent là où il y avait du travail. Quel qu'il fût. C'est ce que l'on découvre aujourd'hui en France. Il suffit de passer, dans la journée, dans les cuisines des restaurants, la nuit, dans les immeubles de bureaux, et, au petit matin, dans les hôpitaux, les Ehpad et les rues, pour y rencontrer des travailleurs miséreux venus du monde entier, payés « trois euros six cents ». Sans ces femmes et ces hommes déterminés et parfois privés de droits, que Le Pen et Zemmour voudraient rejeter à la mer, comment sans eux la « maison France » tournerait-elle ?

Au demeurant, la question de l'immigration a toujours été un défi à l'harmonie d'une société, parce qu'elle implique de profonds changements dans sa composition. Ce n'est pas d'un « grand remplacement » qu'il s'agit, mais d'une grande évolution.

Pour s'en tenir à la France, cette question sur la venue des immigrés est restée ininterrompue depuis l'après-Première Guerre mondiale. Ce furent d'abord, dans les années 1920, les Polonais, les Italiens et les Russes qui commencèrent à fissurer certaines certitudes dans

1. Fondée en 1949 lorsque l'Allemagne a été séparée en deux : à l'ouest la République fédérale d'Allemagne (RFA), à l'est la République démocratique allemande (RDA). Depuis la réunification, en octobre 1990, l'Allemagne est appelée RFA dans les instances internationales.

ce pays. Après la Seconde, cela se passa un peu moins mal avec les Espagnols, les ressortissants du Maghreb – encore que… –, puis les Portugais, parce que l'on était dans les « Trente Glorieuses[1] ». Mais, dès le début de la crise, en 1974-1975, le phénomène a de nouveau causé du souci aux Français. C'est dans ce contexte qu'est créé SOS Racisme, et que la jeunesse adopte massivement l'emblème « Touche pas à mon pote », pour que ce pays prenne conscience qu'il était en train de filer un mauvais coton.

Cela n'a pas suffi. Ensuite sont arrivés en nombre les ressortissants du Sahel et de l'Afrique subsaharienne ; alors, conjugué au vent mauvais « catho intégriste » qui commençait à souffler est apparu ce qu'en France l'on juge être un problème majeur : l'« accueil » d'une nouvelle religion.

Cela n'avait déjà pas été simple aux temps anciens, quand l'Europe, quoique buvant les paroles de Jésus-Christ, avait dû s'arranger des conflits entre chrétiens et protestants, qui provoquèrent la guerre de Trente ans de 1618 à 1648. Ni non plus il y a cent ans, quand les Polonais et les Italiens, pourtant cathos eux aussi, étaient venus donner un coup de main pour reconstruire le Nord-Pas-de-Calais et la Lorraine. Quand on parle de la « mémoire de l'Histoire », il y a des jours où cela me fait bien rigoler…

1. La trentaine d'années (1945-1973) de forte croissance économique et d'augmentation du niveau de vie, ainsi baptisées en 1979 par l'économiste français Jean Fourastié.

C'est pour cela qu'avancer l'assimilation comme solution à la question posée par une religion est une ineptie. On est chrétien, juif, musulman, bouddhiste, tout ce que vous voudrez, ou on ne l'est pas. Personne ne peut et ne doit vous obliger à changer de monture au milieu du fleuve.

Notez que la France n'a pas attendu la famille Le Pen et Zemmour pour se gratter là où ça la démangeait. Dans une lettre concernant les étrangers, adressée le 12 juin 1945 à Pierre-Henri Teitgen, garde des Sceaux, le général de Gaulle, président du Gouvernement provisoire de la République française, demanda que « sur le plan ethnique [soit] limit[é] l'afflux de Méditerranéens et d'Orientaux qui, depuis un demi-siècle, ont profondément modifié la structure humaine ». La formulation n'était, ni sur le fond ni dans la forme, très heureuse, mais elle esquissait peut-être une interrogation paraissant être à cent lieues des préoccupations du moment.

Assimilation ? Intégration ? Cela ne marche pas. Il faut trouver un autre *modus vivendi*. On est à sa recherche. C'est d'autant plus difficile qu'au temps où j'étais adjoint au maire de Francfort chargé de l'immigration (1989-1995), un double constat m'avait marqué.

Il concernait l'usine Opel – il n'y a là rien de personnel, comme on dit ; cela vaut en Allemagne partout où les grands groupes font appel à des travailleurs étrangers parfois déracinés. À quarante kilomètres de Francfort, la firme automobile emploie énormément de Turcs, dont la plupart arrivent du fin fond de l'Anatolie, où ils n'ont parfois pas accès à l'électricité. On doit comprendre qu'ils puissent être, pendant quelque temps, déroutés après avoir été plongés dans une société dont ils n'imaginent ni le mode de fonctionnement, ni ne connaissent les codes régissant les relations sociales.

Une seconde chose a fait *tilt* dans mon esprit, car, depuis l'initiative d'Erhard, on s'est trompé. Ces étrangers qui viennent travailler en Allemagne ont un statut de *Gastarbeiter* – « travailleurs hôtes » – pendant deux ans. Il est sous-entendu qu'à la fin de leur contrat ils rentrent chez eux. Ce qui n'arrive quasiment jamais. Une fois installés, après avoir compris « comment ça marche », ils font venir leurs familles au sens très large du terme, et se fondent dans la société en gardant, ce qui est normal, les fondamentaux de leur propre culture.

Lors d'une séance du conseil municipal, un élu de la CDU, le parti de Konrad Adenauer et d'Angela Merkel, me dit un jour : « Dany, tu dois comprendre. Le problème, ce n'est pas l'immigration, c'est l'islam et sa conception de la relation entre les hommes et les femmes. » J'ai aussitôt répondu, un peu ironiquement je l'avoue, que, si un catholique venait m'expliquer que la base de la cohésion était l'égalité entre les deux sexes, cela voulait dire que, dès 1968, nous avions gagné, tant dix auparavant les chrétiens-démocrates étaient encore ultra-réactionnaires sur cette question. En clair : l'évolution historique et les luttes pour l'émancipation transformaient forcément les populations.

Or une majorité des immigrés n'ont *pas* vécu ces évolutions. Et c'est à nous de trouver comment gérer, au moins en partie, ces différences de temporalité existentielle. Car ce n'est pas seulement à eux de faire tout le boulot. C'est de la responsabilité des politiques d'expliquer comment y parvenir et, ensuite, d'assumer leurs décisions. En évitant surtout de mentir et de faire des promesses qu'ils seront incapables de tenir.

Pourquoi aujourd'hui les petits-fils des premiers Maghrébins ayant traversé la Méditerranée se rebellent-ils en se réclamant de la nationalité originelle de leurs grands-pères ? C'est parce qu'ils ne peuvent supporter qu'à peine leurs aïeux étaient-ils descendus d'un paquebot à Marseille qu'on leur avait bien montré qu'ils étaient des étrangers – ce que les Algériens, en outre, n'étaient pas encore.

Cela ne s'est pas arrangé ensuite. On a commencé par les loger – enfin, si l'on peut dire – dans des bidonvilles. Puis on les a « ghettoïsés » dans des immeubles neufs où l'on n'a jamais refait les peintures, et les avancements promis dans les ateliers, les mines et les aciéries leur sont toujours passés sous le nez. Enfin, lorsque ces branches ont commencé à être coupées, ils se sont retrouvés les premiers le cul par terre.

Il ne manque pas désormais de jeunes Zinédine ou Karim – nés pourtant dans l'Hexagone et complètement français par la loi – qui se sont petit à petit mis en marge parce qu'ils ont grandi dans l'exclusion, celle de leurs grands-pères et de leurs pères. Confrontés quotidiennement au « délit de sale gueule », aux contrôles au faciès, aux discriminations à l'embauche, beaucoup ont fini par ressentir qu'on les considérait, eux aussi, comme des étrangers. Et, un peu comme les gosses allemands d'après la guerre, ils disent aujourd'hui : « Sans nous ! »

Il faut comprendre que les nouvelles mosaïques multiethniques installées une bonne fois pour toutes en Allemagne ainsi qu'en France redéfinissent et abrogent peut-être la notion d'une identité nationale. À cet égard, un exemple est assez marquant. Comparez les photos sépia des équipes nationales françaises de football de jadis à celles prises aujourd'hui, et vous allez vous écrier : « Eurêka, on a compris ! »

Pour être franc, on ne peut nier les difficultés générant quelquefois de la violence. Toutes les minorités – religieuses, ethniques, sexuelles, décalées ou handicapées – connaissent la sale petite musique du « que voulez-vous, ces “gens-là” ne sont pas comme nous ». Mais le communautarisme séparatiste et intégriste n'est certainement pas une option.

Ma France

Dans sa biographie *Confession d'un bon à rien*, mon ami Élie Barnavi, historien et ambassadeur d'Israël en France de 2000 à 2002, déclare, au détour d'une réflexion sur sa destinée, son amour pour la France, pour son histoire, ses paysages, ses intellectuels. C'est touchant, et cela m'a fait m'interroger. Pourquoi, moi, ne suis-je pas capable d'un tel élan pour ce pays qui a accueilli mes parents ? ce pays qui me fascine mais qui, aussi, m'irrite absolument ?

Car, quoique je puisse penser ou dire, il y a plus de soixante-dix ans, je fus bel et bien un véritable Parigot, comme beaucoup d'enfants d'immigrés juifs ayant trouvé refuge en France.

Nous habitions un deux-pièces rue de Dantzig, sans eau chaude, dans une cité du 15e arrondissement – le square Léon-Guillot – construite juste avant le Front populaire, où, avec ma grand-mère, nous vivions à quatre ; je suis allé à l'école maternelle à Boulogne-Billancourt, puis à la « communale » rue Olivier-de-Serres. À la fois petit juif ashkénaze – sans l'être en mon for intérieur –, apatride – sans en avoir conscience – et gosse apprenant à lire, écrire, compter avec les derniers « Hussards noirs » de l'École républicaine, j'ai eu une enfance parfaitement heureuse. D'autant que le jeudi – notre « mercredi » de l'époque –, j'allais à la piscine Molitor avec mes copains au printemps, et l'hiver jouer à l'école Maïmonide, un lycée juif de Boulogne où ma mère était intendante et où l'homme à tout faire, Pascal, un républicain espagnol exilé, me transmit le virus du football. Il m'emmenait aussi au Parc des Princes le dimanche, assister aux matchs du Racing Club de France, et m'apprit, avec l'autorisation de ma mère, à prendre seul l'autobus de la ligne 62 lorsqu'il n'était pas disponible. Et quand des rencontres de foot étaient retransmises à la télévision (que nous n'avions pas) le samedi ou le dimanche après-midi, j'allais coller mon nez contre la vitrine d'un magasin d'électroménager resté spécialement ouvert. Bref, vers dix ou onze ans, gamin rouquin déluré et rigolo, j'étais connu comme le loup blanc dans mon quartier, d'autant que, si ma langue maternelle était l'allemand, j'ai fait, durant ma jeune existence, « français première langue » en classe – celle de La Fontaine mais aussi de Gavroche.

C'est durant mes deux années scolaires de sixième et cinquième au lycée Buffon, où Roland Barthes a enseigné et où sont passés avant moi Laurent Terzieff – un copain de Gabriel –, Jean-Luc Godard ou Alain Robbe-Grillet, que j'ai aussi trempé pour la première fois mes doigts dans le pot de la confiture parfumée de la politique, en allant par exemple écouter avec Gaby au *Tournon*, un café du 6e arrondissement, l'écrivain afro-américain Chester Himes, et des immigrés hongrois ayant fui leur pays après son invasion par l'Armée rouge en octobre-novembre 1956. Écolier assidu à la laïque, môme pas si mauvais que ça sur les terrains de foot, et ado touchant du doigt pour la première fois dans un troquet du Quartier latin le quotidien de réfugié – un sujet inconnu pour moi, car jamais évoqué par mes parents –, ces engagements furent mes premiers sur les pavés de Paris.

Gaby est devenu français début 1939[1], moi je n'ai pas eu cette chance, pour autant que cela en aurait été une, mes parents s'étant réveillés trop tard après avoir fini par comprendre qu'ils n'auraient pas de visa pour émigrer aux États-Unis comme ils l'avaient prévu. Il leur fut impossible d'enregistrer « Marc Daniel Cohn-Bendit » à l'état civil et, ainsi, je ne fus ni allemand ni français. Apatride.

Au début des années 1950, ils se séparent. Mon père part à Francfort afin d'y retrouver son identité allemande et, surtout, son métier, car, n'ayant pas d'équivalences, il ne pouvait l'exercer en France et ne supportait plus les petits boulots qu'il était obligé de faire afin de ramener quelques centaines de francs à la maison. Lorsqu'il tombe gravement malade, nous le rejoignons, à la rentrée scolaire 1958. Puis, après son décès onze mois plus tard, ma mère revient à Paris, alors que je

1. La loi du 10 août 1927 stipulait que les étrangers qui le demandaient obtenaient la nationalité française au bout de trois ans s'ils résidaient toujours sur le territoire. La naturalisation de leurs enfants nés en France était aussi automatique, trois ans après leur venue au monde.

reste en internat non loin de Francfort jusqu'à l'*Abitur*, l'équivalent du baccalauréat.

Mon baccalauréat en poche, rentrer « chez moi » dans le 15e se présente à mes yeux comme une évidence. Nous sommes en 1966. Bien que devenu presque adulte, je suis toujours le petit Dany au square Léon-Guillot, et personne ne me prend pour un « Boche ». Je m'inscris à la faculté de Nanterre, où les anars m'accueillent à bras ouverts. Dix-huit mois plus tard, je deviens une des icônes d'un mouvement très bizarre que l'on appellera plus tard « Mai 68 », un événement qui, au regard de la tournure qu'il a pris, a définitivement marqué mon rapport à ce pays.

Comme je l'ai raconté dans le chapitre précédent, c'est par opportunisme que j'avais pris la nationalité allemande, en 1959. Or cette décision qui, pendant longtemps, m'a paru anodine a surdéterminé la suite de mon existence.

Si en 1968 la République fédérale me reconnaissait pour être pleinement l'un de ses citoyens, tout mon être, lui, n'était en définitive que français. Le passeport délivré par Bonn n'était pour moi qu'un bout de papier sans signification, n'ayant aucune importance dans la construction de mon identité politique et sociale. Et j'ai trop longtemps sous-estimé et voulu ignorer la blessure intime qu'a provoquée mon expulsion à la fin mai de cette année-là ; laquelle m'avait pourtant sacrément fait marrer à l'époque. Par provoc, je suppose.

Tout, en effet, résonnait dans ma tête en français. Sur le plan « socioculturel », enfant, mon idole avait été Gérard Philippe-Fanfan la Tulipe au cinéma, et non Erich von Stroheim, que je ne connaissais au demeurant pas ; au foot, ce fut Raymond Kopa et pas Fritz Walter, capitaine de la RFA championne du monde en 1954. Côté presse, j'achetais parfois *L'Équipe*, et il ne m'est jamais venu à l'esprit de chercher un journal d'outre-Rhin, d'ailleurs introuvable dans la capitale. À mon retour à Paris, ce fut ce « bon Français » qu'était Jean-Luc Godard[1] qui m'a émerveillé dans les salles obscures lorsque j'ai découvert *À bout de souffle*, six ans après sa sortie. Dans les stades et surtout à la télévision, ce sont les premiers « Verts » entraînés par Albert Batteux à partir de 1967 qui firent ma joie. *Le Monde* fut mon journal de chevet, même s'il m'arriva à l'occasion de feuilleter *Die Welt* lorsqu'il traînait à la fac.

Mes maîtres à penser s'exprimaient en français et vivaient à Paris, bien que les racines de certains fussent plantées au-delà des frontières : les parents d'Edgar Morin étaient des Juifs originaires de Salonique, Cornelius Castoriadis était né à Constantinople, André Gorz à Vienne, et Julia Kristeva en Bulgarie. Voilà pourquoi je suis sûr qu'il y a eu dans ma formation idéologique quelque chose qui a dépassé l'identification à une seule parenté intellectuelle. Quant à Jean-Paul Sartre, qui, je ne peux le nier, a joué un rôle prépondérant dans ma formation politico-idéologique en me faisant

1. De nationalité suisse bien que né à Paris en 1930.

approcher l'existentialisme, il ne « valait » pas mieux qu'eux, puisque descendant d'une famille bourgeoise de l'Alsace du chancelier Bismarck... (Je plaisante.)

Je suis aussi imprégné des plaines de ce pays, de ses forêts, de ses vallées – notamment celle du Rhône, que j'aime descendre à l'écart de l'autoroute –, de ses collines et ses montagnes, grandes ou petites, comme le pic Saint-Loup, dans l'Hérault, où j'ai une maison. Les côtes bretonnes, où j'ai passé tant de temps en compagnie de mon frère et de son épouse, originaire de la région, me sont familières et m'enchantent. C'est d'ailleurs grâce à la belle-famille de Gaby que j'ai appris cette douceur de vivre, propre, paraît-il, à la France, et à humer l'air frais des petits matins merveilleux, marchant dans la campagne avec son beau-père dont le fusil restait en bandoulière et qui, au lieu d'épauler, me racontait les pedigrees et les habitudes de tous les oiseaux que nous rencontrions. C'est encore cette famille qui, me faisant aimer le pot-au-feu, les crêpes saucisses, les huîtres, m'apprenant, à moi qui ne bois quasiment jamais d'alcool, à apprécier le plaisir d'un verre de bon vin – celui des coteaux du pic Saint-Loup est à cet égard délicieux –, cette famille a commencé, au fond, à me passer le coup de vernis d'une « bonne » éducation culinaire à la française.

Dans les jours qui, en « 68 », suivirent ma reconduite à la frontière, j'avais d'ailleurs stupéfait un journaliste de Francfort qui m'avait demandé ce qu'était pour moi le socialisme. « Des huîtres pour tout le monde », avais-je répondu. Les gauchos allemands furent effondrés (C'était un repoussoir absolu pour le commun des

« révolutionnaires » en RFA dès lors que seule la bourgeoisie les dégustait.)

Voilà un pays qui m'avait vu naître, qui durant treize ans m'avait tout donné, comme si j'étais l'un de ses enfants, puis qui, du jour au lendemain, m'a banni, encadré par des gendarmes, au prétexte que j'étais – pour reprendre les termes de l'époque – un « agitateur étranger », et qui m'a interdit son territoire pendant une décennie[1] alors qu'avant que les sbires de Pétain ne les traquent, cette France avait sauvé la vie de mes parents, et alors que celle de la IVe République a ensuite demandé à mon frère de faire son régiment pendant vingt-quatre mois...

Cette révolte a évidemment fini par se tasser en moi, mais il arrive encore que je me cabre lorsque certains souvenirs remontent. Alors, ce pays qui parfois m'envoûte, brusquement, me dégoûte.

S'il est vrai que la splendeur de ses révoltes me fascine, le racisme plus ou moins tapi et son individualisme égoïste – que John Maynard Keynes nomma en son temps l'« égoïsme sacré » –, ouvertement étalé, me mettent hors de moi. Et comme il y a deux France, souvent irréconciliables, entre les deux, forcément, mon cœur balance.

J'adore ces Gaulois réfractaires chers à Emmanuel Macron, qui peuvent se transcender et déplacer, à défaut

1. L'interdiction a été levée en 1978 par Christian Bonnet, ministre de l'Intérieur du président Valéry Giscard d'Estaing.

de Romains, des montagnes, en faisant jaillir des rébellions d'une grandeur insensée : « 1789 », la révolte des Canuts au XIXe siècle à Lyon, la Commune de Paris, les mutineries de juin 1917 sur le front, Mai 68, le Larzac en sont les plus indiscutables exemples. En revanche, l'arrogance, la condescendance, cette fierté censée évoquer un prétendu « génie national » qui ferait de la France un pays incomparable et unique au monde me sont insupportables.

Alors pourquoi suis-je devenu français en 2015 ?

Si, comme je l'ai déjà expliqué, l'intention – et non le choix – de prendre la nationalité française m'est venue il y a environ un quart de siècle (sans que cela se concrétise alors), ce fut sans doute par commodité. Les va-et-vient continuels entre Francfort, Strasbourg, Paris, l'Hérault, la Bretagne ou ailleurs, dus à mon engagement politique, à mes actions sociales, à mes obligations professionnelles, à mes loisirs, m'ont amené à clarifier mon statut.

Pour autant, je me rends compte, au fil des ans, que cela n'a pas changé grand-chose, car je reste « l'Allemand de service » à qui l'on demande son avis sur tout ce qui touche de près ou de loin à la France pour avoir un « point de vue extérieur » – la politique, bien sûr, mais aussi l'agriculture, l'armée, la presse, le foot, la cuisine, la pluie et le beau temps, le cinéma et la chanson… Sur Sardou, tenez, qui affirma l'an dernier à propos du convoité mandat de Premier ministre que « si Mélenchon gagn[ait], [il s]e tir[ait] » ; sur l'augmentation des prix de la baguette et du paquet de cigarettes, ou encore sur le fait que les descendants de Clovis préfèrent aujourd'hui passer leurs vacances à la montagne plutôt qu'à la mer.

Bref, je suis un peu dans la peau de ces personnes nées dans l'Hexagone de parents étrangers après la Seconde Guerre mondiale et qui, étant ou ayant été des acteurs de l'Histoire du XXe siècle français, font partie du paysage et participent à sa prétendue grandeur. Un peu, en toute humilité.

Il reste que, bien qu'aimant intensément la France, je ne suis pas et ne serai jamais nationaliste. Parce que l'être, c'est considérer que son pays est le plus beau, le plus grand, le plus fort. Une mentalité que je n'ai jamais eue et n'aurai jamais.

« Nos ancêtres les Gaulois »

La politique, en fait, c'est un peu comme le football. Dès la rentrée de septembre précédant un scrutin capital – présidentiel ou législatif – s'ouvre une « saison électorale » pendant laquelle, tout comme les supporters dans les stades sont persuadés que leur équipe est la meilleure, les partis, eux, vont faire semblant, semaine après semaine, mois après mois, d'être convaincus de leur victoire puisque, assurent-ils, leurs programmes sont les seuls à pouvoir « faire le bonheur de la France et des Français ». Et tant pis si la plupart des candidats, uniquement là pour occuper le terrain, savent pertinemment qu'ils n'ont aucune chance quand arrivera le printemps d'être le PSG, l'OL, l'OM ou l'AS Monaco de la démocratie.

Mais au fait, c'est quoi, *la* France, aujourd'hui ? Un territoire ? Un peuple ? Une culture ? Une histoire ? Une religion ? Un patrimoine ? Une puissance économique ? nucléaire ? Ou un « vivre-ensemble » et un « en même temps » ?

Où est-elle, cette France que Charles de Gaulle étendait au printemps 1958 de « Dunkerque à Tamanrasset », et qui depuis des décennies appelle au vote tous ses ressortissants, de Papeete à Cayenne en passant par Wallis-et-Futuna, Nouméa, Mayotte, Saint-Denis de La Réunion, Tarascon-sur-Ariège, Saint-Pierre-et-Miquelon, Pointe-à-Pitre ou Fort-de-France ?

Et les Françaises, les Français, qui sont-ils, au juste ? D'admirables héros, de flamboyants *start-uppers*, des Madame et Monsieur Tout-le-monde sans horizon, des beaufs aux cerveaux rances, des largués du « 2.0 », ou simplement de la « chair à statistiques » ? Oui, sont-ils les nobélisés, les oscarisés, les champions du monde et olympiques, les premiers de cordée ? Ou alors d'irrécupérables « Poulidor de la vie[1] » et autres modestes ou laborieux « éliminés du premier tour », des femmes et des hommes attendant sur le quai un RER qui sera de toute façon en retard ou n'arrivera jamais ? Des « riens », en somme, comme les nomma un jour le président Emmanuel Macron dans un instant d'égarement.

Posées vite fait sur le coin d'un plateau d'une chaîne d'information en continu, ces questions, c'est sûr, sont trop manichéennes et simplistes pour que l'on s'y attarde. Esquisser un semblant de réponse en quelques mots, ou en débattre jusqu'à plus voix, n'a pas grand sens non plus.

D'autant qu'elles n'abordent pas de front un point chaud bouillant occupant malheureusement, ces dernières années, bon nombre d'individus un brin tour-

1. Poulidor fut un très bon coureur cycliste français des années 1960-1970 qui avait la réputation de toujours terminer deuxième, ce qui n'est pas tout à fait vrai lorsque l'on consulte son palmarès.

mentés, à savoir : d'où peuvent-ils sortir, en définitive, tous ces Français ? Oui, quel sang – pur, impur – coule dans les veines de ces Dupond (t), Durand, Martin, et de tous ceux – comme disent les xénophobes, les racistes, les antisémites – qui n'ont pas vraiment des noms « de chez nous » ? Les Cissé, Diawara, Mohamed, Zambelli, Delgado, Almeida, Kopaszewski, Popov, Nikolic et autres Triantafilos ou Vardanian.

L'interrogation, notez-le, ne date pas d'aujourd'hui. Ni d'hier. Ce sont des écrivains, des poètes, des chroniqueurs, qui, aux VIe et VIIe siècles, se la posèrent pour la première fois. Ils avancèrent alors une explication extravagante, selon laquelle les Francs – du nom du peuple dont Clovis était le chef et qui, de 481 à 511, unifia de Cologne à Toulouse et de Cherbourg à Arles le territoire – descendaient d'illustres Troyens. Oui, ceux de la mémorable guerre de Troie, laquelle remontait à un peu moins de deux mille ans, après laquelle les Troyens auraient migré par petits bonds jusqu'aux rives du Rhin. Cela avait beau n'être qu'une légende, elle diffusa à partir de l'an 1000 une petite musique agréable aux oreilles d'une aristocratie chez qui commençait à germer un sentiment national et qui, soucieuse de sourcer ses origines dans un valorisant passé royal, goba le bobard sans se poser de question.

En 1214, par exemple, à Bouvines, avant le coup d'envoi de l'affrontement avec les armées d'Otton IV, patron du Saint Empire romain germanique, et celles du très pleutre Jean sans Terre, Philippe Auguste harangua ses troupes en ces termes : « Vous, magnanimes descendants des Troyens ». En quelques heures, le match fut plié, et la victoire se solda par un carton, comme on dit. Un rapport de cause à effet ? Allez savoir… C'est ce même Philippe II qui, en signant ses actes « Roi de France » au lieu de « Roi des Francs », généralisa ce nouveau nom pour désigner une entité territoriale que Jules César avait baptisée « les Gaules » et qu'à la suite des conquêtes de Clovis on désigna comme étant le « royaume des Francs », puis « Francia » en latin quand perça le xe siècle.

Ce mythe selon lequel le sang d'une noble ascendance troyenne irriguait sans exclusive seigneurs et manants eut pour avantage d'unifier la minorité instruite en suscitant son adhésion à la royauté et, par ricochets, renforça la cohésion des populations.

Là où cela se complique, c'est au début des années 1500, lorsqu'un lettré de la province du Hainaut, voulant faire le malin, soutint que, s'il existait un lien entre Troyens et Gaulois, ces derniers étaient en vérité les héritiers en droite ligne de… Noé. Et que ce furent ces descendants de Noé qui fondèrent la ville du roi Priam, avant de venir s'établir dans nos contrées occidentales.

Lorsque des historiens sérieux se décidèrent à se pencher sur le sujet, ce postulat eut vite fait de prendre du plomb dans l'aile. Et si Ronsard tenta bien, en 1572, de remettre cette fable au goût du jour, la filiation franque, validée au fil des siècles par les successeurs de Clovis – le premier d'entre eux à s'être converti au christianisme –, suffit aux souverains pour justifier l'existence de leur royaume, et pour bannir les Gaulois de leur pedigree. Cela dura jusqu'à la Révolution.

C'est justement à ce moment que surgirent dans le paysage « nos ancêtres les Gaulois ». Ce ne fut certes pas formulé si clairement, mais l'ébauche du concept était là.

L'abbé Sieyès, futur représentant du tiers état (puis éminent révolutionnaire), instilla l'idée, dès le mois de janvier 1789, aux fins d'émanciper le peuple, d'une parenté franque indissociable de la monarchie. Dans un petit opuscule, *Qu'est-ce que tiers état ?*, il expliqua que l'antériorité historique des Gaulois et des Gallo-Romains sur les brutes de Soissons – souvenez-vous de l'affaire du vase – faisait d'eux les ancêtres de 90 % des Français. Une légitimité que n'avaient pas les aristos, issus des Francs.

Jusqu'à ce que, en septembre 1791, la première Constitution définisse enfin d'un strict point de vue juridique la qualité de Français. « Sont citoyens français ceux qui sont nés en France d'un père français ; ceux qui, nés en France d'un père étranger, y ont fixé leur résidence ; ceux qui, nés à l'étranger d'un père français, sont venus s'établir en France et ont prêté le serment civique ; ceux qui, nés hors du royaume de parents étrangers, résident en France de manière continue depuis cinq ans et y ont en outre épousé une Française, acquis des immeubles, formé des établissements de commerce ou d'agriculture, et prêté le serment civique. »

Une Convention, un Directoire, un Premier Empire et une Restauration plus loin – soit près de quarante années, durant lesquelles on avait eu d'autres chats à fouetter que de savoir si les Français descendaient d'Hector de Troie, de la moustache de Vercingétorix ou de la cuisse de Clovis – réapparurent pourtant nos fichus Gaulois… dont Nicolas Sarkozy et Emmanuel Macron viendront à se réclamer.

En meeting lors de la campagne en 2012, le candidat à la primaire de la droite déclara que, à partir du moment où l'on devient français, « on vit comme un Français, et nos ancêtres sont les Gaulois, les ancêtres de la France – c'est ça, l'assimilation ». Le second, en visite au Danemark six ans plus tard, comparant les Danois – de culture luthérienne – aux Français, constata que « ce peuple n'est pas exactement le Gaulois réfractaire au changement ».

Lorsque Robespierre, Barras, Bonaparte, Napoléon Ier, Louis XVIII et Charles X furent enfin « digérés », c'est un jeune historien, Amédée Thierry, qui, ranimant la flamme dans une *Histoire des Gaulois* parue en 1828, démontra – en s'asseyant allègrement sur le millénaire gallo-romain et franc – que les habitants de la Gaule étaient nos plus anciens aïeux, et nos véritables pères : « Une race dont descendent les dix-neuf vingtièmes d'entre nous. » Il en profita pour remettre Vercingétorix en scène. « Il y avait alors chez les Arvernes un jeune chef d'une antique et puissante famille. […] Sa grâce et son courage le rendirent l'idole du peuple. » Ce portrait entériné peu après par des pointures en histoire – Henri Martin et Jules Michelet notamment – fit de ce Bébel d'avant J.-C. un paladin romantique façon *Ruy Blas*, un chef à la crinière blonde et aux yeux bleus, costaud, beau, jeune, courageux, prêt à se sacrifier. Et ses fidèles furent dépeints comme étant « enthousiastes et moqueurs, obstinés, sociables et querelleurs, faciles à vivre et intraitables sur le point d'honneur, généreux et envahissants, cruels à la guerre et sensibles aux plaintes des malheureux, et toujours prêts à secourir le faible contre le fort ». Une sorte d'hagiographie qui alla comme un gant à Napoléon III, lequel se l'appropria et lança de considérables fouilles archéologiques à Gergovie et à Alésia, deux hauts lieux de l'histoire et de la conscience nationale. Il demanda enfin que les traits du visage de la statue érigée en l'honneur de l'Auvergnat à Alise-Sainte-Reine, en Côte d'Or, commune où avait été planté l'oppidum assiégé, soient les siens.

Cette dernière parenthèse impériale s'étant terminée de façon catastrophique à Sedan, la IIIe République, proclamée le 4 septembre 1870, voulut, face à la puissance du futur empire allemand, forger la nation à travers un récit commun que l'on nomma « roman national ». Elle en appela, entre autres, à la Gaule et aux Gaulois, tout en sachant parfaitement qu'ils n'étaient qu'une pure fiction géographique, politique et ethnographique de César, visant à le valoriser aux yeux de Rome, qu'il ambitionnait de mettre un jour à sa botte après avoir franchi le Rubicon.

La gauche, laïque, se réclama donc de Vercingétorix et des Gaulois ; la droite, catholique, de Clovis et des Francs. Et c'est là qu'apparut pour la première fois – en français dans le texte – l'expression « nos ancêtres les Gaulois ».

On la doit à Augustine Fouillée-Tuillerie, qui, sous le pseudonyme de G. Bruno, la déposa de sa plume dans un manuel scolaire illustré de plus de deux cents gravures, publié en 1877 : *Le Tour de la France par deux enfants* est destiné à l'apprentissage de la lecture à l'école élémentaire. On peut y lire : « La France s'appelait alors la Gaule, et les hommes qui l'habitaient étaient les Gaulois. Nos ancêtres les Gaulois étaient grands et robustes, avec une peau blanche comme le lait, des yeux bleus et de longs cheveux blonds. » Déposée à la Société des gens de lettres, fondée en 1838, l'expression aurait fait d'elle et de ses héritiers des millionnaires !

De petits magazines bon marché mettant en scène ces braves des temps immémoriaux diffusèrent dès lors des histoires de la France, et donnèrent aux Gaulois des traits « réalistes », qui demeurent vivaces aujourd'hui. Car si après la Seconde Guerre mondiale ces Gaulois ne survécurent plus qu'en quelques lignes dans les livres scolaires, ils sont, même s'il arrive d'en sourire, toujours présents dans la mémoire collective du pays.

D'abord parce que, en 1959, René Goscinny et Albert Uderzo donnèrent la vie à *Astérix le Gaulois* dans *Pilote*, un hebdomadaire créé pour la jeunesse. Un triomphe. Ensuite parce qu'une chanson intitulée *Faut rigoler*, commençant par ces mots, « Nos ancêtres les Gaulois, cheveux blonds et têtes de bois… », surfa sur le succès de la bande dessinée et ne mit que quelques jours pour squatter les surboums des jeudi et dimanche après-midi et y faire un tabac. Le texte avait été écrit par Boris Vian avant même la création d'Astérix, quand son ami

Henri Salvador, qui le mettra en musique et le chantera, lui avait raconté que, dans les années 1920, en Guyane, l'instituteur avait expliqué, à lui et ses copains créoles, qu'ils descendaient des Gaulois – ce qui les avait fait bien marrer.

Voilà donc où nous en sommes en ce début du XXIe siècle. Pour une partie du *vulgum pecus*, lorsqu'on est français, on a forcément eu de très, très lointains petits-cousins qui se sont goinfrés de sangliers, enivrés de cervoise, et ont enclenché en 52 av. J.-C. une troisième mi-temps d'enfer après que les Romains, démoralisés par leur héroïque résistance au siège de Gergovie, ont quitté le stade sous les sifflets. Selon eux, ce serait donc les Gaulois qui auraient commencé à « faire » une France que leurs héritiers, les fameux « Français de souche », auraient perpétuée. Même si, pour de Gaulle, « l'histoire de France [n'a commencé qu']avec Clovis, choisi comme roi par la tribu des Francs qui donnèrent leur nom à la France ».

Allez, pourquoi pas ?

Mais alors – et en s'en tenant exclusivement à ce qui s'est passé depuis 1900 –, ces Françaises et Français nés étrangers avant d'être naturalisés, les Marie Curie, Joséphine Baker, Beate Klarsfeld, Guillaume Apollinaire, Eugène Ionesco, Yves Montand, Milan Kundera, Gao Xingjian – pour ne citer qu'eux –, ont-ils *fait*, eux aussi, la France ?

A-t-elle grandi grâce à ce que lui ont apporté Samuel Beckett, Salvador Dalí, Jacques Brel, Lino Ventura,

Karl Lagerfeld, tous francophones et francophiles, mais qui n'ont jamais jugé bon de demander la nationalité française, ou qui se la sont vu refuser, tel Picasso ?

Et puis, ces « Américains à Paris » des Années folles ont-ils eux aussi eu leur mot à écrire dans l'histoire de la France du XXe siècle ? Les Gertrude Stein, Ernest Hemingway, Scott Fitzgerald, Sidney Bechet, qui, en vantant la haute tenue de l'activité sociale, intellectuelle et artistique de la capitale, y ont attiré leurs compatriotes fortunés – mais pas seulement – avant de leur suggérer de monter dans le prestigieux Train bleu pour aller goûter aux délices de la Côte d'Azur et y dépenser à profusion leurs dollars. Ces milliers de Russes blancs fuyant la dictature bolchevique, arrivés en France pour y survivre en faisant toutes sortes de petits boulots. Et ces Ashkénazes chassés de chez eux par l'Allemagne nazie ou les pogroms slaves, baltes, roumains : ont-ils participé, avec les faibles moyens qu'il leur restait, à l'essor de ce pays ?

Pourquoi ne pas se demander, pendant qu'on y est, si les centaines de milliers de travailleurs anonymes qui ont participé à la reconstruire après le cataclysme de 1914-1918 ont quelque chose à voir avec la France ? Ces Polonais plongés, presque aussitôt les derniers canons tus, dans ce qu'il restait des épouvantables puits du bassin minier du Nord-Pas-de-Calais ; et cette diaspora italienne qui, en Lorraine, sua sang et eau dans les fonderies et les aciéries et qui se ruina le dos à y extraire le fer et le charbon ? Et doit-on quoi que ce soit aux Marocains, Algériens, Tunisiens, Africains du Sud-Sahel, à ceux des Afrique occidentale et équatoriale française (AOF et AEF), aux Espagnols, Portugais, Yougoslaves, et à beaucoup d'autres qui, à leur tour, se sont retroussé les manches pour aider à rebâtir la France des Trente Glorieuses ?

Comment ignorer aussi ces millions de Britanniques, Australiens, Néo-Zélandais, Canadiens, Américains, qui combattirent dans la Somme et en Argonne au cours de la Grande Guerre ? Et les six cent mille soldats de métier, volontaires, conscrits ou « réquisitionnés » des troupes coloniales – administrativement tenus pour des sujets français, pas pour des citoyens – que l'on achemina des quatre coins de l'Empire pour les envoyer au front ?

Et, pour tenter que ce travail mémoriel soit le plus complet possible, comment ne pas se pencher enfin sur les destins de tous ces soldats Ryan qui débarquèrent le 6 juin 1944, sur ceux de Missak Manouchian et de ses vingt-deux camarades de l'Affiche rouge, morts en martyrs en février 1944 au mont Valérien, de ces cent quarante-six républicains espagnols de la *Nueve* rattachés à la 2e DB de Leclerc, qui entrèrent avant tout le monde dans Paris le 24 août 1944 un peu après 20 heures ?

Bref : comment éviter que ces étrangers du XXe siècle, qui n'avaient peut-être pas d'ancêtres gaulois mais qui ont tout de même donné un sérieux coup de main à la France, ne s'effacent petit à petit de nos mémoires ?

Eh bien, en racontant leur histoire et en contant leurs histoires, pardi !

La Belle Époque
(1898-1914)

Au tournant des XIXe et XXe siècles, la France, bien qu'ayant été laminée en 1870 par les troupes prussiennes, se voit toujours comme le phare de l'humanité.

Industriellement, elle est pourtant à la traîne derrière les États-Unis, et à plusieurs longueurs de l'Allemagne. Financièrement, elle est derrière la City, qui fait la pluie et le beau temps sur la planète. Diplomatiquement, enfin, ce n'est pas mieux, car le Quai d'Orsay ne pèse plus lourd face à la puissance de feu du Foreign Office, dont l'empire colonial et la marine n'ont pas d'équivalent.

Il reste que, s'il n'a plus de raison de se prendre pour ce qu'il fut au siècle des Lumières, le pays n'a pas non plus à avoir honte. Il ne se défend pas mal au cours de la seconde vague d'industrialisation – automobile, aéronautique, électricité –, et il est la mère patrie du cinéma. Quant à Paris, c'est, culturellement, l'un des deux nombrils du monde, avec Vienne, et ses savants sont respectés, voire, pour trois ou quatre, admirés par leurs collègues étrangers.

Quoique amputé de l'Alsace et de la Moselle, l'Hexagone a de beaux restes et une carte de visite très présentable quand s'ouvre au Champ-de-Mars, aux Invalides et sur la colline de Chaillot la treizième Exposition universelle de l'histoire, en avril 1900. Plus de quatre-vingt mille exposants, dont une moitié ne sont pas français, y font découvrir leurs trouvailles à cinquante millions de visiteurs. Parmi eux, près de trois mille spectateurs, la plupart citoyens des États-Unis, assistent quotidiennement aux épreuves d'athlétisme de la deuxième édition des Jeux olympiques modernes, offerte à la ville par le Comité international olympique (CIO) en hommage au baron Pierre de Coubertin.

Le jeudi 19 juillet, treize concurrents du marathon s'élancent donc du bois de Boulogne sous une chaleur approchant les quarante degrés. L'un d'eux, Michel Théato, est né au grand-duché du Luxembourg. Arrivé à douze ans à Saint-Mandé, en lisière du bois de Vincennes, il y exerce depuis le métier d'ébéniste. Étant inscrit à l'épreuve sous les couleurs de son club, l'Union athlétique de Paris, il va de soi qu'il est français. Ce qu'il ne sera pourtant jamais. Aucune demande de naturalisation n'a été déposée par lui, ni avant ni après cette course. Même si, confie-t-il après son triomphe, il « ne pouvai[t] rêver d'être aussi fier d'avoir gagné en tant que français ». Et l'hebdomadaire sportif *La Vie au grand air* de s'en réjouir : « Voilà qui peut nous consoler des insuccès de *nos*[1] athlètes. [...] Sans cette course, *nous* allions droit à une déroute, car *nos* autres représentants ont couru de mal en pis. » La victoire de ce

1. Italiques ajoutés par les auteurs.

garçon de vingt-deux ans n'incarna évidemment pas le prestige de la France, mais le clin d'œil est heureux, qui fit d'un sportif venu d'ailleurs le premier héros français d'un siècle qui s'ébrouait.

Que Paris se soit autoproclamée « Ville Lumière » parce que toutes ses rues étaient, comme celles de New York, éclairées par l'électricité y fut en revanche pour beaucoup. Cette féerie lumineuse attira, tels des papillons de nuit, les fortunes des Amérique et du Levant. Les journaux ne tardèrent pas à s'en offusquer.

Le quotidien catholique *La Croix* avait lancé par exemple dès le printemps une campagne stigmatisant, selon ses termes, « les "Rastaquouères", des parvenus mexicains et sud-américains qui affichent ostensiblement leurs richesses dans le jeu et la débauche. [...] Le Rastaquouère est excentrique, a été élevé dans un milieu manquant de goût, et est persuadé que la distinction consiste à afficher un luxe plus criard que les autres. [...] Il se laisse plumer, gruger, piller, rançonner par les entrepreneurs de plaisir. Il paye sans compter et contribue à "gâter les métiers", et à élever pour les vrais Parisiens les prix des services et des denrées. » Le journal oubliait juste de préciser que les Mexicains et Sud-Américains en question étaient presque tous des bergers, ouvriers agricoles, maçons, peintres, chômeurs, de la vallée de l'Ubaye et du Pays basque français – ou leurs descendants –, partis chercher un eldorado outre-Atlantique.

Les milliardaires d'Amérique du Nord, enrichis par l'extraordinaire boom économique sur leur sol durant les trois ou quatre décennies précédentes, n'eurent, eux, pas droit à ce traitement de défaveur. D'abord parce que, s'il arrivait que les élites parisiennes les regardent avec condescendance, on évitait, capitalisme oblige, de trop les montrer du doigt. Pas forcément très nombreux – 6 155 en 1901, 7 300 en 1911 –, ils se conduisirent pourtant aussi en nouveaux riches frivoles. Mais, à la différence des fameux Rastaquouères qui, sitôt dilapidés leurs dollars dans les casinos et les lupanars, rentraient chez eux, les administrés de Theodore Roosevelt achetèrent à tout-va – châteaux, hôtels particuliers, immeubles de rapport, écuries de course, œuvres d'art, bijoux. Une hyperconsommation de riches qui trouva grâce auprès de la bourgeoisie capitaliste en dopant certains pans de son économie.

Leurs héritières, à l'image de Winnaretta Singer, future princesse de Polignac, et d'Anna Gould, duchesse de Talleyrand-Périgord par son mariage, qui étaient venues épouser des aristos… ruinés, furent chéries. La première devint une prestigieuse mécène et une femme de bien. La seconde dissipa la totalité de sa fortune, ce dont Paris ne se plaignit pas.

Fut-ce néanmoins pour tout le monde la « Belle Époque », ainsi nommée, après le premier cataclysme planétaire, en nostalgie des temps d'avant-guerre et de l'exceptionnelle période de paix vécue depuis 1871 sur le Vieux Continent ? L'expression convient parfaitement, c'est sûr, si l'on s'en tient à une bourgeoisie d'affaires triomphante, qui profitait sans vergogne de ses rentes en s'étourdissant de l'effervescence intellectuelle, artistique, scientifique agitant la décennie : en gros, un million de personnes sur les quarante peuplant le pays. Mais les trente-neuf restants vivaient, de leur côté, de façon précaire. Très pauvrement dans les campagnes, où s'échinait près de 60 % de la population ; financièrement moins mal, certes, dans les villes, mais en permanence sur le qui-vive, car les ouvriers redoutaient d'y perdre leur emploi sur un simple coup de tête des patrons. Ils durent attendre 1907 pour voir leurs poches se remplir de quelques sous supplémentaires et pour commencer à souffler avec l'obtention d'une journée de congé hebdomadaire. Des acquis que la SFIO et la CGT[1] allèrent extorquer pas à pas au patronat après que le parti de Jean Jaurès eut pris en main les intérêts de la classe ouvrière, et que le syndicat eut adopté en 1906 les doubles concepts de syndicalisme révolutionnaire et de lutte des classes.

Mais si ce cher et vieux pays semblait, malgré tout, ne pas se porter si mal, un épouvantable furoncle le défigurait : la xénophobie. Elle visait essentiellement les Italiens et, poussée à l'extrême, alla jusqu'à en tuer certains, dont une cinquantaine en 1893 à Aigues-Mortes.

En 1900, ils étaient près de quatre cent mille à essayer de survivre dans les Alpes, le Sud-Est et la région parisienne. Originaires du Piémont, de Lombardie, du Frioul, ils étaient arrivés en masse avec femmes et enfants aux environs de 1875-1880, pleins d'espoirs

1. Confédération générale du travail, un syndicat de salariés fondé en 1895.

de justice sociale et d'illusions. Colporteurs, ramoneurs, cantonniers, charbonniers, bûcherons, ouvriers agricoles ou du bâtiment, ils vendaient leurs bras pour les tâches les plus difficiles boudées par les autochtones. Ce furent eux, notamment, qui assurèrent le démarrage de la métallurgie et de la pétrochimie dans les vallées de l'Arve, de la Tarentaise et de la Maurienne.

Réputés pour être des hommes courageux, durs à la peine, se contentant de faibles salaires, de médiocres conditions de travail, et acceptant n'importe quel boulot pénible, ils furent embauchés à la pelle. Le prolétariat français, lui, les tint pour des concurrents déloyaux et des « jaunes », c'est-à-dire des briseurs de grève. La presse, à de rares exceptions, nourrit de son côté les haines et les rancœurs en s'emparant d'un thème vendeur, celui du « Rital[1] » nomade, voleur, austère, brutal, belliqueux – un sale type, en somme, mais aussi un type sale, sans hygiène, qui était une menace pour la santé publique. Elle en fit même carrément un ennemi, un espion et un envahisseur lorsque Rome s'allia en 1882 à l'Allemagne et à l'Empire austro-hongrois. L'assassinat du président Sadi Carnot par l'anarchiste Caserio en 1894, leur appropriation culturelle des bals musettes avec leurs accordéons, jusque-là chasses gardées des Auvergnats, n arrangèrent pas non plus les choses.

1. Selon François Cavanna (1923-2014), écrivain et journaliste à *Charlie Hebdo*, cette injure anti-italienne aurait pour origine le tampon « R. ital » – pour « réfugié italien » –, que l'on apposait sur leurs papiers d'immigrés.

Voilà donc où on en était quand, pour paraphraser Hugo, « ce siècle ayant deux ans ! [et] déjà le Tigre pointant sous Clemenceau », Émile Zola s'éteignit. Le lundi 29 septembre 1902 au petit matin, asphyxié chez lui dans son sommeil par la faute d'une prétendue cheminée défaillante. Cent vingt et un ans plus tard, le doute subsiste : mort naturelle ou assassinat ? Il avait soixante-deux ans, était au sommet de sa gloire. Prononçant son éloge funèbre, Anatole France dira de lui : « Ses paroles courageuses ont réveillé la France. [...] Il a honoré sa patrie et le monde par une œuvre immense et un grand acte. [...] Il fut un moment de la conscience humaine. » Il avait raison, le père Anatole. Les écrits de l'auteur de *Germinal* bouleversèrent l'Europe et restent aujourd'hui encore des classiques goulûment lus à travers le monde. Mais c'est surtout *J'accuse*, le « grand acte » évoqué par le prix Nobel 1921 de littérature – un cri qui a retenti si fort qu'on l'entend encore parfois résonner de nos jours.

Zola fut un enfant adopté par la Républiquc. Lc fruit de l'amour d'un ingénieur vénitien pour une mère beauceronne, récolté à Paris en 1840 et mûri au même endroit, certes, mais que le Code civil – qui avait substitué le droit du sang au *jus soli* en 1804 – fit italien. Jusqu'à ce qu'à sa majorité il soit naturalisé. Comme Léon Gambetta avant lui. Une entrée dans la vie somme toute originale qui, pendant longtemps, ne fut pas relevée, mais que la presse nationaliste et cléricale ne manquerait plus jamais de rappeler dès la parution de son appel du 13 janvier 1898, qui fait depuis partie du patrimoine moral national, comme celui du général de Gaulle le 18 juin 1944.

Non, l'extrême droite ne lâcha plus Zola du jour où il osa demander au président de la République Félix Faure la révision du procès du capitaine Alfred Dreyfus dans un long texte emplissant entièrement la une de *L'Aurore*, une publication de centre gauche, républicaine, athée, progressiste, dreyfusarde. Une sorte de courrier imprimé, que Georges Clemenceau, son éditorialiste, eut la géniale inspiration de vendre en l'accompagnant d'une manchette titrée sur six colonnes : « J'accuse... ! LETTRE AU PRÉSIDENT DE LA RÉPUBLIQUE. Par Émile Zola ».

Moins de vingt-quatre heures après, des gazettes malfaisantes se déchaînèrent contre l'auteur, et, jusqu'à son dernier souffle, elles écrivirent les pires et imaginaires immondices qui soient. *La Libre Parole*, la « feuille » d'Édouard Drumont, chaque jour plus antidreyfusarde, nationaliste, antisémite, antiparlementariste et antirépublicaine, est d'une violence et d'une abjection infinies. Mais *L'Action française*, le journal dirigé par Charles Maurras, n'est pas en reste : l'éditorial de Léon Daudet, publié le lendemain du transfert des cendres du grand homme au Panthéon, en juin 1908, commence par un flot de fiel : « Donc, aujourd'hui, vous triomphez, juifs, métèques, républicains ! Et vous triomphez de qui ? De la France. »

Cette « Lettre au président de la République » fit condamner Émile Zola à un an de prison. Mais elle donna à l'injustice dont fut victime Alfred Dreyfus, à l'origine simple officier en stage à l'état-major, une dimension politique et sociale qu'elle n'avait pas encore, déclenchant « l'affaire », dont certaines conséquences survivraient au siècle. Ainsi, le sénateur Ludovic Trarieux fonda la Ligue des droits de l'Homme, et des personnages progressistes et importants du monde culturel – Marcel Proust, Anatole France, Claude Monet, Charles Péguy, Jules Renard, Émile Durkheim – firent pour la première fois entendre leurs voix. Maurice Barrès, pape d'un nationalisme outrancier, les baptisa péjorativement des « intellectuels ». Le qualificatif lui survécut.

Cette affaire honteuse empoisonna tous les milieux, jusqu'à la réhabilitation du capitaine, en 1906. Mais elle continua, encore longtemps après, à diffuser en douce un venin nauséabond. Comme ce 28 janvier 1945, lorsque Charles Maurras, entendant prononcer aux assises sa condamnation à la réclusion perpétuelle pour intelligence avec l'ennemi, apostropha les jurés d'un grandiloquent et impudent : « C'est la revanche de Dreyfus ! »

Cette affaire révélait un problème qui minait depuis longtemps certains Gaulois à propos des Juifs. Une loi stipulant que ces derniers « jouiss[aien]t des droits de citoyens actifs » avait beau avoir été adoptée le 28 septembre 1791 par l'Assemblée constituante, beaucoup de « braves et bons paroissiens » continuaient de considérer que leurs concitoyens émancipés, au fond, n'en étaient pas. À commencer par les israélites mosellans et alsaciens qui, quoique peu au fait des us et coutumes des autres régions, choisirent tout de même en 1871 de quitter les territoires annexés par les Allemands.

Les Dreyfus furent de ceux-là, et Alfred, né à Mulhouse en 1859, sentit les forts relents antisémites qui empestaient quand, rapatrié de l'île du Diable, en Guyane, il comparut une seconde fois devant le tribunal des forces armées, à l'été 1899. Une cabale qui les accusaient, lui et ses coreligionnaires, d'être les membres d'une « nation dans la nation [dont les officiers] trahissaient par naissance ».

Voilà une *nation dans la nation* qui, entre 1845 et 1902, vit naître cinq futurs prix Nobel : les physiciens Gabriel Lippmann et Alfred Kastler, le philosophe Henri Bergson, le médecin André Lwoff, et le juriste René Cassin !

Si la particularité de son état civil longtemps resté dans l'ombre et son éclat littéraire n'épargnèrent que pendant un temps les tourments de la xénophobie au vrai-faux Italien Zola, Maurice Garin, lui, ne fut jamais confronté à ce cancer. Mieux : on fit de ce Rital un vrai de vrai, un champion bien de chez nous, dès ses premiers coups de pédale victorieux.

On raconta que, né en 1871 dans le val d'Aoste francophone, il fut échangé à quatorze ans par sa famille contre une meule de fromage à un rabatteur savoyard à la recherche de ramoneurs de « taille S ». C'est donc en Savoie qu'il exerça ce métier jusqu'en 1889, avant de partir en Belgique, puis de filer sur Reims. Finissant par s'établir à Maubeuge, il y acheta un vélo de course – et devint aussitôt une terreur des compétitions amateurs. Il passa professionnel cinq ans plus tard et remporta, en tant qu'italien, deux fois Paris-Roubaix. Naturalisé en 1901, Garin s'imposa en 1903 lors du premier Tour de France, et fut le deuxième sportif déraciné à devenir l'idole des jeunes et de leurs papas.

Mais revenons au Panthéon. Écoutons François Mitterrand s'y exprimer le 20 avril 1995, trois semaines avant de transmettre les codes de *la* bombe à Jacques Chirac. Et que dit le président de la République face aux deux cercueils posés sous son regard ? Ceci : « Aujourd'hui entre au Panthéon la première femme de notre histoire honorée pour ses propres mérites. » C'est à Marie Curie que la patrie reconnaissante ouvre ses portes. Pierre, son mari, qui avait reçu avec elle en 1903 le prix Nobel de physique – conjointement avec Henri Becquerel –, l'accompagne. La boucle des honneurs était bouclée pour celle qui fut aussi une fervente patriote et une féministe convaincue.

C'est peu dire qu'au départ ce n'était pas gagné pour « cette Polonaise ambitieuse qui, pour la gloire, s'est accrochée aux basques de Curie », comme la dépeignait l'hebdomadaire nationaliste *L'Œuvre* en novembre 1911, alors que venait de lui être décerné un second Nobel, de chimie cette fois. Maria Salomea Sklodowska poussa effectivement son premier cri le 7 novembre 1867 à Varsovie, territoire du tsar. Elle y apprit la langue d'Hugo en dévorant… Zola, fut naturalisée en 1895, et devint « Curie » par son mariage avec Pierre, rencontré quand il était chef des travaux à l'École municipale de physique et de chimie industrielle de

Paris, cette capitale où elle avait rejoint sa sœur en 1891 et commencé ses études de physique. Brillantissime, elle défricha, de 1894 à 1911, des horizons inconnus du sexe féminin : première femme à obtenir la licence puis l'agrégation de physique en étant classée première. La première aussi à décrocher un doctorat dans sa discipline, et à enseigner à la Sorbonne. La première et unique femme, enfin, à qui les Nobel ont décerné deux fois leur prix. Planck, Einstein, Bohr, honorés après elle par l'Académie suédoise des sciences, lui témoigneront leur admiration, et l'Europe entière la couvrira de récompenses.

Pas la France, cependant, qui, lorsqu'elle ne l'ignora pas, la méprisa le plus souvent. Ainsi, après la mort accidentelle de Pierre, en 1906, l'Université lui fit toutes les misères possibles avant qu'elle puisse lui succéder en Sorbonne à la chaire de radioactivité. Dans ce pays où la République et la science n'acceptaient pas les femmes, la presse et l'opinion s'unirent, en soutenant qu'intellectuellement ces dernières ne pouvaient être les égales de l'homme. (Zemmour, sors de ce livre !)

L'apothéose, pour autant que le terme siée, survint le 4 novembre 1911, après que des malfaisants eurent fait fuiter ses échanges épistolaires passionnés avec Paul Langevin, son éminent collègue, homme marié, père de quatre enfants et professeur au Collège de France. Victime elle aussi de xénophobie et de misogynie, « M. Skłodowska Curie » – comme elle signa les documents une fois mariée – concentra sur elle les fantasmes et les soupçons entretenus à l'endroit d'une femme, d'une veuve et, surtout, d'une étrangère. Pendant des mois, on cerna sa maison à Sceaux de cris de « Voleuse de mari ! », « Dehors l'étrangère ! ».

Lorsqu'une seconde fois la Suède la récompensa, on lui suggéra de ne pas venir chercher son diplôme en raison du scandale dont elle était l'objet. Mais, inébranlable et fidèle à ses principes – dont le premier était de « ne jamais se laisser abattre par des personnes ou des événements » –, elle se rendit, avec tous les récipiendaires, le 11 décembre à Stockholm. Nos journaux n'en pipèrent mot ! Peu lui importait.

Dix ans tout juste après Marie Curie, l'autre génie qui s'est éternellement installé dans le paysage de notre pays depuis plus de cent ans et qui un demi-siècle après sa mort, à Mougins, redevient régulièrement d'actualité est Pablo Picasso. En témoignent deux expositions récentes. La première, *Picasso l'étranger*, s'est tenue de novembre 2021 à février 2022 au musée de l'Histoire de l'immigration, alors dirigé par Pap Ndiaye ; la seconde, *Nouveau chefs-d'œuvre. La dation Maya Ruiz-Picasso*, a présenté d'avril à novembre 2022 au musée national Picasso-Paris six peintures, deux sculptures, un carnet de dessins inconnus, sauf de quelques privilégiés – et provenant de la collection personnelle de la première fille de l'artiste –, qui sont devenus un bien public. Et ce n'est pas tout ; pour célébrer le cinquantième anniversaire de sa disparition, un Centre d'études Picasso sera ouvert en cette année 2023, qui sera une référence unique pour le travail de chercheurs du monde entier.

Né à Malaga en 1881 et après avoir étudié, encouragé par son père – José Ruiz y Blasco –, à l'École des beaux-arts de Barcelone et à l'Académie royale San Fernando de Madrid, Pablo Ruiz – devenu si humainement clivant aujourd'hui – débarque en éclaireur à Paris, en 1901, année où il adopte le patronyme de sa mère – Maria Picasso y Lopez – pour désormais signer « Picasso ». Il s'installe durant quelques semaines chez un compatriote fiché « anarchiste » par la Sûreté générale, un service de la préfecture de police chargé de surveiller les étrangers. Ce qui suffira à étiqueter définitivement Pablo comme tel.

Reparti en Catalogne, il revient, définitivement cette fois, en 1904 et partage en colocation un atelier du Bateau-Lavoir, une cité d'artistes érigée sur la butte Montmartre, et rencontre Max Jacob, Guillaume Apollinaire, Henri Matisse, Georges Braque, qui deviendront des amis. Sa période bleue barcelonaise (1901-1903), durant laquelle il peindra *Le Vieux Guitariste*, son premier tableau majeur, inspiré par la mort de l'un de ses amis et qui renvoie au Greco, est alors terminée.

Les années 1905 et 1906, passées dans le 18e arrondissement, sont celles de sa période rose, au cours de laquelle il se rapproche de l'œuvre de Cézanne, travaille surtout le dessin et se fait un petit nom grâce à quelques expositions. Jusqu'à ce qu'il pousse pour la première fois les portes de l'éternité, en 1907. Car *Les Demoiselles d'Avignon*, une huile sur toile de près de 2,5 × 2,5 mètres, provocante, choquante et délibérément inachevée – que Matisse et Apollinaire qualifieront de « terrorisme » en la découvrant –, est considérée comme le premier tableau cubiste, bien que le néologisme « cubisme » ait été inventé par Matisse quelques mois plus tard en admirant les *Maisons à l'Estaque*, de Georges Braque, tenu pour être l'autre « père » du mouvement.

Guillaume Apollinaire, lui, est considéré comme l'un de nos plus grands poètes du XXe siècle en langue française. Guillaume Apollinaire[1] est né dans la Pologne « tsariste », et terrassé à trente-huit ans par la grippe espagnole, quarante-huit heures avant l'armistice de 1918, et c'est bel et bien en tant que français qu'il est mort, comme on le verra dans le chapitre suivant, après un parcours mirobolant cultivant par-dessus tout l'originalité.

Il devait tenir ça de sa mère, Angelica de Kostrowitzky, une fantasque et aventurière aristocrate déchue de Varsovie, et, sans doute, d'un officier suisse qui partit sans laisser d'adresse. Enfant, il fut transbahuté partout en Europe avant d'atterrir à Nice, où, brillant élève et polyglotte, il… rata son bac, et Angelica disparut de sa vie.

C'est seul et fauché qu'en 1900 il posa à vingt ans le pied sur un quai de la gare de Lyon et ses valises sur la butte Montmartre, dont on lui avait dit que le

1. Guillaume Albert Vladimir Alexandre Apollinaire de Krostowitzky – son identité à l'état civil.

climat lui plairait. Un peu journaliste – mais n'y prenant aucun goût –, il écrivit deux romans plus ou moins « chauds », et commença à publier contes et poèmes beaucoup moins salés qui, regroupés en un recueil intitulé *Alcools*, paraîtront en 1913 et lui vaudront une célébrité définitive.

Bien qu'attaché à la tradition, sa réaction face aux *Demoiselles d'Avignon* en témoigne, Apollinaire saisit chaque occasion de célébrer les inventions modernes – le métropolitain, le cinéma, l'électricité illuminant les rues de Paris – ou de défendre les idées nouvelles – la psychanalyse, le surréalisme, l'originalité de l'art africain. « Chacun de mes poèmes est la commémoration d'un moment de ma vie », déclara-t-il. La vie sous toutes ses formes, banale, pittoresque, sinistre ou excentrique.

C'est en somme ce qu'expliqua à sa façon Blaise Cendrars en déclarant un jour qu'il « ne tremp[ait] pas [s]a plume dans un encrier mais dans la vie », lui dont le long poème *La Prose du Transsibérien et de la petite Jehanne de France* est une œuvre pionnière de la modernité poétique, par l'usage de ses vers saccadés qui s'enchaînent sans lien. Né Frédéric Louis Sauser, Blaise Cendrars voit le jour le 1er septembre 1887. Fils de la bourgeoisie bernoise francophone, on l'envoie apprendre à lire, écrire et compter dans une pension allemande. De retour en Suisse, il tente d'avaler les rudiments du commerce dans une école à Neufchâtel, d'où, au regard de ses médiocres résultats, on l'exfiltre à dix-sept ans pour en faire un apprenti chez des horlogers à Moscou, puis à Saint-Pétersbourg. Mais il passe plus de temps à la bibliothèque impériale que chez son indulgent employeur, à dévorer Tolstoï, Dostoïevski, Gogol. C'est là que le goût de l'écriture lui vient.

Rentré à Berne, il s'essaie aux études de médecine avant de partir à New York retrouver une amie, qui deviendra sa femme. Il y écrit *Les Pâques* – rebaptisé *Les Pâques à New York*, en 1919 –, y invente son nom de plume, Blaise, comme braise, Cendrars, comme cendre : les deux états par lesquels passe selon lui le poète lors de l'« enfantement ». En 1912, il s'installe à Paris et se lie d'amitié avec Apollinaire. C'est là qu'il publie un an plus tard *La Prose du Transsibérien*, un livre où le poème et les compositions en couleurs de l'artiste peintre ukrainienne Sonia Delaunay sont si habilement et joliment imbriqués que l'Américain John Dos Passos le surnommera plus tard « l'Homère du Transsibérien ».

Neuf mois après la parution de son monument avant-gardiste, il entre dans la Grande Guerre pour défendre la France ; il y perdra un bras et y gagnera la nationalité française.

Si, comme on l'a dit, son pote « Apo » y a perdu la vie, il a été le seul dans ce cas parmi la vague russo-polonaise qui déferla à Paris en ce début de siècle. Des talents qui, en ce qu'ils créèrent dans la capitale, participèrent fondamentalement au prestige de la France.

La chorégraphie révolutionnaire de Vaslav Nijinski par exemple, cassant tous les codes lors de la première représentation du *Sacre du printemps* au théâtre des

Champs-Élysées, fit certes scandale, mais elle bouleversa cet art à un point tel que le 29 mai 1913 est reconnu comme la date fondatrice de la danse moderne. Dans les années 1980, Rudolf Noureev, directeur du corps de ballet de l'Opéra de Paris, dira de lui : « Toute son expression était une œuvre d'art. »

Polonais natif de l'empire russe, il arriva en 1909 à Paris comme danseur étoile des Ballets russes, la troupe fondée par Serge de Diaghilev[1]. La perfection de sa technique, la qualité de son interprétation d'acteur et, surtout, l'audace de ses sauts le propulsèrent aux cieux et le firent vite surnommer le « Dieu de la danse » par la gentry parisienne. Du théâtre « des Champs » à l'opéra en passant par le Châtelet, Nijinski dansa quasiment tout ce qui fut présenté de 1909 à 1913. Il fut le premier à devenir la star d'une compagnie, un statut alors réservé aux femmes, les « porteurs » n'étant jusque-là que des faire-valoir.

Moulé intégralement dans des collants qui épousaient ses formes, il incarnait la grâce, la sensualité, et il créa des rôles androgynes et sexualisés que les critiques et le public regardèrent en se pinçant le nez, tout en criant au divin une fois rentrés chez eux. À sa première mise en scène, *L'Après-midi d'un faune,* inspiré par un poème de Mallarmé et sur une musique de Debussy, le final alla jusqu'à mimer un orgasme. Ce que *Le Figaro* condamna

1. Diaghilev, un imprésario délicieux et raffiné, n'eut toutefois qu'un don : celui de découvrir ceux des autres. La compagnie qu'il forma fut constituée des meilleurs ballerines et danseurs du théâtre Mariinsky de Saint-Pétersbourg, rival du Bolchoï moscovite.

d'un trait de plume : « Un faune inconvenant, avec de vils mouvements de bestialité érotique et des gestes de lourde impudeur. »

Puis, insaisissable, exceptionnellement torturé et bisexuel, Nijinski, à vingt-quatre ans, épouse une danseuse hongroise dont il est très amoureux et avec qui il a deux filles. Mais à trente, il entame un interminable voyage aux Enfers durant lequel, d'asile en clinique, il est soumis à de si violents traitements censés le guérir de sa schizophrénie catatonique qu'en définitive il cesse de lutter – une interminable détresse qui prend fin en avril 1950, et dont la dernière étape est une tombe au cimetière du Montparnasse. Dans l'un de ses rares instants d'apaisement, il avait eu la force de griffonner sur un cahier : « Je suis Nijinski, celui qui meurt s'il n'est pas aimé. »

C'est aussi à Paris que, attiré par Diaghilev, le Russe Igor Stravinsky jeta sur une portée en 1910 les premières notes du *Sacre du printemps*. La déflagration rythmique de cette partition musicale fut l'une des plus grandes ruptures de l'histoire de la musique, le consacrant comme l'un des compositeurs les plus influents du XXe siècle. Reparti en Russie juste avant la Grande Guerre, il emménagea finalement en 1920 en France, « où battait le pouls de l'activité mondiale ». Il y obtint la nationalité française, en 1934, avant de partir aux États-Unis et y devenir américain.

Autres sujets de Nicolas II artistiquement incompris chez eux, Marc Chagall, Ossip Zadkine et Chaïm Soutine arrivèrent à Paris en 1910 et 1912. Compagnons d'infortune d'un petit cercle, ces peintres, qui n'avaient ni mentor ni théorie, et qu'un critique d'art appellera longtemps après l'« école de Paris[1] », espéraient trouver en ce saint des saints de l'art des conditions favorisant leur virtuosité, leur grande liberté d'expression. Et, accessoirement, des mécènes et prosélytes – les Américains Léo et Gertrude Stein furent les plus précieux. Quels que furent les bouillonnements avant-gardistes – post-impressionnisme, fauvisme, cubisme – auxquels ils appartinrent, ces pionniers de la peinture renforcèrent l'ensemble des courants novateurs en matière de traits et de couleurs et contribuèrent à l'un des plus importants bouleversements picturaux de tous les temps.

Ces novateurs venus d'Europe de l'Est ne furent toutefois qu'une poignée d'escarbilles, ignorés par la communauté russe déjà installée tant l'horizon de cette dernière – estimée à dix mille individus environ en 1901 –, qui avaient fui les pogroms perpétrés dans l'empire ou la misère des bas-fonds, n'allait pas au-delà de la sueur, du labeur de leurs ateliers et de leurs usines ou de la solidarité des cours des gourbis où ils logeaient.

Six ans plus tard, cependant, un rapport du préfet de police adressé au président du Conseil notait un net changement : « Paris est aujourd'hui le grand quartier général des révolutionnaires russes en Europe [...]. Il n'est pas un Russe adulte qui ne soit prêt à tous les sacrifices pour

1. À laquelle furent associés Pablo Picasso, Kees van Dongen, Léonard Tsugouharou Fujita, Amedeo Modigliani.

aider un maximaliste ou un anarchiste criminel. » Et c'est à cette période qu'apparaissent chez nous Vladimir Ilitch Oulianov, dit Lénine, son épouse, Nadejda Kroupskaïa, et sa maîtresse Inès Armand – née Élisabeth Pécheux d'Herbenville, à Paris, mais élevée à Moscou –, qui habiteront le 14e arrondissement de 1908 à 1911.

Après l'échec en janvier 1905 de la première révolution déclenchée à Saint-Pétersbourg, les réfugiés politiques, attirés par la patrie de Proudhon[1] et des droits de l'Homme s'étaient en effet rabattus sur la France, leur refuge suisse ayant cessé d'être tolérant à leur égard. Cet afflux massif d'étudiants et d'intellectuels fit plus que doubler la population russe recensée.

Vladimir Ilitch n'a évidemment pas eu une grande influence sur la France du XXe siècle, encore que... Mais c'est en dévorant trois ans durant les bouquins de la Bibliothèque nationale, rue de Richelieu, avant de déménager en banlieue, à Longjumeau, afin de former et d'y regrouper les futurs cadres du parti bolchevique, qu'il a construit en partie la suite de sa carrière.

Au rez-de-chaussée de l'immeuble que les Lénine occupèrent, un resto *low cost*, le Lénine Kebab, s'amuse aujourd'hui gentiment de l'Histoire.

Henri Bergson, premier philosophe français de l'ère moderne à avoir connu une célébrité mondiale de son

1. Pierre-Joseph Proudhon (1809-1865), précurseur de l'anarchisme, il est le seul théoricien révolutionnaire du XIXe siècle à être issu du milieu ouvrier.

vivant, était lui aussi étranger à la France. Il « bénéficia » du même régime que Zola et fut inscrit à la mairie du 9e arrondissement sous la nationalité de son père : polonaise.

Étudiant à l'École normale supérieure dans la même promotion qu'Émile Durkheim et Jean Jaurès, il est naturalisé à vingt et un ans, puis se taille un palmarès « à la Curie » : deuxième à l'agrégation de philosophie, docteur ès lettres, maître de conférences à « Normale », titulaire de la chaire de philosophie au Collège de France, académicien et enfin prix Nobel de littérature, en 1927. Il est invité en 1913 par les universités de Columbia, Princeton et Harvard ; son voyage aux États-Unis est triomphal, on raconte que son passage à Columbia cause le premier embouteillage monstre à Broadway.

Quatre ans plus tard, le gouvernement le missionne à Washington pour prendre langue avec Woodrow Wilson. Le président américain l'écoute attentivement. Plusieurs des quatorze points du traité de paix qu'il propose à Versailles en 1919 sont inspirés par ses discussions avec le philosophe, notamment le dernier, dans lequel Bergson envisageait la création d'une « société des nations ». Et si le Congrès américain refuse quelques mois plus tard d'entériner cette fondation, c'est bel et bien sur l'idée de ce Polonais adopté par la France que – sans les États-Unis – la SDN voit le jour. Henri Bergson devient, en 1922, le premier président de la Commission internationale de coopération intellectuelle – l'ancêtre de l'Unesco.

La Grande Guerre
(1914-1918)

Le mercredi 29 juillet 1914, un appel est placardé sur les murs de la capitale :

« L'heure est grave [...].

Des étrangers amis de la France, qui, pendant leur séjour en France, ont appris à l'aimer et à la chérir comme une seconde patrie, sentent le besoin impérieux de lui offrir leurs bras. [...] nous qui avons trouvé en France la nourriture de notre esprit ou la nourriture matérielle, groupons-nous en un faisceau de solides volontés mises au service de la plus grande France. »

Le propos est inspiré par Ricciotto Canudo – un romancier italien, philosophe, ami d'Apollinaire, critique de cinéma et inventeur de l'expression « septième art » –, et signé par dix-sept artistes et intellectuels, dont Blaise Cendrars.

Trois jours plus tard, veille de la déclaration de guerre de l'Allemagne à la France, le texte est publié dans *Le Figaro*, *Le Matin*, *Le Temps* et *Le Gaulois*. Le lendemain, à l'heure même où l'ambassadeur von Schoen remet au président du Conseil, René Viviani, la notification officielle de l'ouverture des hostilités, Canudo et Cendrars, assis à une table de bistrot sur le trottoir au coin de la rue Laffitte et du boulevard Haussmann, font signer de leur propre chef des formulaires d'engagement qui seront transmis dans la soirée au ministère de la Guerre. Sur les Grands Boulevards, à deux pas, des manifestants brandissant des drapeaux tricolores défilent, dont beaucoup sont italiens. À la fin de la journée, environ huit mille de ces derniers auront paraphé le document – Rome s'est pourtant déclarée neutre et le restera jusqu'en avril 1915.

Les élans solidaires sont considérables. Un communiqué des Juifs étrangers explique par exemple que, s'ils ne sont « pas encore français de droit, [ils le sont] de cœur et d'âme, et [leur] devoir le plus sacré est de [se] mettre tout de suite à la disposition de cette grande et noble nation, afin de participer à sa défense ». Les volontaires à l'incorporation dans l'armée française ne manquent pas. Les communautés suisse, russe, serbe, arménienne, grecque le font savoir par voie de presse. Quant à la jeunesse américaine de Paris, elle se dit prête à former une légion – son gouvernement, qui ne souhaite pas s'impliquer, l'a pourtant prévenue que ceux qui contreviendraient à cette prise de position seraient déchus de leur nationalité. Une menace qui leur passera au-dessus de la tête. D'abord parce qu'ils sont pour la plupart les fils des élites de la côte est, et certaines valeurs leur commandent, quoi qu'en pensent leurs pères et leur Président, de « rendre l'invitation » à ces Français dont les troupes de Louis XV et Louis XVI, menées par La Fayette, ont donné un sacré coup de main à George Washington et ses patriotes pour obtenir leur indépendance, en 1776.

Aussi, soyons justes, parce que, sortis des grandes universités, *addicts* aux sports, virils de préférence et, pour beaucoup, « scouts un jour, scouts toujours », ils ne sont venus en France que pour y profiter de la vie durant un an ou deux – dans une totale insouciance, ils ne voient ce qui se prépare que comme une grande aventure.

Vue d'Europe, la fraternité de tous ces étrangers a une autre signification. En tant que seule véritable démocratie républicaine sur le continent, et son histoire et son rayonnement suscitant une grande admiration chez les exilés rêvant de liberté et d'indépendance, la France est pour eux un exemple, et porteuse de l'espoir d'un monde nouveau et moderne.

Cet enthousiasme participe cependant d'une grande naïveté. Depuis des mois en effet, les milieux économiques et politiques doutent qu'il soit possible de résister aux « Boches », ainsi appelés parfois jusque dans les tribunes de l'Assemblée nationale. Conscient des faiblesses françaises, le député socialiste Marcel Sembat est même allé jusqu'à écrire dans *L'Humanité* l'année précédente : « Faites un roi, sinon la paix ! »

De fait, en juillet 1914, les situations économique, sociale et démographique de la France ne sont pas brillantes, alors qu'outre-Rhin prospère la première puissance continentale gérée par le capitalisme de l'avenir, celui des Siemens, Thyssen, AEG et Krupp, dont les Parisiens surnommeront du prénom de sa fille

– « la Grosse Bertha » – les canons longue distance qui les bombarderont et feront tant de dégâts en 1918.

La production d'acier en Lorraine est trois fois inférieure à celle de la Ruhr, et les échanges internationaux sont loin derrière ceux des États-Unis, de la Grande-Bretagne ou de l'empire de Guillaume II. La flotte commerciale mouillant dans les ports de la Manche, de l'Atlantique et de la Méditerranée n'est, quant à elle, que la sixième du monde, là où celle des cités hanséatiques se classe deuxième. Les inégalités, qui n'ont cessé de s'aggraver depuis trente ans, ont par ailleurs provoqué, de février à avril 1914, de grosses agitations dans le secteur du textile, dans les mines, la marine marchande, les transports ferroviaires, chez les infirmières, les travailleurs agricoles, les postiers et les employés de l'industrie électrique.

Pendant ce temps, à Berlin, Hambourg, Munich, on marche droit depuis plus de quatre décennies. Car la politique préfigurant l'État providence – création des assurances couvrant maladies et accidents du travail, création des caisses de retraite et d'invalidité – appliquée par Otto von Bismarck dès la fondation de l'empire, le 18 janvier 1871, puis l'instauration en 1905 des congés payés ont assuré la paix sociale. Alimentés en partie par l'impôt sur le revenu instauré en 1893 – celui-ci ne sera adopté en France qu'en juillet 1914 et appliqué en 1916 –, les allocations sociales et le budget de l'armée du IIe Reich[1]

1. Instauré du 18 janvier 1871 au 9 novembre 1919, il « succède » au Ier Reich, qu'on nomma aussi le Saint Empire romain germanique

représentent le double de ce qu'ils sont en France – ce dont les troupes du Kaiser se satisfont amplement. Dans le climat du moment, c'est important. Côté population, l'écart est sans appel. En millions d'habitants, l'Allemagne « mène » 68 à 40 ; dont, sur ces 40, 1,2 million sont étrangers, quand les émigrés sont pratiquement inexistants chez nos voisins.

Il n'est guère que militairement, en termes d'effectifs s'entend, que le « match » est équilibré – à tout le moins, au « coup d'envoi ». L'Allemagne dispose de 875 000 conscrits fin juillet, le général Joseph Joffre et son état-major de 900 000. Avec la mobilisation et compte tenu des volontaires, ce sont respectivement 3 750 000 et 3 800 000 malheureux qui se retrouvent enrôlés fin août. Quatre ans après, cela aura été une autre histoire : au total, 8 000 000 de Français auront combattu, quand ils auront été deux fois plus chez les Allemands !

Près de 1 400 000 hommes sont morts « pour la France » ou « portés disparus », comme formulé sur les actes officiels remis aux familles. Sur ce nombre astronomique de victimes, *grosso modo* 100 000 n'étaient pas françaises. Plus de 5 000 légionnaires tombèrent – sur 42 000, représentant à eux tous cinquante-deux nationalités. Selon l'historien Pascal Blanchard, près de 95 000 furent tués ou portés disparus dans les rangs des troupes coloniales, nommées « indigènes » et

---

et qui perdura de 962 à 1806. Il précède l'abominable IIIe, installé de 1933 à 1945.

composées de 600 000 Algériens, Tunisiens, Marocains, Indochinois, Malgaches, Polynésiens, Néo-Calédoniens, Antillais et ressortissants des Afrique occidentale et équatoriale françaises – les « fameux » tirailleurs sénégalais – qu'on alla chercher jusqu'au fin fond de l'empire pour les précipiter sur les champs de bataille.

Contrairement à ce que l'on put prétendre, jamais ces tirailleurs, qu'on baptisa la « force noire », et leurs camarades d'Afrique du Nord, ne servirent toutefois de chair à canon. Pas plus, en tout cas, que leurs copains des villes et des campagnes de la métropole. Ils montèrent en ligne, toujours ensemble, les Maghrébins se regroupant parfois pour avancer, au pas et fusil en main, entonnant *Le Chant des Africains* et clamant : « Nous gardons au cœur une invincible ardeur/Car nous voulons porter haut et fier/ Ce beau drapeau de notre France entière. » Sur tous les points brûlants, ces garçons venus d'Afrique, d'Asie, d'Océanie et des Caraïbes s'illustrèrent. En Champagne, notamment, où ça cogna fort au mois de septembre 1915. L'un d'eux y partagea peut-être une boîte de fayots avec Blaise Cendrars, qui perdit là son bras droit.

À vingt-sept ans, l'écrivain s'était engagé dans la Légion étrangère. *La Prose du Transsibérien et de la petite Jehanne de France* avait déjà fait de lui un auteur établi. Mais, incorporé à l'armée française, ce fut comme simple troufion qu'il découvrit la fureur en novembre 1914. Rapidement promu caporal pour sa bravoure, il se trouva jeté dans la seconde bataille de Champagne. Il fut gravement blessé par un éclat d'obus le 27 septembre 1915, on l'amputa, on le décora de la croix de guerre, puis on le réforma au mois de mars suivant, au moment où il devenait français – ce qui n'avait rien à voir ni avec son courage ni avec sa blessure, mais qui était le point final d'une démarche qu'il avait entreprise après qu'en août 1914 fut édictée une loi permettant d'obtenir sans condition la nationalité française pour les étrangers s'étant engagés qui la demanderaient.

Dans *La Main coupée*, deuxième volume paru en 1946 d'une tétralogie de mémoires, Cendrars dépeignit sans prendre de gants la misère de ces lampistes qui, dans la crasse, l'eau croupie et les rats, « sont tués [...], écrabouillés, anéantis, disloqués, oubliés, pulvérisés, réduits à zéro, et pour rien ». Ce récit fut pour lui l'occasion de dénoncer ce qu'il considéra comme l'incompétence des états-majors et de constater la reproduction, au front, de cette structuration sociale où « les travailleurs à la chaîne sont devenus à l'avant les travailleurs de la mort », pendant qu'à l'arrière les galonnés, les profiteurs, les décideurs et les embusqués « ont brillé par leur absence au feu ». Un sommet de la littérature contant les atrocités commises par l'ego des hommes, qui fait écho au *Voyage au bout de la nuit*, de Louis-Ferdinand Céline, et à *L'Adieu aux armes*, d'Ernest Hemingway, deux autres grands blessés, le premier dès octobre 1914 dans le Nord, le second comme ambulancier dans l'est de l'Italie. Un tableau des horreurs – décrit aussi par l'auteur allemand Erich Maria Remarque dans *À l'Ouest, rien de nouveau* – qui fut reçu avec suspicion tant il se démarquait des récits canoniques que furent *Ceux de 14*, de Maurice Genevoix, et *Les Croix de bois*, de Roland

Dorgelès, qui avaient surtout glorifié la fraternité et le courage des Poilus.

Julien Green, premier étranger élu à l'Académie française, en 1971, successeur au fauteuil de François Mauriac et considéré en France comme l'un des écrivains majeurs du XXe siècle, est lui aussi passé par la case Légion, dès le jour de ses dix-huit ans, le 6 septembre 1918. Il fut mis dans les vingt-quatre heures à la disposition d'un régiment d'artillerie de l'armée de Foch, puis, peu de semaines avant l'armistice, missionné pour aller « casser du Boche ». Or, français, il ne l'était pas et ne le fut jamais.

Né à Paris en 1900 de parents américains, il avait grandi dans le 16e arrondissement et fait ses humanités au lycée Janson-de-Sailly, où il obtint la première partie de son bachot à seize ans et des broutilles. Dans la foulée, il s'engagea dans la Croix-Rouge américaine et, à l'issue d'un court apprentissage, il partit pour l'Argonne au volant d'une ambulance. Jusqu'à ce que la Red Cross découvre qu'il était trop jeune pour se trouver là et le renvoie dans ses pénates. Il fila aussitôt chez les Italiens, moins regardants, pour aller véhiculer, durant six mois, morts et blessés au nord de la Vénétie.

Revenu dans la capitale au printemps 1918, il participa à la reconquête du territoire, puis partit occuper la Sarre, où il fut démobilisé dans les premiers mois de 1919. Trois années passées ensuite à étudier la littérature à l'université de Virginie lui firent comprendre qu'il n'était bien qu'un endroit où il pouvait vivre : la France. Son premier roman, *Mont-Cinère*, y fut édité en 1926. Son œuvre colossale – théâtre, romans, nouvelles, mémoires et, surtout, son célèbre *Journal* – s'étalera sur plus de soixante ans et sera lue dans le monde entier. Mais, par fidélité à sa famille, il ne demandera jamais la nationalité française. Et déclinera poliment l'offre du président Georges Pompidou, qui la lui proposera en 1972. Il reste que ce fut bien en tant que français au moins autant qu'américain que, de 1942 à la fin 1944, il s'adressa cinq fois par semaine à la France depuis New York dans une émission diffusée par Voice of America.

Le cas du coureur cycliste François Faber, fils d'un Luxembourgeois venu chercher du travail dans l'Eure, est semblable à celui de Green. Ce natif d'Aulnay-sur-Iton ayant passé toute sa vie en Normandie, puis en banlieue parisienne, n'envisagea jamais de profiter de la loi d'août 1914, et c'est comme sujet de la grande-duchesse Marie-Adélaïde qu'il fut tué le 9 mai 1915 dans le Pas-de-Calais.

Dieu sait pourtant si Faber fut gaulois, jusqu'au bout des cale-pieds, et admiré comme tel au-delà des frontières. Son palmarès hors norme – il remporta quasiment toutes les « classiques », et le Tour de France 1909 –, son comportement chevaleresque et sa taille exceptionnelle pour un coureur – 1,90 mètre – lui valurent le surnom de « Géant de Colombes ». Aisé et admiré, il avait tout pour vivre en paix et rester planqué. Pourquoi s'engagea-t-il alors à vingt-six ans dans la Légion, lui qui venait de terminer neuvième de ce qui serait son dernier Tour ? À l'un de ses camarades, il déclara : « La France a fait ma fortune, il est normal que je la défende. »

C'est, à peu de chose près, ce que confia Lazare Ponticelli dans les dernières années de sa vie : « J'ai voulu défendre la France parce qu'elle m'avait donné à manger. » Décédé à cent dix ans, le 12 mars 2008, il fut le « der des ders » de la Grande Guerre à s'éteindre, toutes nationalités confondues.

Orphelin de père à cinq ans, abandonné par sa mère à six puis confié à une marâtre, il s'enfuit de son village d'Émilie-Romagne, une région du nord de l'Italie, à neuf ans et, sans parler un mot de français, ne sachant ni lire ni écrire mais sachant parfaitement ce qu'il voulait, il monta dans un train à Piacenza, avec une seule idée : aller en France où, selon les rumeurs – des *fake news*, en fait – circulant dans son village, les Italiens vivaient heureux. Des galères à n'en plus finir ne l'ayant point découragé, il finit par arriver à la gare de Lyon, où il erra plusieurs jours avant d'être recueilli par une famille lombarde.

Il devint ramoneur, crieur de journaux et même coursier pour Marie Curie. Trichant lui aussi sur son âge, il s'engagea dans la Légion dès que les canons se mirent à tonner, et, son mois d'instruction effectué, il fut envoyé dans l'Argonne avec le régiment des garibaldiens, uniquement constitué d'Italiens, dont six petits-fils de Giuseppe Garibaldi, l'un des pères de la patrie en Italie, qui résista aux uhlans prussiens en 1870 et que

Gambetta fit commandant des cent dix mille tirailleurs des corps francs dans les Vosges.

Sans se poser plus de questions quant à savoir s'il était italien ou français, Lazare se battit donc en portant huit mois le pantalon garance, jusqu'à ce que, ses compatriotes entrés en guerre, les autorités françaises le somment de les rejoindre pour aller stopper l'avancée des Autrichiens dans le Dolomites. Ayant refusé, c'est encadré de deux gendarmes qu'il regagna Turin. « Je pensais que m'être battu pour la France aurait fait de moi un Français », expliquera-t-il.

Une fois revenu à Paris, il y monta une petite entreprise de fumisterie, fonda une famille, mais ne demanda à devenir français que quelques mois avant le début de la Seconde Guerre mondiale. Jugé trop vieux pour s'engager, il entra en 1942 dans la Résistance.

En apprenant en 2005 que le dernier Poilu aurait des obsèques nationales et qu'il serait enterré au Panthéon, Lazare fit savoir qu'il ne le souhaitait pas si cela venait à « tomber » sur lui. Il estimait que ce serait « un affront fait à tous les autres, morts sans avoir eu les honneurs qu'ils méritaient ». Quand, en janvier 2008, il comprit qu'il serait le dernier, il accepta le passage par la cour d'Honneur des Invalides – « à condition que [ce soit simple] », mais resta ferme quant à son refus d'entrer dans la maison des grands hommes… et des grandes dames, depuis que Marie Curie y a obtenu sa place. Il repose près des siens au Kremlin-Bicêtre.

Près de deux cent cinquante mille corps de « tous les autres morts » n'ayant jamais quitté les pensées de

Lazare restent à ce jour ensevelis sans sépulture quelque part en France, en Italie, dans les Balkans et en Turquie.

Et Désiré Bianco, tué à treize ans, le 8 mai 1915 dans les Dardanelles, est parmi eux, enfoui en terre turque depuis près de cent huit ans. Il est le plus jeune « soldat » à avoir été reconnu mort pour la France.

Ce gamin naquit à Marseille le 4 avril 1902 de parents piémontais. Il habitait près d'une caserne et n'eut qu'une envie à partir du mois août 1914 : suivre ces conscrits qu'il voyait partir en chantant, la fleur au fusil. Deux fois en janvier 1915 il se cacha dans un train militaire en partance pour la Meuse ; découvert, il fut reconduit chez lui par la maréchaussée. Mais Désiré était têtu. Fin avril, il fugua de nouveau et parvint à grimper en douce à Toulon sur *Le France*, un vieux paquebot alors, servant aux transferts de troupes vers la péninsule de Gallipoli. Sur une « brillante » idée de Winston Churchill, premier lord de l'Amirauté, les Britanniques avaient décidé, début 1915, d'ouvrir un troisième front en attaquant l'Empire ottoman, allié des Allemands. Quatre-vingt mille Français vinrent en soutien, de mars 1915 à janvier 1916.

Quand, au large de la Sicile, Désiré fut déniché dans une coursive, il n'était évidemment plus question de faire demi-tour – mais toujours pas plus de l'enrôler. Il devint donc la mascotte du 58e régiment de l'infanterie coloniale. On lui dégota un fusil, sans munitions, on l'équipa d'un uniforme de marsouin trop grand pour lui, et on lui demanda surtout de se faire le plus petit possible. Ce qui, lorsque les troupes partirent à l'assaut d'une colline, ne l'empêcha pas de se trouver encore où il ne le devait pas. Son parrain militaire, le caporal Louis Nicolas, lui intima l'ordre de ne pas bouger et, pour en être sûr, le lieutenant qui commandait lui confisqua son arme, puis lui confia la responsabilité de veiller sur… son sabre.

De retour en France, Nicolas raconta : « Tout à coup j'ai aperçu le gosse s'élançant bras levé devant nous en criant : "En avant, à la baïonnette !" Puis je l'ai vu chanceler et tomber… » On ne l'a jamais retrouvé.

Si Guillaume Apollinaire, lui, s'est éteint dans son lit le 9 novembre 1918 et repose depuis au cimetière du Père-Lachaise, il y avait déjà quinze mois qu'il faisait « du rab ». Un éclat d'obus lui avait en effet transpercé le crâne en mars 1916, alors qu'avec sa section d'infanterie il était en train de prendre un bref repos, son casque posé près de lui tandis qu'il lisait *Le Mercure de France* en contrebas du chemin des Dames, un lieu où il n'avait rien à faire. Sans rapport avec ce non-fait d'armes, il devint français dans les jours qui suivirent, mais ce fut un miracle qu'il pût en profiter après un coma dont il ne sortit qu'en mai, une fois trépané.

Comment ce personnage multiple, sensible, contradictoire, aimant la verve antimilitariste et le progrès, cultivant par-dessus tout l'originalité, avait-il pu se laisser embarquer dans ce cataclysme ? Tout simplement parce que, l'embrasement étant devenu inéluctable, il se découvrit une improbable source d'inspiration : la guerre !

« Ah Dieu ! que la guerre est jolie », crayonnera-t-il un jour dans l'un de ses poèmes écrits à la va-vite au fond des casemates – des textes qui seront regroupés dans un recueil typographiquement avant-gardiste, *Calligrammes. Poèmes de la paix et de la guerre 1913-1916*, publié au printemps précédant sa mort.

Car c'est peu dire qu'il fit tout pour s'y retrouver, au cœur de cet enfer ! Dès la fin août 1914, il avait tenté de s'engager à Paris dans la Légion. Jugé inapte, il avait été recalé et était parti à Nice, où, ayant retenté sa chance, si l'on peut dire, il fut finalement retenu par l'armée française en décembre, qui transmit sa demande de naturalisation puis l'envoya en Champagne.

On aurait pu penser que le cauchemar qu'il avait vécu l'aurait vacciné. Pas du tout ! Lorsqu'il recouvrit ses moyens, c'est très fier et boudiné dans son uniforme que ses amis de Montparnasse – Cendrars, Cocteau, Breton, Tzara, Modigliani –, étonnés par son accoutrement, le virent reparaître. Il fit des pieds et des mains pour ne pas être réformé et fut affecté à la Direction générale des relations du commandement avec la presse – autrement dit, la censure ! C'est là qu'il mit un dernier coup de patte à une œuvre de jeunesse, *Les Mamelles de Tirèsias*, sous-titrée *Drame surréaliste en deux actes et un prologue*. « Surréaliste », un mot qu'il inventa en 1917 après l'avant-première du ballet *Parade*, écrit par Jean Cocteau, scénographié par Pablo Picasso, chorégraphié par Léonide Massine sur une musique d'Erik Satie – en réfléchissant sur la manière de définir ce qu'il ressentait face à l'esprit naissant qu'ils percevaient dans l'art.

Son ultime fierté aurait probablement été d'apprendre qu'il serait déclaré « mort pour la France », et que son nom serait inscrit sur les murs du Panthéon avec celui de cinq cent quarante-cinq autres écrivains tués et disparus.

Un Panthéon qui nous ramène à Marie Curie. Car si c'est l'immense scientifique que dix savants[1] invitèrent avec son mari, en 1995, à venir partager leur éternité, ce furent aussi, comme le rappela le président Mitterrand dans son allocution, « le courage, la générosité, l'esprit de solidarité » dont elle fit preuve quand il lui fallut « participer à la lutte de son pays d'adoption » que la République tint ce jour-là à honorer. À quarante-sept ans et quoique de santé fragile, elle demanda dès l'automne 1914 à être relevée de ses obligations universitaires. Ayant compris que les blessés avaient une meilleure chance de survivre s'ils étaient traités rapidement, elle frappa – accompagnée du Dr Antoine Béclère, directeur du service radiologique des armées – à toutes les portes pour « mettre sur roues » de petites unités radiologiques mobiles et former plus de cent cinquante aides radiologistes. Cela malgré les réticences du corps médical militaire, qui n'en voyait pas l'utilité et ne voulait surtout pas être sous les ordres d'un civil, à plus forte raison une femme.

Dix-huit ambulances – des camionnettes Renault reconfigurées et équipées d'appareil à rayons X, surnommées les « petites Curie » – patrouilleront à partir de la mi-1916 autour des avant-postes, prenant

1. Sophie et Marcellin Berthelot, Louis Braille, Pierre Jean-Georges Cabanis, Lazare Carnot, Joseph-Louis Lagrange, Paul Langevin, Gaspard Monge, Paul Painlevé, Jean Perrin.

en charge près d'un million de blessés avant de les rapatrier vers les hôpitaux de campagne. Environ une moitié de ces pauvres hères eurent la vie sauve grâce à cette géniale initiative. Et c'est au péril de la sienne que Marie Curie, au volant de ses saint-bernards roulants, effectua elle-même plus d'une soixantaine de missions de dix jours. Elle ne fut jamais décorée pour cela, ce dont elle n'avait cure. Même si sa fille Irène Joliot-Curie, elle aussi prix Nobel de chimie (en 1935), reconnut : « Ma mère avait horreur des décorations et les refusa toutes. Mais je crois que si on lui avait décerné la Légion d'honneur une fois la guerre terminée, elle en aurait été fière et l'aurait acceptée. »

L'armée n'ayant évidemment pas de budget pour ce projet d'infirmerie ambulante, la prix Nobel dut trouver des fonds pour le financer. L'une de ses connaissances, la princesse Murat, l'orienta vers une amie à elle, Winnaretta Singer, une Américaine cousue d'or.

On ne dira jamais assez combien ces femmes venues des États-Unis furent des providences pour les Poilus, les *tommies* britanniques, les *sammies*[1] américains et leurs officiers blessés, ainsi que pour les populations, dévastés par la sauvagerie des affrontements, et combien leurs massifs investissements financiers furent essentiels. Combien aussi, avant et après le conflit, leur mécénat permettra aux artistes de travailler sans se soucier de leurs fins de mois, et quelle que soit leur nationalité.

1. Clin d'œil des Français à l'Oncle Sam.

Winnaretta Singer, Edith Wharton, Anne Morgan, Ruth Isabelle Skinner et Anna Coleman Ladd constituèrent ainsi une sorte de *dream team* de la philanthropie et ne regardèrent pas à la dépense lorsqu'il leur fallut redistribuer une partie d'un pactole hérité la plupart du temps – mais pas toujours

Depuis le début du siècle, « Winnie », dont le père fut l'inventeur des machines à coudre[1], tenait un salon musical dans son hôtel particulier du 16e arrondissement de Paris. Elle y soutint durant près de trente ans de futurs prodiges – Darius Milhaud, Maurice Ravel, Arthur Rubinstein, et des compositeurs confirmés comme Francis Poulenc, Igor Stravinsky ou Erik Satie.

Quand vint la guerre, elle mit donc son argent à disposition de Marie Curie pour son merveilleux projet. Plus tard, elle financera, dans les années 1920, les coûts de fonctionnement du Palais de la femme – une institution créée à Paris pour protéger les épouses ou compagnes battues, en rupture familiale –, l'édification de la Cité du refuge – des habitations à loyer modéré pour des familles ouvrières –, et la construction de l'un des bâtiments de l'hôpital Foch en 1928, à Suresnes. Elle rachètera enfin une vieille péniche en béton, la fera réhabiliter par Le Corbusier, puis l'offrira à l'Armée du salut.

Edith Wharton, élevée dans la haute société newyorkaise, était, elle, une romancière, essayiste, novelliste renommée. Fortune faite grâce à sa prose, elle

1. Il développa en fait et donna son nom à l'invention d'un Français, Barthélemy Thimonnier, datant des années 1830.

arriva en 1907 à Paris, y fréquenta Anna de Noailles, Jean Cocteau, André Gide, et s'y installa. Dès l'automne 1914, elle créa un ouvroir afin de permettre aux épouses des maris partis défendre la patrie de gagner leur vie ; puis des asiles pour les orphelins et les réfugiés, avec l'argent que ses relations lui permirent de lever outre-Atlantique. Les autorités lui ayant permis de se faufiler derrière les lignes, elle y apporta équipements et médicaments, et en profita pour réaliser des reportages en espérant sensibiliser les Américains. Dans l'un d'eux, elle écrivit : « Un peuple si sensible à la beauté, portant à la vie un intérêt si passionné [...] ne saurait aimer la destruction pour elle-même. »

Avec Anne Morgan, fille du banquier J. P. Morgan, qui avait lui-même aidé à la reconstruction d'immeubles dans Paris en 1871, on eut affaire à la plus riche héritière du monde lorsque ce dernier mourut, en 1913. Propriétaire d'un petit château à Versailles, elle se rendit dès octobre 1914 dans la Marne. La vision apocalyptique qu'elle y eut la bouleversera à tel point qu'elle repartit aussitôt pour collecter des fonds et créer le Comité américain pour les blessés français (CABF). À partir de 1915, elle transforma sa villa Trianon en maison de rééducation.

De retour en France, Anne Morgan obtint les autorisations pour se rendre dans les unités médicales positionnées à l'arrière des combats, où elle constata que, si ceux qu'on y soignait recevaient bien les colis de vivres qu'elle leur faisait envoyer, les médecins, les infirmières et le personnel en charge des blessés, eux, n'avaient rien.

Elle ouvrit en conséquence une branche civile du CABF, dont elle dressa le centre de commandement dans les ruines du château de Blérancourt, dans l'Aisne. Quatre cents de ses concitoyennes répondirent bénévolement à son appel. Elles sillonnèrent la Picardie pour pourvoir aux besoins de près de mille familles réparties dans cent-cinquante communes.

C'est aussi ce que fit en Lorraine Ruth Isabelle Skinner. Imprégnée de la culture française depuis son premier séjour dans la capitale, elle convainquit son père, un progressiste et richissime industriel de la soie dans le Massachusetts, de s'investir, lui aussi. Ensemble, ils battirent le rappel pour lever des millions de dollars, qui, plantés dans les sols de France, feront reverdir les plaines reconquises à partir de l'été 1917.

Celle que l'on appelait « Belle » fut si émue en se rendant sur le champ de ruines lorrain qu elle déboursa des sommes considérables de sa poche pour la réédification de plusieurs villages pratiquement rayés de la carte. Et fonda pour cela le Comité américain des villages français libérés. Plusieurs milliardaires de Boston la suivirent les yeux fermés.

Anna Coleman Ladd, elle, s'attacha à redonner un semblant de vie aux mutilés, à la fois moralement et physiquement. Sculptrice, elle suivit son mari, cadre de la Croix-Rouge américaine muté à Paris, avec le but de « redresser » un peu les gueules cassées selon une technique expérimentée à Londres. Elle ouvrira pour cela un atelier rue Notre-Dame-des-Champs, et travaillera à la création de masques faits de cuivre et d'argile afin de tenter de se rapprocher au plus près de leurs traits d'« avant », au terme de longs entretiens et après avoir examiné minutieusement d'anciennes photographies d'eux.

Si ces Américaines déterminées eurent implicitement l'aval de Washington, leurs jeunes et entêtés compatriotes fils à papa expatriés à Paris durent, eux, contourner l'interdiction qui avait été posée de rejoindre le combat. Ils le firent en s'engageant dans la Légion étrangère sous une identité et une nationalité de leur choix – autre que française et autre que la leur, évidemment –, profitant de ce qu'aucun papier n'était demandé au candidat lorsqu'il postulait dans cette unité.

Le profil de Norman Price était différent. Il avait vingt-sept ans, parlait couramment le français et était un brillant avocat à Chicago lorsqu'en janvier 1915 il arriva à Pau, où son richissime père possédait une vaste propriété. Pilote amateur mais confirmé, il se mit en tête de participer, et il comptait le faire avec uniquement des Américains à ses côtés. Très introduit dans les milieux aéronautiques civil et militaire, il sut convaincre les ministres de la Guerre successifs, Alexandre Millerand puis Aristide Briand, que son ambition n'était pas si incongrue. Un groupe constitué de sept légionnaires, commandé par le capitaine Georges Thenault, équipé d'avions français biplans Nieuport 11 flambant neufs et versé dans la flotte de l'armée de l'air, effectua ainsi son premier vol, le 18 avril 1916. On le nomma « l'Escadrille américaine N 124 ». Dès le mois suivant, celle-ci fut engagée dans le ciel de Verdun et ne cessa plus, dès lors, de couvrir les offensives terrestres. Malheureusement, son inspirateur fut abattu au-dessus des Vosges, le 15 octobre 1916, et Norman Price ne vit jamais son unité être rebaptisée par ses membres « Escadrille La Fayette N 124 » afin de ne pas mettre le Congrès en porte-à-faux à l'égard du Reichstag, les États-Unis n'ayant pas encore déclaré la guerre à l Allemagne. Cette « N 124 » dernier cri adoptera comme emblèmes une tête d'Indien séminole puis de Sioux, lesquelles seront peintes sur les empennages verticaux de leurs appareils. En leur hommage, le Sioux figure encore aujourd'hui sur des Rafale d'un escadron de chasse basé à Saint-Dizier. L'escadrille La Fayette des États-Unis, finalement entrés dans le conflit, le 6 avril 1917, passera sous le commandement du capitaine William Thaw, puis, intégrée à l'US Army Air Service, sera appelée le 103e Aero Squadron. Mais on l'autorisera à garder ses couleurs. Quarante-trois pilotes, dont cinq officiers français, et plus de soixante victoires la rendront mythique. Le Premier ministre britannique David Lloyd George, passant en revue ces as des as, dira d'eux : « Ils sont la chevalerie de cette guerre, sans peur et sans reproche. »

Le caporal Eugène Bullard, petit-fils d'esclave, est, à sa façon, lui aussi devenu un mythe. Premier pilote de chasse afro-américain à avoir combattu durant la guerre de 1914-1918, il s'y distingua au point d'être décoré de la Légion d'honneur, de la médaille militaire et de la croix de guerre.

Arrivé en France à dix-huit ans pour boxer, il entra finalement dans la Légion et fut affecté au 170e régiment d'infanterie français. Gravement touché à Verdun, il fut déclaré, sa convalescence terminée, inapte pour se battre au sol, puis admis, à sa demande, dans l'armée de l'air, y devint mitrailleur, élève pilote, et enfin pilote. Très affecté par le racisme dont il avait été victime dans son enfance et son adolescence, il fit inscrire « Tout sang coule rouge » sur le fuselage de son avion. Mais cette peste le poursuivit jusqu'en France. À cause de la couleur de sa peau, le haut commandement américain ne l'inclut pas dans son aviation lorsque cela fut politiquement envisageable.

Par la force des choses, Eugène resta donc « français » jusqu'à l'armistice, et s'installa à Paris. Il y ouvrit à Pigalle un club de jazz et, au milieu des années 1930, fut officieusement recruté par le Deuxième Bureau, l'aïeul de la Direction générale de la sécurité intérieure, aux fins d'apporter son écot d'informations sur les touristes allemands de passage dans son établissement.

Les Afro-Américains furent un peu plus de deux cent mille à débarquer dans des ports de la côte atlantique, mais les neuf dixièmes ne servirent que dans l'intendance, éparpillés sur le territoire. Du fait de la ségrégation raciale, ils ne côtoyèrent jamais, sauf exception, les deux millions de *sammies* blancs dont cent vingt mille seraient tués et portés disparus. Car si vingt mille soldats noirs « seulement » allèrent au feu, ce fut au milieu des bidasses « bleu horizon » ; ils étaient sous le commandement de Pétain et équipés d'un matériel français, du casque au fusil.

Un régiment s'illustra particulièrement : le Harlem Hellfighters, deux mille Noirs avocats, professeurs, ouvriers, chômeurs. Tous s'étaient engagés dans la garde nationale de New York et ils étaient sous les ordres de gradés blancs. Ils furent si impressionnants lors des assauts que la légende rapporte que les Allemands déguerpissaient aussitôt que ceux qu'ils appelaient les « combattants de l'enfer » fondaient sur eux. Mille cinq cents Afro-Américains laissèrent leur vie sur le sol français, dont beaucoup en Champagne en juillet 1918. Le général Mariano Goybet, qui les commandait lors de cette contre-offensive, déclara à leur sujet : « Nous avons vécu pendant sept mois comme des frères d'armes, [et] nous n'oublierons jamais l'irrésistible ruée, l'héroïque pression des troupes noires américaines. »

Mais c'est évidemment le Royaume-Uni et ses dominions qui fournirent le plus gros contingent anglophone. Les termes de l'Entente cordiale signée en 1904 stipulant une solidarité absolue entre la France et la Grande-Bretagne, cette dernière déclara la guerre à l'Allemagne le 4 août, et ses premières troupes traversaient le *channel* dans les soixante-douze heures qui suivirent. Au total, plus de cinq millions d'Anglais, Gallois, Écossais et Irlandais servirent en France d'août 1914 à novembre 1918, dont la moitié comme volontaires, la conscription n'étant de l'autre côté de la Manche introduite qu'au début de 1916.

Sur les sept millions deux cent mille soldats, citoyens du Royaume-Uni de Grande-Bretagne et d'Irlande[1] ainsi que du Commonwealth, sept cent mille ne regagnèrent jamais leur patrie, la moitié à cause de l'épouvantable stratégie de Douglas Haig, commandant en chef du corps expéditionnaire de Sa Gracieuse Majesté de 1915 à l'armistice, selon laquelle il fallait « sacrifier trois *tommies* pour tuer deux fritz ». Obéissants, près de vingt mille mourront en trois heures le 1er juillet 1916, premier jour de l'offensive de la Somme, le pire de toute l'histoire militaire britannique.

Parmi eux, le capitaine Wilfred « Billie » Nevill. Durant une permission en Angleterre, il avait acheté deux ballons de foot pour entretenir le moral de la cinquantaine de gars qu'il commandait. Sur l'un d'eux, ils avaient écrit : « Grande finale européenne : East Surrey contre les Bavarois. » À 7 h 27, « Cap'tain Billie » sort de la tranchée-vestiaire, à la tête de son équipe, avec pour objectif de parcourir les 400 yards du no man's land les séparant des barbelés allemands. Ses *team mates* le suivent en se faisant des passes au pied sous les tirs des mitrailleuses. Une vingtaine, dont Nevill, furent mortellement fauchés. Mais la position adverse tomba.

Ce comportement peut paraître presque suicidaire, mais le football professionnel étant le sport national outre-Manche depuis les années 1880, il constitua le passe-temps préféré des *tommies* lorsqu'ils étaient au repos, à l'écart du front. L'initiative épata tant les

1. La république d'Irlande ne sera indépendante qu'en 1921.

Poilus qu'ils s'y mirent, eux aussi. Et, en 1920, le foot avait définitivement supplanté en France le rugby, qui, jusque-là, était le sport collectif numéro un.

Le rugby, justement, perdit en octobre 1917 à la frontière franco-belge l'All Black Dave Gallaher, qui, retraité des stades depuis sept ou huit ans, était toujours considéré comme le meilleur joueur de l'histoire. Le 10 Downing Street ayant puisé abondamment dans le réservoir de ses colonies pour venir à bout des Allemands, des Autrichiens, des Hongrois, des Bulgares et des Turcs, ce furent ainsi deux cent trente mille Africains du Sud, Australiens, Canadiens, Indiens et Néo-Zélandais qui ne foulèrent plus jamais le sol de leur enfance.

Si l'empire français sacrifia pareillement sur le terrain beaucoup de ses indigènes, la France importa aussi au bout de quelques mois une main-d'œuvre venue d'Afrique et d'Asie, les femmes ne suffisant plus à pallier les départs de leurs frères et leurs époux. En trois ans, entre deux cent mille et deux cent cinquante mille travailleurs maghrébins, indochinois et malgaches vinrent soutenir l'économie dans les usines, les transports, en labourant et cultivant les champs. Quarante mille Chinois, complètement hors de la sphère d'influence de Paris, furent même recrutés.

La paix recouvrée, une centaine de milliers d'Algériens s'établirent. C'était la première génération d'« immigrés » venue du Maghreb…

Les Années folles
(1919-1929)

L'article annonçant le décès, la veille à Madrid, d'une certaine Maria Eugenia de Guzman Palafox y Portocarrero remplit deux des six colonnes de la une du *Figaro* ce 12 juillet 1920 – c'est beaucoup. Le journaliste y prédit que « cette nouvelle causera dans toute la société européenne une vive émotion et un vrai chagrin à tous ceux qui ont connu cette souveraine [...] mêlée à tous les événements politiques d'une des périodes les plus agitées de l'histoire de l'Europe ». Ce n'est pas rien non plus.

Car si le patronyme sans fin de cette femme qui venait de s'éteindre, à quatre-vingt-quatorze ans, ne disait pas grand-chose à la plupart, cette dame était, un demi-siècle plus tôt, connue sous le nom d'Eugénie de Montijo, et on lui adressait du « Majesté » long comme le bras. Bref, celle qui avait été l'impératrice Eugénie, une *first lady* très écoutée de Napoléon III, en vingt-sept ans, occupa trois fois la régence avec les prérogatives d'un chef d'État. La dernière déboucha sur la chute du Second Empire, le 4 septembre 1870 : le rôle qu'elle joua en exhortant son mari à ne pas céder aux filouteries diplomatiques du chancelier Bismarck le poussa à déclarer une guerre à la Prusse, dont les conséquences désastreuses n'étaient, pour les Français du moins, toujours pas oubliées début août 1914. Elle prit d'autres initiatives qui se révélèrent importantes au point de laisser des traces marquant en profondeur l'histoire du pays.

Elle encouragea – c'est un euphémisme – son mari à soutenir et à financer, contre l'avis des Britanniques, Ferdinand de Lesseps dans ses travaux du percement du canal de Suez. C'est aussi parce qu'elle invita fermement l'Empereur à installer dans ses murs de la place Vendôme Charles Frederick Worth, un jeune styliste londonien, et à subvenir un temps à ses besoins, que la haute couture française se créa une place indétrônable auprès des élégantes fortunées de New York, Moscou, Pékin, Doha ou Riyad. Et c'est toujours de son fait si l'on vient d'un peu partout prendre les eaux à Amélie-les-Bains, une station thermale créée et baptisée en son honneur, ou si l'on séjourne au luxueux hôtel du Palais à Biarritz, édifié pour elle. C'est enfin grâce à son intervention que le baccalauréat est devenu un droit pour les femmes. Et, lorsqu'un matin elle apprit qu'une certaine Julie-Victoire Daubié – la première à avoir pu se présenter à l'examen, à l'issue d'un interminable parcours de combattante, et à y avoir été reçue – n'avait toujours pas son diplôme, six mois après les résultats, parce que le recteur de l'académie de Lyon refusait de le signer, elle força la porte du Conseil des ministres et menaça d'alerter la presse si, sous huitaine, le cas n'était pas réglé. Il le fut.

Voilà comment l'influence de l'impératrice sur la marche de la France au XXe siècle fut loin d'être anodine

– un siècle qui ne s'était en vérité éveillé qu'une fois le premier conflit planétaire terminé, tant les considérables bouleversements qu'il entraîna transformèrent un pays qui n'avait guère évolué dans ses fondements depuis les années 1870-1880.

Une décennie débutait alors, qu'on nomma à Paris les « Années folles » – les *Roaring Twenties* à Big Apple –, où la vie artistique et culturelle foisonnait dans la bourgeoisie, et au sein de laquelle émergea une figure féminine provocatrice : la garçonne. Et, pour que ce petit monde puisse en profiter, vingt palaces – vingt ! – et une profusion de cabarets vaguement exotiques furent inaugurés dans la capitale en à peine trois ans. Marcel Proust regrettera cette effervescence peu à propos : « Après Verdun et l'Argonne, il reste Paris l'insouciante où, alors qu'on pleure tant de morts, une certaine forme de gaîté n'est pas la célébration qu'on préférerait. »

Car la France reste dévastée par le malheur supporté durant quatre ans. Et les reliques de fer et d'acier de soixante millions d'obus jaillissent toujours des terres du Nord et de l'Est retournées par les canons, rendant chaque jour les corps de soldats portés disparus.

C'est en juillet 1920 qu'il est décidé de rendre hommage à tous ces combattants morts pour la France, en faisant reposer pour l'éternité l'un d'eux, que l'on n'a pu identifier, sous l'Arc de Triomphe, le 11 novembre suivant. Le pays prend conscience de l'effroyable bilan : environ 1 400 000 hommes sont morts, disparus au combat, terrassés par la maladie ou le froid. Ils laissent derrière eux 700 000 veuves et 1 200 000 orphelins, autant que d'invalides. Les civils – des anciens, des femmes, des enfants – tués dans les villes et les villages martyrs sont estimés à 300 000, auxquels s'ajoutent 400 000 victimes dues à la pandémie de grippe espagnole. En 1929, un Français sur dix, homme ou femme, est pensionné.

Plus de dix pour cent des hommes en âge de travailler manquent à l'appel au lendemain de l'armistice. Le brutal vieillissement qui va découler de cette épouvantable saignée démographique, et les centaines de milliers de jeunes filles qui, par fidélité à leurs fiancés, se condamnent au célibat – les « veuves blanches » – vont entraîner un déficit des naissances évalué à un million et demi, lequel ne commence à être comblé qu'au milieu des années 1950.

Le bilan des dégâts matériels dans le nord et l'est de la France n'est pas pour rehausser le moral. Un tiers des capacités de production a été détruit ; le nombre d'habitations, d'usines, de mines, de ponts, de voies ferrées qui sont hors d'état et de terroirs agraires ravagés est phénoménal. Il n'est qu'un moyen pour reconstruire le plus vite possible : un appel à la main-d'œuvre étrangère. Selon l'historien Ralph Schor, la France est, en 1927, proportionnellement à sa population, le premier pays d'immigration au monde, devant les États-Unis. Les premiers arrivés ont été les Polonais, grâce à une convention très cadrée et avantageuse signée entre Paris et Varsovie. Un contrat d'un an est proposé, garantissant la sécurité de l'emploi, le logement et l'alignement des salaires sur ceux des Français ayant une qualification identique, stipulant que le travailleur doit rester au moins douze mois chez son patron, libre à lui d'en changer ensuite, et de faire venir ses proches. Sélectionnés sur des critères uniquement physiques – âge, robustesse, saine dentition, mains calleuses du travailleur –, ils sont des milliers à candidater.

Très mal maîtrisé au début, le recrutement provoque la pagaille lors de l'arrivée des migrants. Mais dès que les Houillères du Nord, du Pas-de-Calais et de Lorraine ouvrent un bureau en Haute-Silésie – le passage obligatoire pour les candidats –, l'anarchie se résorbe.

C'est de là que part Edward Gierek, avec sa mère, sa sœur et son beau-père. Galibot tout près d'Hénin-Liétard à onze ans, mineur à treize, encarté au PCF et à la CGT à dix-sept, il deviendra en 1970 un Premier secrétaire du Parti ouvrier unifié polonais un tant soit peu éclairé, qui dirigera la Pologne pendant dix ans, ne s'opposera pas au mois d'août 1980 à la naissance de Solidarnosc, et autorisera l'ouverture des négociations avec le syndicat. Une semaine après la signature des accords de Gdansk, il sera viré par Moscou…

Une fois en France, la plupart de ces ouvriers restent deux ou trois jours à Toul, un Ellis Island-sur-Lorraine, où se décide leur affectation – principalement dans la région Nord, où sont extraits les trois quarts de la production de charbon, dans le Forez, à Carmaux, à Alès, mais aussi dans les mines de fer lorraines, celles de potasse en Alsace, voire dans les campagnes de l'Est où l'agriculture est très demandeuse.

Fin 1929, ils sont près d'un demi-million, hommes, femmes et enfants, à être recensés. La vie n'est pas toujours facile pour eux. L'obstacle de la langue, les différences de culture, la nostalgie du pays les amènent à se recroqueviller. Ils sont, *dixit* les locaux, « ces sales Polaks » qui habitent les mêmes rues dans les corons, qui ne se marient, ne jouent au foot, ne dansent et ne boivent des coups qu'entre eux, et ne vont qu'aux messes dites par leurs curés venus spécialement de Pologne. Qu'ils ne cherchent pas à apprendre le français, pas plus qu'à le devenir, alors qu'une loi de 1927 faite spécialement pour les immigrés allège les conditions pour obtenir la nationalité, n'arrange pas leurs affaires.

Ce rejet touche à son paroxysme avec la montée du chômage en 1934-1935. Le prétexte est tout trouvé pour que les différents gouvernements renvoient chez elle une grande partie de la communauté, les gendarmes encadrant les concernés jusqu'aux trains spéciaux à destination de Katowice, après avoir autorisé chaque famille à ne prendre que deux ou trois valises.

Les Italiens ont, dans l'ensemble, évité ces expulsions massives, même si l'emploi, en chute libre au milieu des années 1930, a tout de même entraîné le retour au pays, consenti, de certains. D'abord parce que les bassins miniers de l'Est sont moins impactés par les effets de la crise mondiale. Mais surtout parce qu'à l'aune des violences et des haines qu'ont eu à subir les deux générations précédentes, Rome exige de la France, en 1922, des garanties sur trois points : la fiabilité des emplois, la décence des salaires et la salubrité des habitats. Mussolini insiste aussi auprès de la Place Beauvau pour que, sans qu'ils soient parqués, ses compatriotes puissent vivre en paix dans les quartiers qui leur sont affectés.

Ainsi rassurés, plus de quatre cent mille migrants franchissent les Alpes, dont la moitié rejoint des concitoyens ayant pris racine dans la région de Marseille, sur le littoral méditerranéen, dans l'arrière-pays niçois, les vallées de Savoie et de Haute-Savoie, le département de la Loire, où s'installèrent les Cardin et leur fils Pierre ; voire en région parisienne, où arrivèrent en 1927 Lino Ventura et sa mère, Louisa Borrini, à la recherche d'un père et d'un mari qu'ils ne retrouveront jamais, ainsi que Luigi Cavanna, dont le fils, François, y naîtra en 1923. En moins de dix ans, l'intégration de tous sera globalement effective.

Les deux cent mille autres sont, pour les trois quarts, dirigés – de Modane, un Ellis Island-sur-Maurienne, cette fois – de façon beaucoup plus encadrée vers la Lorraine pour y faire repartir pratiquement de zéro la sidérurgie, la métallurgie, l'extraction du fer et du charbon.

Ce qui facilite la coexistence de ces Italo-Lorrains – le grand-père paternel de Michel Platini fut l'un d'eux – et des autochtones, c'est le modèle social paternaliste reposant sur le travail, l'école, le sport, la religion et la famille, mis en place par les maîtres de forges – les Wendel –, qui profite sans distinction aux Français et aux étrangers. Et ce d'autant plus facilement que les barrières linguistiques et culturelles sont désormais assez perméables, et que les luttes syndicales partagées avec le prolétariat local fortifient les solidarités. L'implantation de petits commerces de bouche et de bistrots – vingt-sept sur trente sont en 1927 tenus par un « Rital » à Auboué, en Meurthe-et-Moselle – contribue aussi pour beaucoup au renforcement du tissu social intracommunautaire.

Les cinquante mille petits paysans et ouvriers agricoles italiens orientés et éparpillés au gré des besoins dans le Sud-Ouest – l'une des régions les plus touchées démographiquement – en baveront plus pour ranimer les terres tombées en friches à cause des départs sans retour de sa jeunesse à la guerre. Beaucoup de campagnes, en Occitanie et en Aquitaine, auront été sauvées de la désertification par ces bras du Frioul – dont ceux du père de Walter Spanghero, l'immense rugbyman des années 1960-1970 –, de Vénétie, du Piémont et de Lombardie.

Ils voulaient une vie meilleure, certes, mais certains avaient aussi été chassés de chez eux, victimes des premières persécutions fascistes. Luigi Longo, futur cadre des Brigades internationales puis secrétaire général du Parti communiste italien (PCI) de 1964 à 1972, arrive à Paris en 1922 et ne regagnera son pays qu'après-guerre. Giovanni Livi, militant communiste, Giuseppina, son épouse, et leur petit Ivo – futur Yves Montand – partent, eux, pour Marseille en 1927, d'où ils espèrent gagner les États-Unis. N'ayant pu obtenir de visa, ils s'installent dans les quartiers nord. Sandro Pertini, avocat, adhérent du Parti socialiste italien, s'exile à Nice, où il exercera une influence déterminante sur ses compatriotes mais aussi sur des Français aux idées de gauche. Rentré en 1929, il continuera son combat et sera élu président de la République en 1978, le plus populaire de l'histoire au-delà des Alpes, tant il fut un homme normal que l'on voyait s'enflammer dans les stades de foot, comme lors de la finale du Mondial 1982 remporté par l'Italie.

Leur pays étant resté neutre durant la Première Guerre mondiale, deux cent mille Espagnols vinrent quant à eux remplacer, au sud d'une ligne Bordeaux-Montpellier, les soldats mobilisés. Certains rentrèrent au pays une fois l'armistice signé, mais c'était parfois pour revenir, poussés par la misère, avec leur famille, souvent dans le Sud-Ouest, où, selon le propriétaire d'une grande exploitation agricole, ces ouvriers ibériques n'ont qu'un défaut : « Ils savent trop, tout et bien faire, sont plus actifs, plus courageux, plus dévoués. » Quant à ceux qui ne travaillent pas la terre, ils « montent » jusqu'à Paris, où les usines les attendent.

De l'immigration russe politique, commencée juste après la révolution d'Octobre, on a tendance à ne retenir que deux images d'Épinal. D'abord celle du vieil officier « russe blanc » déclassé en chauffeur de taxi parisien, à l'accent délicieux et la politesse charmante. Elle n'est pas fausse – ils seront jusqu'à quatre mille en 1930. Tout de suite après, celle de ces jeunes princesses, comtesses, duchesses ou baronnes déclassées devenues serveuses dans les restaurants, les cabarets, les cafés-concerts, voire accompagnatrices dans des assommoirs ou pensionnaires dans des bordels. Le prince Youssoupov – instigateur de la conjuration qui conduisit à l'assassinat de Raspoutine, et créateur d'une maison de haute couture rue Duphot – a raconté dans ses *Mémoires* qu'il tomba un soir sur une aristocrate de Saint-Pétersbourg reconvertie en « dame pipi » au sous-sol d'une brasserie.

Les histoires baroques de ces quelques milliers d'aristocrates, de capitalistes, de grands bourgeois, de boyards, de militaires proches de Nicolas II ayant pu se sauver en emportant leurs économies avant que les « Rouges » de Lénine ne s'imposent définitivement ont existé, c'est vrai, en 1918 et 1919. Mais, dès 1920, 1921, la composition sociologique de la seconde vague d'exilés, eux aussi opposés aux bolcheviques, n'eut plus rien à voir. Car à cet amalgame de soldats, d'officiers, de cosaques ayant résisté jusqu'au bout à l'Armée rouge, de médecins, dentistes, juristes, avocats, professeurs, artistes et écrivains qui étaient dans le viseur du nouveau régime se greffa un exode massif dû au délabrement économique de l'URSS. Des ouvriers, artisans, commerçants, employés et paysans, appauvris par les effets de la guerre civile et frappés par les famines, gonflèrent considérablement ce flux migratoire. Le Haut-Commissariat pour les réfugiés de la SDN donna un ordre de grandeur du nombre de ces réfugiés en France : un chiffre oscillant entre quatre-vingt mille et cent mille, dont les neuf dixièmes se fixèrent dans le département de la Seine[1]. Cette émigration fut néanmoins perçue avec charité par l'opinion, laquelle n'y vit qu'une immigration des élites.

---

1. Ce département regroupait Paris intra-muros et respectivement vingt-neuf, vingt-sept et vingt-quatre communes qui sont aujourd'hui dans le Val-de-Marne, les Hauts-de-Seine et la Seine-Saint-Denis.

Des diplômés qui se retrouvèrent vite simples manœuvres, dockers sur les quais, d'autres à labourer la terre et faire les moissons, d'autres encore en poste sur les chaînes de montage des deux principaux fabricants automobiles parisiens. Entre 1922 et 1932, vingt mille de ces ex-cols blancs de Moscou enfilèrent le bleu de chauffe chez Renault à Boulogne-Billancourt – surnommé « Billankourks » – et chez Citroën dans le 15e arrondissement. Ce qui ne fut pas sans poser parfois des problèmes, car, au regard de leurs origines sociales, les syndicats les tinrent très vite pour suppôts du patronat.

Les chaînes de montage, mises en service par Henry Ford à Chicago en 1913, furent l'une des affaires les plus lucratives de l'après-guerre. Ce sont elles qui résument le mieux la contribution américaine à la reconstruction. André Citroën fut le premier, en 1919, à en équiper ses bâtiments du quai de Javel, avant d'être suivi par Louis Renault, à Billancourt. Car l'apport essentiel des États-Unis dans le relèvement fut l'exportation de leurs innovations techniques, à commencer par le fordisme, un système fondé sur la fabrication en série et la standardisation des pièces qui multiplierait bientôt par dix la production des automobiles, camions, tracteurs et moissonneuses. De ces cargos en provenance d'outre-Atlantique sortit aussi la première vaguelette des produits de l'*american way of life*, dont Coca-Cola, qui implanta dès 1920 à Paris une usine d'embouteillage. Aussi, afin de suivre de près les intérêts de leurs employeurs, cinq mille à six mille familles wasps[1] – des avocats, assureurs, consultants, publicitaires, représentants de commerce – descendirent des luxueux transatlantiques à Cherbourg.

John Davison Rockefeller Jr a été l'un d'eux. Sauf que lui était *le* grand patron type. Fils du fondateur de la Standard Oil Compagny, homme d'affaires avisé et milliardaire, il semblait être le seul de son espèce au Nouveau Monde à s'intéresser à l'art et à être sensible aux beautés laissées par l'Histoire. Venant en 1923 pour la première fois en France, il fut atterré en découvrant les dégâts à la cathédrale de Reims, frappée par plus de trois cents obus. Avant d'être saisi ensuite par le délabrement intérieur du château de Versailles, où les parquets s'affaissaient et les ors palissaient. Pendant plus de vingt ans, il dépensa quatre millions de dollars – environ quatre-vingts millions d'euros d'aujourd'hui – pour les restaurer, devenant le premier de ces philanthropes américains qui, depuis, n'ont cessé de financer la sauvegarde du patrimoine de la France.

Toutefois, lorsque l'on parle des États-Unis et des Années folles, c'est avant tout aux écrivains que l'on pense. Ceux que Gertrude Stein nommera la *Lost Generation* – la « génération perdue » –, ceux qui avaient vingt ans durant la Première Guerre et qui, ne trouvant plus leur place à Greenwich Village, s'évadèrent de

1. Pour « White Anglo-Saxon Protestant » : l'acronyme désigne les Américains blancs et protestants appartenant à un milieu social aisé aux États-Unis.

New York, sa prohibition, son puritanisme et fuirent le règne de l'argent roi pour dresser leur camp de base à Paris, symbole à leurs yeux de liberté, de tolérance et de modernité. Tous aimèrent passionnément cette ville : les beaux quartiers et les plus populaires, la vie sociale et les révolutions didactiques – sans manquer pour autant de critiquer le manque de générosité, d'hospitalité et d'ouverture de bon nombre de *Frenchies*. Ce qui ne les empêcha pas de se jeter tête la première dans toutes les transgressions qui avaient alors cours librement, alcool, drogue et sexe, en refaisant le monde des nuits entières dans les cafés de Montparnasse dont Ernest Hemingway et John F. Fitzgerald seront des piliers incontournables.

C'est comme correspondant étranger du *Toronto Star* que le premier se rend à Paris en 1921. Il a vingt-trois ans et écume le Quartier latin, Saint-Germain-des-Prés et Montparnasse, pour y humer l'air du temps plus que pour y trouver matière à reportages. Jusqu'à ce qu'il pousse la porte de la librairie Shakespeare and Company, fréquentée par les intellectuels de langue anglaise que sa compatriote Sylvia Beach, férue d'avant-gardisme, a ouvert rue de l'Odéon et qui publiera en 1922 *Ulysse*, de l'Irlandais James Joyce. Hemingway y rencontre aussi l'écrivaine Gertrude Stein, qui règne en prophétesse sur les bohèmes Anglo-Saxons de Paris. Ce sont ces deux femmes, plus enclines au brassage culturel qu'aux affaires, qui le convainquent de s'essayer à la littérature. Cela donnera *Le soleil se lève aussi* et *L'Adieu aux armes*, ses deux premiers romans, qu'il commença à rédiger, attablé seul, dans les arrière-salles du *Dôme*, de *La Closerie des Lilas*, de *La Coupole* ou des *Deux Magots*, les repères intello de « Montparno ».

Après avoir quitté la capitale en 1928, Hemingway y fait son retour le 25 août 1944 comme correspondant de guerre, accompagné d'un petit groupe de résistants. Sorte de John Wayne de la littérature, il stoppe bruyamment sa Jeep devant un palace de la place Vendôme et fait irruption, mitraillette au poing, dans le lobby en hurlant : « Je viens libérer le Ritz !

— Bien sûr, monsieur Hemingway, lui répond le directeur. Mais il faut déposer auparavant votre arme à la porte. »

L'auteur de *Pour qui sonne le glas* s'exécute, file au bar et, paraît-il, y écluse alors cinquante et un *dry martini* ! Entre deux verres, il apprend que les officiers allemands de la Luftwaffe, qui avaient privatisé l'hôtel sous l'Occupation, ont déguerpi la veille. Un épisode qu'il se gardera bien de conter dans *Paris est une fête*, récit de ses *Roaring Twenties* parisiennes.

Il suffit à Francis Scott Fitzgerald de quatre séjours plus ou moins longs, entre 1921 et 1931, pour laisser son empreinte, beaucoup plus contrastée que celle d'Hemingway, à qui il fait lire le manuscrit de son chef-d'œuvre, *Gatsby le Magnifique*, écrit en 1924 sur la Côte d'Azur. À sa lecture, « Papa[1] » se montre enthousiaste. Ce qui, au demeurant, n'apaise pas les relations compliquées de Fitzgerald avec son cadet, lequel ne cessera de le jalouser. Doté d'un caractère impossible, maniaco-dépressif,

1. Le surnom d'Hemingway.

il forme avec son épouse, Zelda – une femme de lettres talentueuse mais bipolaire –, un couple déjanté, cerné par l'alcool et le scandale. Incapable de rester en place, fasciné par les gens riches, passant de l'ère du jazz de Times Square à *La Coupole* des Arts déco, du Paris débraillé au luxe tapageur du cap d'Antibes, Scott finit par se consumer et part broyer du noir à Hollywood, où il travaille amèrement sur des scénarios. Ruiné et seul, il y mourra à quarante-quatre ans. Mais la qualité de son écriture et la transcendance de son œuvre, ayant beaucoup influencé la littérature américaine de la seconde moitié du siècle, lui vaudront une gloire posthume méritée.

Troisième mousquetaire de la *Lost Generation*, John Dos Passos découvre Paris à quatorze ou quinze ans lors d'un tour d'Europe accompagné d'un tuteur. Ambulancier sur les champs de bataille en 1918, il reste étudier l'anthropologie à la Sorbonne une fois la guerre terminée. Son roman *Manhattan Transfer* publié en 1925 – année où William Faulkner, le quatrième fantassin de la génération perdue, passe plusieurs mois à Paris – lui vaudra un jour ce compliment de Sartre : « C'est le meilleur romancier de notre époque. » Proche du communisme, il s'investit dans le combat mené pour éviter, dans les années 1920, l'exécution des anarchistes italiens Nicola Sacco et Bartolomeo Vanzetti, jugeant leur procès et les sept ans passés dans le couloir de la mort comme, ce sont ses mots, l'« affaire Dreyfus de l'Amérique ». Prix Nobel de littérature en 1949, il fit le récit de ses souvenirs parisiens dans *La Belle Vie*.

Emmanuel Radnitsky dit Man Ray, qui lui n'était pas écrivain mais peintre, réalisateur et, par-dessus tout, photographe, retrouve à Montparnasse en 1921 son ami Marcel Duchamp, avec qui il a fondé à New York la branche américaine du dadaïsme. Il a trente et un ans. Membre éminent ensuite du mouvement surréaliste, il va révolutionner son art. *Le Violon d'Ingres* – un cliché montrant son modèle et amante Kiki de Montparnasse, le dos dénudé, sur lequel ont été dessinées les ouïes d'un violon – sera vendu 12,4 millions de dollars aux enchères en 2022, en faisant à ce jour l'œuvre photographique la plus chère de l'histoire. Sa double identité juive et américaine l'ayant contraint à rentrer aux États-Unis face à l'invasion nazie en juin 1940, il revient onze plus tard, prend la nationalité française et sera inhumé à « Montparno » dans le cimetière de son cœur, en 1976.

Montparno, mis à la mode en 1909 par Apollinaire, fut une mosaïque de flamboyants talents aimantés par une exaltation commune. Dans son livre *Le Rendez-vous des étrangers*, paru en 1956, Elsa Triolet, née Ella Yourievna Kagan à Moscou et qui ne fut pas russe blanche, il s'en fallait de beaucoup, le confirma : « Les gens de Montparnasse formaient une sorte de Légion étrangère qui n'avait aucun crime sur la conscience autre que se trouver loin de son pays [...] c'étaient des pèlerins venus à Paris pour ce petit boulevard où se font les peintres [et] qui n'avaient qu'une seule patrie : l'Art ! »

La kyrielle cosmopolite et créative de Paris y avait ses adresses, dont la brasserie *La Rotonde* – qui deviendrait une cantine du président Macron et de madame – était la tour de Babel. Les artistes fauchés y couchaient sur les banquettes, y avalaient une soupe et un quignon de pain à l'œil et l'on y effaçait leurs ardoises contre un croquis, un dessin, une petite toile. Elle tendit les bras à Modigliani dès son ouverture, en 1911.

Prototype de l'artiste maudit dès le jour où il posa le pied, en 1906, au Bateau-Lavoir de Montmartre, Amedeo Modigliani, né à Livourne et passé par Florence, migra vers Montparnasse en 1909 et y aborda la sculpture. Il se remit à la peinture en 1914 et s'y consacra jusqu'à sa mort, terrassé par la tuberculose, le 24 janvier 1920. Totalement à l'ouest, comme l'on dit de nos jours, et parfait gentilhomme, il proposait de terrasse en terrasse ce qu'il appelait des « dessins à boire » contre des verres de vin et des shoots d'héroïne. Parfois plus au calme et moins imbibé, il réalisait des portraits de ses connaissances – Cendrars, Soutine, Cocteau, Radiguet – et des nus féminins qui ont fait de lui le génie de la peinture figurative.

On ne compte plus les étrangers de cette génération qui adhérèrent au surréalisme, fils naturel du dadaïsme, dont André Breton jeta les bases du concept en 1924, sept ans après que Guillaume Apollinaire en eut évoqué l'idée. André Breton dira même du peintre et sculpteur catalan Joan Miró, le créateur du sublime *Carnaval d'Arlequin*, qu'il était « le plus surréaliste d'entre [eux] ». Le Belge René Magritte, lui, passa trois ans en France à partir de 1927 et y peignit l'une de ses huiles les plus célèbres, *La Trahison des images*, représentant une pipe accompagnée de la légende : « Ceci n'est pas une pipe. »

En provenance de Cadaqués, Salvador Felipe Jacinto Dalí y Domenech surgit en 1926 avec, en poche, une lettre de recommandation pour rencontrer Picasso, qu'il admira toute sa vie et à qui il confessa en le rencontrant : « Je suis venu vous voir avant d'aller au Louvre. » Ce à quoi le maître répondit : « Vous avez bien fait. » Très rapidement indissociable de Montparnasse et du surréalisme, Dalí devint au cours du demi-siècle qui suivit une sorte de gourou des arts.

Sans doute le plus décalé de tous, Léonard Tsugouharu Foujita, descendant de nobles samouraïs, qui posa des valises cité Falguière[1] en 1913, nourri de Vinci, du Titien, de Michel-Ange, se fit même naturaliser en 1955. Inspiré par Picasso et Modigliani – sans emboîter le pas des surréalistes – il ne renonça toutefois jamais à son japonisme originel et fit des chats, des enfants et des femmes ses modèles de prédilection. Épris de la musique apportée dans leurs paquetages par les *sammies* afro-américains et fidèle des fidèles du Bal Blomet, *le* club de jazz antillais de l'époque, il aimait à dire : « J'ai deux amours, la peinture et Paris » – un clin d'œil à son amie Joséphine Baker.

Chanteuse, danseuse, la « Black Venus » jaillit de Broadway en 1925. Elle fait partie d'une troupe

1. L'équivalent, dans le 14e arrondissement, de ce que fut le Bateau-Lavoir de Montmartre à la Belle Époque.

uniquement composée d'artistes noirs, qui compte douze musiciens, dont Sidney Bechet, et huit choristes, autour desquels André Daven, administrateur du théâtre des Champs-Élysées, monta la *Revue nègre*, un spectacle musical combinant des morceaux de *jazz-bands*, des chorégraphies, des numéros burlesques et présentant pour la première fois à Paris des danseuses aux corps en partie dénudés. Très vite remarquée, cette surdouée s'émancipe de cette troupe et, débutant en solo à vingt et un ans, en 1927, aux Folies Bergère en dansant le charleston seins nus et vêtue d'une jupe de bananes, elle s'attire une renommée mondiale. Très impliquée aux États-Unis dans la lutte contre la ségrégation raciale, puis à Paris dans un véritable engagement social durant la Grande Dépression, devenue française par mariage en 1937, elle s'engage au service de la France libre dès le mois de novembre 1940.

Le jazz n'avait toutefois pas attendu la *Revue nègre* pour se faire connaître en France. Ce fut l'orchestre des Harlem Hellfighters qui l'importa et le révéla en donnant le premier concert du genre en Europe sur les marches du théâtre Graslin, à Nantes, en février 1918, moins de deux mois après avoir débarqué à Brest. Et les Noirs venus faire swinguer Paris ne manquèrent pas.

Sidney Bechet, prodige musical créole, clarinettiste, saxophoniste, compositeur de l'emblématique morceau *Petite Fleur*, fut le premier soliste star en France, avec laquelle il vécut une histoire tourmentée. Malgré l'admiration à son endroit des Parnassiens atypiques – dont Louis Aragon –, il fut expulsé, quatre ans après y être arrivé, écopant de onze mois de prison qu'il passa à Fresnes pour avoir tiré au pistolet sur un banjoïste... de ses amis. Il y revint en 1949 et mourut à Garches, en 1959. Au-delà de sa virtuosité, sa notoriété internationale tint en ce qu'il fut le seul jazzman à soutenir la comparaison avec Louis Armstrong.

Les Juifs étrangers, polonais, hongrois, roumains, tchèques, bulgares, russes, baltes, allemands, ottomans et apatrides – plus de cent mille au total – firent eux aussi de la France leur terre d'exil puis d'accueil entre 1919 et 1929, pour fuir la fièvre antisémite régnant chez eux, voire les pogroms, comme en Pologne, en Ukraine, en Lituanie, en Lettonie et en Roumanie. Nourris depuis leur enfance au proverbe yiddish « Heureux comme Dieu en France », ils témoignèrent d'un patriotisme exalté à l'endroit de ce pays, les intérêts de leur sauveur primant avant tout à leurs yeux. Sans les rejeter, les Français, en revanche, ne firent que les tolérer, leur octroyant des appellations allant du « Youpin » jusqu'au très glorieux « Israélite », réservé aux Ashkénazes de toutes origines européennes autres que slave.

Les Youpins étaient les Polonais – porteurs, selon les Gaulois, de tous les maux, excepté leur goût du travail – et les Russes qui s'approprièrent des quartiers entiers, tel le Marais à Paris, ferment sacré de la France millénaire, en y important l'air du ghetto avec le yiddish, les chants, une religiosité ostentatoire, la nourriture casher et des coutumes inconnues des catholiques. Ostracisés par les Juifs français, bourgeois sécularisés depuis le siècle précédent, ils se regroupèrent dans le Pletzl[1], où ils travaillaient très dur pour des salaires de misère dans l'artisanat du bois, de la fourrure, du cuir, des peaux, des bijoux ou dans la confection. Les familles d'Henri Krasucki, Maurice Obréjan, Serge Gainsbourg, Georges Charpak ainsi que la mère de Romain Gary arriveront à cette période-là. Certaines avec un petit Henri, Georges ou Romain dans leurs bras.

À la différence des sommités de la communauté juive, qui, par leurs travaux et leurs actions, participeraient plus tard au prestige de la France, Maurice Obréjan, né d'un père roumain et d'une mère polonaise, goûta à la notoriété dans les douze mois suivant sa naissance, en 1924. Vainqueur du premier concours organisé par la marque de savon Cadum visant à désigner le plus beau nourrisson de France aux fins d'une campagne de réclame, il fut le premier « bébé Cadum » de l'Histoire et l'on vit sa frimousse aux cheveux blonds bouclés plaquée pendant près de cinquante ans dans les journaux et peinte sur les murs aveugles des immeubles des grandes villes. Résistant, il fut déporté en 1942 et le seul des siens à revenir vivant. Il raconta, en 2010 : « Même à Auschwitz, mes compagnons d'infortune m'appelaient "bébé Cadum" ; cela m'a beaucoup aidé car, malgré le drame, ils étaient très prévenants avec moi. »

1. Nom yiddish du plus ancien quartier juif de Paris, implanté au XIIIe siècle et situé dans le 4e arrondissement.

Victimes, eux aussi, de génocide – celui perpétré par les Jeunes-Turcs[1] de 1915 à 1923, qui fit entre un million deux cent mille et un million cinq cent mille morts –, les six millions d'Arméniens survivants se résolvent à l'exode – par contrainte ou bien par choix. Parmi eux, cent trente-deux mille orphelins, dont Missak Manouchian. Ils font escale en Syrie et au Liban, sous protectorat français, où des entreprises viennent les recruter. Sur les soixante mille qui débarquent à Marseille entre 1922 et 1924, certains s'établissent dans la région, notamment les Malakian et leur fiston, Achod, le futur Henri Verneuil. Ils travaillent dans les mines de Gardanne, dans les chantiers navals de La Seyne et La Ciotat. Les autres remontent la vallée du Rhône. Beaucoup se fixent dans la Drôme et la région lyonnaise, d'abord comme petites mains, puis rapidement comme ouvriers qualifiés, indispensables à l'industrie de la chaussure et de la soie. Le reste parvient jusqu'à Paris et sa banlieue, où, soutiers de base dans l'industrie, ils poussent les wagonnets, permettant aux patrons de retarder la mécanisation et ses coûts inhérents. Un peu artistes, un peu cuisiniers, les Aznavourian, parents du grand Charles, s'installent rue Monsieur-le-Prince, dans le 6e arrondissement, et se hasardent rarement au-delà des boulevards des Maréchaux, alors qu'à Alfortville et Issy-les-Moulineaux sont apparues des « Little Arménie ».

1. Mouvement nationaliste dirigé par de jeunes officiers qui, après avoir renversé le sultan ottoman, planifièrent le génocide.

Dans ces proches banlieues – hormis celles de l'Ouest –, les idées communistes commencent à s'enraciner, ce qui fera écrire au socialiste Paul Vaillant-Couturier après les élections législatives de 1924 : « Paris [est] encerclé par le prolétariat révolutionnaire. »

Une sensibilité ancrée depuis quelques années dans une partie des classes populaires et chez certains intellectuels, qui se concrétise fin décembre 1920 à la suite d'un schisme au cours du congrès de la SFIO à Tours, qui prendra dans les mois suivants le nom de Parti communiste-Section française de l'Internationale communiste[1] (PC-SFIC). Dans cette rupture au sein de la gauche, fondamentale pour l'histoire de la France, Moscou joua un rôle primordial. Elle le fit par l'intermédiaire de l'Internationale communiste, aussi nommée Komintern, qui, dès sa fondation, en 1919, commença à noyauter la SFIO, à peine âgée d'une quinzaine d'années. À ce jeu, deux personnages tinrent une place décisive : Boris Souvarine, né à Kiev, arrivé à Paris, naturalisé en 1906, et Charles Rappoport, natif de Lituanie, français depuis 1899. Tous deux proches des bolcheviques, ils parvinrent à attirer à eux maints camarades jusqu'à ce qu'émerge, à Tours, une majorité qui provoqua la fracture entre les futurs Parti communiste et Parti socialiste.

Présent en France depuis 1919 et à Tours pour voter la scission en tant que délégué du groupe socialiste indochinois, Hô Chi Minh tint, de ce jour, une

1. Il ne prendra l'appellation définitive de « Parti communiste français » qu'en 1943.

place prépondérante dans la politique de la France jusqu'à ce que celle-ci reconnaisse officiellement, au cours de l'été 1954, la république démocratique du Vietnam. L'« oncle Hô » en fut le président jusqu'à sa mort, le 2 septembre 1969. Lors de son séjour en France jusqu'au début de l'année 1923, il milita avec force contre le colonialisme ; une sensibilité morale et politique partagée à Paris par l'Algérien Messali Hadj, fondateur du Parti du peuple algérien en 1937, et par Lamine Senghor, ancien tirailleur sénégalais, facteur dans la capitale et soumis, comme son « compatriote » algérien, au Code de l'indigénat. Cette législation instaurée en 1865, répressive, discriminatoire et spécifique aux peuples indigènes des colonies françaises stipulait que, s'ils avaient acquis la qualité de *français*, ils ne jouissaient cependant pas de tous les droits rattachés à la nationalité française. Ils ne les acquirent qu'avec l'adoption de la Constitution de 1946.

C'est ainsi en qualité de français que Boughéra El Ouafi, né dans les Aurès en 1898 et tirailleur algérien de la Grande Guerre, remporta le marathon aux Jeux olympiques d'Amsterdam en 1928, vingt-huit ans avant qu'Alain Mimoun, lui aussi musulman d'Algérie devenu français, s'impose à Melbourne en 1956. Et si El Ouafi apparaît toujours dans les palmarès affublé de la nationalité française, ce garçon est désormais surtout reconnu pour avoir été le premier Africain à obtenir une médaille olympique – *a fortiori*, en or.

Les heures sombres
(1930-1939)

Il fait beau mais frais en cette matinée du samedi 4 juin 1938 lorsqu'un train en provenance de Vienne entre en gare de l'Est, à Paris. Le lieu est envahi par trois mille à quatre mille Allemands venus soutenir leur équipe qui affrontera dans l'après-midi la Suisse au Parc des Princes, à l'occasion du match d'ouverture de la Coupe du monde de football. Descendu du wagon dans lequel les adeptes d'une conception bouchère de l'humanité l'ont forcé à monter un peu après minuit, Sigmund Freud, en transit pour Londres, est attendu par une multitude de journalistes et, s'appuyant sur une canne et soutenu par un ami, fend cette foule bruyante qui ne le reconnaît pas. Il s'éteindra à la fin de l'été suivant, en septembre, à Londres.

Si l'illustre vieillard compte toujours tant en France, c'est qu'il a réussi, au fil des décennies, à y élever la psychanalyse au rang de domaine reconnu et digne d'intérêt malgré un accueil frileux, voire hostile de sa science par l'Université au début du XXe siècle qui le blessa durablement. Le savant autrichien a, pourtant, aimé ce Paris qui « est ensorcelant ! » écrivait-il à Martha, son épouse, lors du stage qu'il effectua en 1885 à la Salpêtrière chez Jean-Martin Charcot, dont les travaux sur l'hypnose et l'hystérie lui ouvriront une voie à défricher.

Le départ forcé du génial médecin ne fut en définitive que l'un des derniers soubresauts d'humanité d'un continent où la crise de 1929 avait déclenché un peu partout cette xénophobie et cet antisémitisme qui, avec leurs effets secondaires – populisme, nationalisme –, infecteraient bientôt la France, se matérialisant d'abord par une judiciarisation peu flatteuse, puis se manifestant par des comportements indignes.

Une loi, promulguée en 1932, permet ainsi de refuser le droit de séjour, sur des critères arbitraires, et d'expulser aussitôt la personne. Une autre stipule qu'un emploi ne peut lui être octroyé si un Français postule. Ce qui entraîne, deux ans plus tard, le renvoi *manu militari* des mineurs polonais et annonce, mine de rien, la France de Pétain.

D'autant que les premières banderoles – « Contre l'invasion métèque, faites grève », par exemple – sont déployées aux portes des usines et que le monde étudiant, tenu par l'extrême droite, impose physiquement sa force, conforté par l'Unef[1], qui, bien qu'apolitique, invite dans *L'Information universitaire* à se « défendre contre ces étudiants de l'Europe centrale nous apportant

1. Union nationale des étudiants de France, la principale organisation étudiante, qui basculera à gauche après la Seconde Guerre mondiale.

les méthodes d'une civilisation bien moins policée que la nôtre, venant nous corrompre, nous diviser et bientôt nous réduir[e] à la déchéance et à l'esclavage ». Pour preuve que la jeunesse étudiante n'est pas toujours le fer de lance de l'émancipation ; à la même époque, le nazisme gangrénait les universités allemandes.

En 1934, des tracts sans équivoque sont distribués dans les grandes villes : « Français, tu chômes parce que le Juif te prend tout », et le quotidien *L'Action française* publie un jour une lettre on ne peut plus explicite : « Ils travaillent tous et font de la propagande bolcheviste, ne paient pas d'impôts et ne sont pas inquiétés [...]. Sans compter hélas le préjudice moral et social ! »

En février 1936, la dissolution des ligues fascisantes liées à l'Action France après la tentative de lynchage dont a été victime Léon Blum – que Maurras nommait, entre autres, le « circoncis du Narbonnais » et le « détritus humain » – ainsi que douze mois de gouvernement Front populaire vont certes étouffer un climat délétère, mais celui-ci repartira « de plus moche » sitôt que le dernier ministre socialiste aura rendu son maroquin en avril 1938.

D'autant qu'une invite – « la France aux Français ! » – prononcée fin 1937 en meeting par Maurice Thorez, secrétaire général du PC-SFIC, est mal interprétée par une classe ouvrière plus intéressée, dans l'ensemble, par ce qu'elle a dans sa gamelle que par l'internationalisme prolétarien.

Un Parti qui est plus que jamais surveillé de près – c'est un euphémisme – dans ses faits et gestes par le

Komintern, en particulier par Dimitri Manouïlski, un Ukrainien à qui Staline a confié cette mission. C'est lui qui propulse « Maurice », comme le nomment affectueusement les militants, aux commandes en 1932, choisit les membres du Bureau politique et remet de l'ordre dans une maison où, depuis le congrès de Tours, tendances, courants et factions ont fait de ce jeune parti une véritable pétaudière. Eugen Fried – le « camarade Clément » –, un Tchèque élégant et raffiné, est envoyé sur le terrain afin de contrôler avec doigté la troïka dirigeante – Thorez, Benoît Frachon, Jacques Duclos.

En vrai parti bolchevique au sein duquel plus aucune tête ne dépasse, la Section française de l'Internationale communiste va ainsi appliquer sans broncher la directive de Moscou à partir du printemps 1934 – un revirement à 180 degrés, voire un reniement : un ordre selon lequel il convient de s'allier à la social-démocratie aux fins de dresser un mur face au fascisme ayant pour finalité de conquérir le pouvoir par les élections… mais sans y participer ! Ce fascisme qui, avec l'affaire dite « Stavisky », a failli renverser la République le 6 février 1934 et a décomplexé un antisémitisme toujours tapi depuis la réhabilitation du capitaine Dreyfus.

Juif né en Ukraine, Alexandre Stavisky a découvert la France à douze ans et a été naturalisé à vingt-quatre. Séducteur et beau parleur, il devient escroc professionnel, mène la grande vie, est accueilli à bras ouverts dans les salons mondains. Il investit dans les journaux d'opinion et se forge de solides relations dans le monde politique et dans la banque. Pendant plus de vingt ans, il va multiplier les malversations financières et sera toujours relaxé, sauf une fois, en 1927. Retombant rapidement sur ses pattes, il poursuit ses arnaques jusqu'au « match de trop », un détournement de deux cents millions de francs au détriment du Crédit municipal de Bayonne – l'équivalent aujourd'hui de cinquante millions d'euros. Abandonné par tous ses parrains haut placés, il s'enfuit et se serait suicidé de deux balles dans la tête, début janvier 1934.

L'extrême droite saute sur l'occasion, dénonçant « les ministres et les députés vendus [...] protecteurs du métèque escroc » et appelant « les honnêtes gens [à se] dresse[r] pour exiger la justice et l'honneur » ; une campagne qui débouchera sur la démission du gouvernement et les émeutes du 6 février, au cours desquelles les forces de l'ordre ouvriront le feu, faisant quinze morts.

Pendant ce temps-là, Léon Trotski, reclus à Barbizon, observe. Entre Lev Davidovitch Bronstein – francophile, francophone – et Paris, c'est une vieille liaison. Après y être venu pour la première fois en 1902, il s'y était installé de novembre 1913 à octobre 1916, où, révolutionnaire mais pas encore bolchevique, il travaillait souvent, attablé au *Dôme* à Montparnasse. Banni de l'Union soviétique par Staline en 1929 puis chassé de Turquie par Mustafa Kemal, le gouvernement radical d'Édouard Herriot lui accorde en juillet 1933 un droit de séjour et le place plus ou moins en liberté surveillée dans un lieu discret près de Fontainebleau. D'où, ne pouvant rester insensible à la menace de l'hiver 1934, il s'échappe la nuit afin de rejoindre, dans les 13e et

14e arrondissements, ses camarades de la Ligue communiste pour échafauder les mesures à prendre contre la tentative de coup d'État qui plane. Sa cachette découverte par la presse, il est exfiltré par les autorités, assigné à résidence près de Grenoble et, bien qu'Éluard, Malraux, Gide, Rolland, Breton aient publiquement défendu sa cause, il est expulsé en juin 1935 et trouvera refuge en Norvège.

Ce début des années 1930 a donc été fondamental. Il a surdéfini celles qui ont suivi, durant lesquelles le fascisme et le nazisme ont conditionné en Europe tous les rapports entre les hommes, toutes les relations entre États, et désintégré la perception que chacun avait de la culture, de la morale, du bien et du mal – des années diaboliques qui ont fait cinquante millions de morts et perpétré le crime absolu : la Shoah.

Dans les semaines et les mois qui suivirent la nomination d'Hitler à la chancellerie le 30 janvier 1933, les Juifs d'outre-Rhin n'envisagèrent sans doute pas leur effroyable avenir. Pourtant, dès l'incendie du Reichstag le 28 février et quoique très éloignés d'un sentiment identitaire, beaucoup comprirent que leur avenir allait se compliquer.

Près de trente-cinq mille intellectuels et sympathisants de gauche anti-hitlériens, juifs ou pas, s'expatrièrent en dix mois. Le témoignage d'un avocat munichois défenseur des pacifistes, réfugié à Paris et interviewé par *Le Petit Journal* en mai, est édifiant : « Un ami m'a prévenu que la police était chez moi.

Je ne suis plus jamais rentré [...]. J'espère pouvoir faire venir ma femme et mes deux petites filles [...]. Ah, si je pouvais refaire ma vie à Paris, quel rêve ! Tenez, je voudrais être concierge ; cela me laisserait des loisirs et je pourrais étudier le droit français et me faire naturaliser. »

Se rendre à Paris à la première occasion fut également la démarche de Herta et Erich Cohn-Bendit, les futurs parents de Gaby et Dany ; celle aussi de l'une de leurs amies, Hannah Arendt.

Née en 1906, élevée dans un milieu laïc, elle vécut très jeune une relation secrète et passionnée avec Martin Heidegger, malgré les positions plus qu'ambiguës de ce dernier à l'endroit du judaïsme et du nazisme. Philosophe non conformiste, la montée de l'antisémitisme l'amène à s'intéresser à ses origines juives, à se rapprocher de l'Organisation sioniste mondiale... jusqu'à son arrestation par la Gestapo, au printemps 1933. Miraculeusement libérée grâce à l'intervention d'un policier de ses amis, elle quitte aussitôt l'Allemagne, direction Paris, qui n'est dans son esprit qu'un point de passage avant de se rendre aux États-Unis. Mais, ne parvenant pas à obtenir de visa, elle reste dans la capitale, où, secrétaire de la philanthrope baronne Germaine de Rothschild, elle aidera les Juifs en facilitant leur départ vers la Palestine. La guerre déclarée, elle est, avec près de vingt mille de ses compatriotes, considérée comme l'un de ces « individus dangereux pour la défense nationale et la sécurité » et internée au camp de Gurs, dans le Béarn, d'où elle se serait échappée, pour retrouver les Cohn-Bendit à Montauban. Elle gagne enfin le Portugal avant d'arriver finalement à New York en mai 1941 et d'être naturalisée américaine en 1951. Elle y devient professeure d'université. Envoyée en 1961 à Tel-Aviv par *The New Yorker* pour y couvrir le procès d'Eichmann, les articles qu'elle publie font aussitôt polémique, au même titre que le livre – *Eichmann à Jérusalem. Rapport sur la banalité du mal* – les regroupant. Son œuvre majeure reste cependant *Les Origines du totalitarisme*, qui permet de comprendre les similitudes et différences entre le nazisme et le stalinisme.

Enfermée par la Gestapo et ses livres brûlés lors de l'autodafé organisé à Berlin le 10 mai 1933, Anna Seghers, de son côté, parvient par miracle à venir en France, où elle reste huit années. Communiste issue d'une famille juive orthodoxe, c'est là qu'elle écrira son chef-d'œuvre *La Septième Croix*, publié en 1942 à New York, et là que mûrira *Transit*, l'autre grand livre de sa vie. Son mari parqué dans un camp du sud de la France dès la fin juin 1940, elle se rend à Marseille pour le faire libérer. Ils partent ensemble au Mexique l'année suivante.

De retour en Allemagne en 1947, fidèle à ses convictions de jeunesse et déçue par « la folie de ces hommes et de ces femmes auxquels les bombardements [des Américains] ont tout enlevé et qui n'en ont tiré aucune leçon », elle choisit de vivre en République démocratique allemande. Elle y sera, jusqu'à sa mort, proche de

Walter Ulbricht[1] puis d'Erich Honecker[2], et ne s'élèvera jamais contre leur totalitarisme. Anna Seghers est néanmoins considérée aujourd'hui en Allemagne comme l'une des plus grandes écrivaines du XXe siècle.

La troisième femme majeure à être arrivée en France dès 1933 est Gisèle Freund – la seule à s'y être définitivement établie et à en avoir pris la nationalité. Juive et communiste, elle aussi, elle termine ses études de sociologie à Paris. Mais c'est le petit Leica – un appareil photo révolutionnaire qui sera pendant près d'un demi-siècle l'outil privilégié des reporters de guerre – qui, offert par son père, a été le véritable compagnon de sa vie. Son diplôme obtenu, son carnet d'adresses rempli et étant l'une des premières à user de la couleur, elle tire le portrait du Tout-Paris d'avant et d'après-guerre ainsi que des stars de passage. Une Anna Leibovitz avant l'heure. Colette, Gide, Joyce, Pasternak, Malraux, Beckett, Perón et tant d'autres sont fixés par elle sur la pellicule, jusqu'à François Mitterrand, qui, élu président, lui demande en 1981 de l'immortaliser dans un cadre officiel accroché sur les murs des mairies du « royaume », pas loin du buste de Marianne.

Le très francophile Lion Feuchtwanger se trouve, lui, aux États-Unis au début de l'année 1933, lorsque l'on met à sac sa maison de Berlin, le prive de sa nationalité et interdit ses livres, dont *Le Juif Süss*[3] qui l'a rendu

1. Patron de la RDA de 1953 à 1971.
2. Successeur d'Ulbricht de 1971 au 18 octobre 1989.
3. À la demande de Goebbels – ministre de l'Éducation du peuple et de la Propagande –, un film au titre éponyme sortira en 1940,

mondialement célèbre. Pacifiste et antimilitariste, il fait alors retraite à Sanary-sur-Mer, petit port de pêche dans le Var, où, avec son ami Bertolt Brecht, ils fondent *Das Wort – Le Mot* –, revue antifasciste majeure éditée à… Moscou, et où sa maison devient pendant plusieurs années le point de rencontre de l'intelligentsia en exil. Incarcéré deux fois au camp des Milles, près d'Aix-en-Provence, il parvient cependant à s'exiler en Amérique en 1940.

Chassé lui aussi, l'auteur de *L'Opéra de quat'sous* – pièce rayée du répertoire dès février 1933 – lui rendra visite quelquefois, avec d'autant plus de plaisir qu'il est admirateur de Villon, de Rimbaud, de la Révolution française et un amoureux de Sanary, qu'il connaît déjà. Lors de ses passages, il fait le spectacle au café *La Marine*, où, accompagné de sa guitare, il chante ses poèmes ridiculisant Goebbels.

Mais le spectacle qui fait un véritable tabac au tournant des années 1920-1930, c'est le cinéma. Et celui produit par la société berlinoise UFA offre ce qui se fait de plus créatif en cette ère du « muet » et des premiers films « parlants ».

Il va, bien malgré lui, contribuer à enrichir, à partir de 1933, le septième art français. Grâce à Max Ophüls, notamment, dont la secrétaire, Herta David, sera plus tard la maman de Gaby et Dany Cohn-Bendit. Originaire de Sarrebruck, Max Ophüls connaît des

pervertissant le roman.

débuts prometteurs comme dialoguiste et réalisateur de documentaires, mais interrompus par l'arrivée d'Hitler et de ses sbires alors qu'il vient d'avoir trente ans. Après l'incendie du Reichstag, il émigre en France, où il dirige dix films de 1933 à 1939, dont l'épatant *De Mayerling à Sarajevo*, avec Edwige Feuillère. Après avoir été naturalisé français en 1938, il part aux États-Unis puis reviendra tourner, à partir de 1950, quatre merveilles : *La Ronde*, *Le Plaisir*, *Madame de*, avec son actrice fétiche, Danielle Darrieux, et *Lola Montes*, qui révèle enfin les dons immenses de Martine Carol et vaut à cette définitive ingénue pour la seule fois de sa vie les faveurs de la critique. Ces quatre films ont été des exemples pour la Nouvelle Vague, qui voyait en eux « la renaissance du cinéma, opposé à l'esthétisme vieillot de la “qualité française” ». Ayant terminé sa vie à Hambourg, Ophüls est, à sa demande, incinéré au Père-Lachaise.

Le parcours de Robert Siodmak, né américain à Memphis en 1900 dans une famille juive polonaise, est plus hallucinant encore. En s'établissant en Allemagne, l'année suivante, les Siodmak ne se doutent pas qu'ils se jettent dans ce qui sera, trois décennies plus tard, la gueule des loups. Leur fiston le comprend en revanche immédiatement lorsque son septième film, le très réussi *Fin de saison*, est interdit quelques mois après sa sortie, en février 1933. Siodmak part alors pour Paris, où il réalise en six ans pas mal de « navets » qui ne sont pas impérissables, mais il faut mettre à son crédit que c'est lui qui révéla Michèle Morgan, en 1936, dans *La Vie parisienne*. Engagé par Universal, il devient le grand caïd des films noirs.

Fritz Lang ne restera, lui, que le temps d'une séance à Paris. Né austro-hongrois à Vienne, en 1890, élevé dans la religion catholique bien que sa mère fût ashkénaze, allemand par mariage en 1919 et réalisateur mondialement reconnu après trois chefs-d'œuvre – *Métropolis, M Le Maudit, Le Testament du Dr Mabuse* –, il est approché par Joseph Goebbels en 1933, qui lui propose de prendre la direction du département cinématographique de son ministère. Il refuse, quitte aussitôt l'Allemagne, passe par Paris, où il met en boîte *Liliom,* puis rejoint Hollywood. L'adulation que lui ont vouée le mensuel *Les Cahiers du cinéma* – lancé en 1951 par André Bazin, Joseph-Marie Lo Duca, Jacques Doniol-Valcroze – et le Franco-Suisse Jean-Luc Godard, qui lui a fait tenir son propre rôle dans *Le Mépris*, a beaucoup déteint sur les jeunes cinéastes français.

Le cas d'Erich von Stroheim, austro-hongrois lui aussi, est différent ; né en 1885, il quitte la capitale autrichienne, direction Hollywood, où il œuvre en tant que réalisateur et se fait naturaliser américain. Peu enclin à devenir plus tard une marionnette de Goebbels, ce n'est pas à Berlin mais dans les studios de Joinville, Saint-Maurice, Boulogne et Épinay qu'il commence une seconde vie cinématographique, en 1936. Comme acteur, cette fois. Brillantissime, il a dès lors laissé une empreinte indélébile dans notre cinéma : seize films de 1937 à 1940, dont un, *La Grande Illusion*, de Jean Renoir, lui a valu une reconnaissance éternelle du milieu et du public pour son interprétation du capitaine von Rauffenstein. Ils sont suivis de douze autres, entre 1945 et 1955. Lui s'éteint deux ans plus tard à Maurepas, dans les Yvelines, où il est enterré.

Repérée par la Paramount pour son rôle de femme fatale dans *L'Ange Bleu*, Marlene Dietrich n'a pas non plus attendu l'arrivée de la tyrannie pour connaître Los Angeles, où elle réalisera à partir de 1930 une carrière grandiose. Et c'est en toute conscience qu'elle a banni de sa vie ce régime et le peuple qui l'a mis au monde quand, un jour, de passage à Berlin, elle est draguée par Goebbels, qui souhaite faire d'elle l'actrice emblématique du IIIe Reich. Non seulement ce boiteux va prendre ce jour-là un monstrueux râteau qui le fera moquer du monde entier, mais l'outrecuidance de sa démarche – si l'on peut dire – va décupler l'énergie de cette Catherine II du XXe siècle – rôle qu'elle interpréta dans *L'Impératrice rouge* – pour dénoncer les ignominies d'Hitler et de sa bande de gangsters.

La notoriété de Marlène et son statut d'icône en France, elle les doit aussi à la relation passionnée qu'elle entretint durant deux ans à Hollywood avec Jean Gabin. Refusant de travailler pour la Continental Films, fondée à partir de 1940 par l'occupant, il était parti chercher du boulot en terre américaine et l'Ange bleu tomba folle de lui. Pour ses beaux yeux, elle fit de sa villa une petite France en y mitonnant blanquettes, pot-au-feu, bœufs bourguignons arrosés des meilleurs crus et en y recevant quasiment quotidiennement les amis de Pépé le Moko, Jean Renoir, Jean Duvivier, Charles Boyer, Jean-Pierre Aumont. Jusqu'à ce que, ne supportant plus cette vie peinarde et inoccupée alors que son pays était sous le joug, Gabin s'engage dans la France libre en 1943 et, fusilier marin, termine sa guerre comme chef de char à Berchtesgaden en mai 1945.

À l'automne, les deux amants se retrouveront, vivront et tourneront un film ensemble – *Martin Roumagnac* –, avant de se séparer et de ne plus jamais se revoir Marlene espéra longtemps que Jean la rappellerait. En 1978, elle revint habiter à Paris, s'y cloîtra, et y décéda quatorze ans plus tard.

Dernière légende de ce virtuel *walk of fame* du cinéma allemand ayant influencé le cinéma français : Ernst Lubitsch. Fils d'un tailleur juif berlinois, il découvre le milieu en tant qu'acteur en 1912, devient réalisateur en 1916, puis, remarqué par Mary Pickford, prend en 1923 le bateau pour New York, où il sera sous contrat avec United Artists puis Paramount. Dès 1933, les autorités lui retirent sa nationalité, ce qui lui fait une belle jambe puisqu'il ne remettra les pieds en Allemagne que pour y mourir, en 1947.

Si Lubitsch – « un prince », dira Truffaut – réalisa de 1930 à 1939 la quasi-totalité de ses films parlants à Hollywood, la majorité furent écrits par des auteurs français, eurent pour décors de carton les rues ou les palais de Paris, et il offrit en Californie de jolis rôles à des acteurs et actrices français – dont Maurice Chevalier, Charles Boyer, Marie Colmont – ou « presque », telle Claudette Colbert, une Américaine née Émilie

Chauchoin à Saint-Mandé, dans la banlieue parisienne, en 1903 et oscarisée trente-deux ans plus tard.

Le premier exode de 1933 en France s'est ensuite ralenti, et même les lois raciales de Nuremberg de novembre 1935 ne le relancèrent pas – à la différence de la nuit de Cristal[1], trois ans plus tard. De mars 1933 à la fin 1939, près de trois cent cinquante mille Juifs ont tout de même quitté l'Allemagne et l'Autriche, dont quarante mille ont trouvé, un temps, refuge en France, rejoignant ainsi leurs cent quatre-vingt mille israélites français de l'époque bien assimilés, lesquels ne leur ouvrirent guère les bras hormis quelques initiatives individuelles, comme celle la baronne de Rothschild, ou des solidarités significatives au cas par cas. La communauté, sécularisée depuis le XIX[e] siècle, ne voulait en effet pas être mouillée de trop près avec ces « fauteurs de guerre » comme les appelaient la droite et l'extrême droite, d'autant qu'au prétexte que, selon le Quai d'Orsay « les Israélites d'Allemagne ne sembl[ai]ent plus courir de risques immédiats », le gouvernement du cartel des gauches (!) leur ferma les frontières, frappa de lourdes amendes les Français accueillant des migrants illégaux et promulgua des lois drastiques restreignant leur venue, qui perdureront même sous le Front populaire.

Bien que commencée dès 1922-1923, la vague de départs des militants de gauche de la péninsule italienne

1. Dans la nuit du 9 au 10 octobre 1933, plus de deux cents synagogues furent incendiées et/ou détruites en Allemagne.

est relancée, en ces années 1930, par la radicalisation du régime de Mussolini. Près de soixante-quinze mille d'entre eux émigrent en dix ans vers Paris, capitale mondiale des antifascistes transalpins. Parmi eux, l'épouse de Longo, Teresa Noce, une féministe, syndicaliste et députée communiste de 1946 à 1958, et Xenia Silberberg, écrivaine et militante du PCI.

Mais cette décennie va aussi voir une troisième immigration économique venue de la « Botte » s'agréger aux deux précédentes, au point qu'un million d'Italiens sont recensés en 1940. Comme leurs prédécesseurs en Lorraine, beaucoup adhèrent à la CGT, et créent des regroupements communautaires – comme celui de la rue Sainte-Anne à Nogent-sur-Marne, où François Cavanna est né et a grandi –, trop visibles au goût des Français, qui, régulièrement, harcèlent ces « sales Macaronis ». Serge Reggiani, arrivé à huit ans en Normandie, fut de cette vague.

Commencé dix ans plus tôt, le flot migratoire espagnol ne se tarit pas non plus. En 1931, trois cent cinquante mille hommes, femmes et enfants sont installés dans les campagnes, les villes, à Paris et sa banlieue, et ces « Espingouins », selon un certain jargon franchouillard, indisposent fort les Français dits « de souche ».

Le coup d'État fasciste, initié en juillet 1936 contre la République de gauche issue des législatives de février et auquel se rallie le général Francisco Franco, va étouffer cette animosité, et les ouvriers du Front populaire, dans les ateliers et dans la rue, témoignent un large soutien à leurs camarades d'outre-Pyrénées durant les deux années de guerre civile qui suivent ce putsch. Pas loin de neuf mille Français vont jusqu'à s'engager dans les Brigades internationales pour combattre les troupes nationalistes.

Mais plus les fascistes gagnent du terrain à partir de l'automne 1938, plus les combattants républicains traversent les Pyrénées, jusqu'à être près de cinq cent mille – dont deux cent mille civils – début février 1939 après la chute de la Catalogne. Les gouvernements Daladier et Raynaud commencent par les retenir derrière des barbelés sur les plages de la Méditerranée près de la frontière, quasiment sans nourriture, ni eau ni abri et avec juste quelques couvertures, puis les internent dans des camps immondes. Ceux qui n'ont personne pour les accueillir sont embrigadés dans les groupements de travailleurs étrangers (GTE), des unités créées et affectées à des travaux pour la défense nationale où les militaires les surveilleront

C'est durant l'été 1936 que Jorge Semprún, orphelin de mère, futur prix Femina en 1969 pour son roman *La Seconde Vie de Ramon Mercader* et scénariste de deux films de référence des années 1970, *Z* et *Section spéciale*, quitte avec son père – avocat républicain – l'Espagne, avant de s'établir en France à seize ans, en 1939. La famille Casarès, quant à elle, fuit la guerre civile quelques mois plus tard avec sa petite fille, Maria, qui devient dès le milieu des années 1940 à la fois une immense tragédienne au théâtre, une merveilleuse actrice du cinéma d'auteur et le grand amour d'Albert Camus.

Pablo Casals, le génial violoncelliste catalan, soutien absolu, moral et matériel des républicains – dont Franco jura qu'il allait lui « couper les deux bras » – et qui refusa toujours de jouer dans les dictatures – bolchevique à partir de 1917, hitlérienne dès février 1933, franquiste jusqu'à sa mort –, s'exile de son côté courant 1939, et se fixe à Prades, dans les Pyrénées orientales. Il aide jusqu'à son décès, en 1973, ses compatriotes « installés » à la fois dans le Sud-Ouest… et dans la pauvreté. Franco n'ayant pas encore débarrassé le plancher à cette date, Casals n'aura jamais remis les pieds en Espagne.

C'est durant la guerre d'Espagne que, début 1937, le Premier ministre républicain Francisco Largo Caballero demande à Pablo Picasso, vivant entre Mougins et Paris, de réaliser une peinture murale pour le pavillon espagnol de l'Exposition universelle qui s'apprête à s'ouvrir à Paris le 27 mai. Après avoir longtemps hésité, celui-ci accepte et choisit de dire sur une toile l'horreur et la colère qu'a provoqué en lui le bombardement, en avril, de la ville basque de Guernica. En cinq semaines, il peint une huile monumentale de 7,76 x 3,5 mètres intitulée *Guernica*, l'une de ses deux œuvres les plus célèbres avec *Les Demoiselles d'Avignon*.

La légende veut que, visitant l'Expo, un diplomate en poste à l'ambassade d'Allemagne, Otto Abetz, l'apostrophe.

« C'est vous qui avez fait ça ? lui demande-t-il.

— Non, c'est vous », aurait répliqué Picasso en tournant les talons.

Si ces exilés par détresse vinrent chercher une protection auprès de ce qui était encore pour eux la patrie des droits de l'Homme, d'autres choisirent la Ville Lumière, qui brûlait ses derniers feux culturels, simplement pour y vivre et y rencontrer les aigles qui allaient bientôt prendre leur envol.

Salvador Dalí fut l'un de ceux-là. Installé dans la capitale depuis 1927, influencé par René Magritte, Joan Miró et Paul Éluard – à qui il piqua son épouse russe, Gala, laquelle sera sa muse jusqu'à ce qu'elle décède, en 1982 –, c'est au tout début de 1930 qu'il adhère une bonne fois pour toutes au surréalisme et qu'il commence à peindre, en 1931, *La Persistance de la mémoire*, l'un de ses tableaux majeurs, connu sous le nom : *Les Montres molles*. Dès lors, son génie, son excentricité, sa mégalomanie et surtout la création de sa méthode paranoïaque-critique[1] commencent à fortement influencer le cercle surréaliste et en font le personnage le plus incontournable de Montparno. Jusqu'à ce qu'à partir de 1934-1935, André Breton et ses amis finissent par le mettre au ban, lui reprochant d'admirer les dictateurs – Hitler, Mussolini puis, plus tard Franco –, de ne viser que la gloire et la reconnaissance personnelle, enfin d'être fasciné par l'argent au point que Breton créera une anagramme de ses nom et prénom : Avida Dollars.

1. Procédé de création pour tous les arts, défini par Dalí comme une « méthode spontanée de connaissance irrationnelle, basée sur l'objectivation critique et systématique des associations et interprétations délirantes ».

Georges Simenon – qui est le troisième auteur de langue française le plus lu dans le monde derrière Jules Verne et Alexandre Dumas – n'est pas non plus pas tombé de la dernière pluie sur le quai des Orfèvres. Ayant bien compris que c'est en France que « ça se passe », il quitte Liège en 1922, devient journaliste et rédacteur de petits contes et de nouvelles pour *Le Matin* sous la férule de Colette, qui en est la directrice littéraire. Et c'est à Paris qu'il va donner naissance au commissaire Maigret en écrivant ses dix-neuf premières enquêtes entre 1931 et 1934.

Le romancier et essayiste Henry Miller découvrit lors d'un court séjour en 1928 le carrefour Vavin à Montparnasse, qu'il estima être le « nombril du monde », et y revint au début des années 1930 après qu'il fut viré de New York par son épouse. Ce dont il ne se vanta pas car, s'il était là, expliqua-t-il, c'était pour y « trouver l'inspiration ». Sans le sou, ses premières années parisiennes furent misérables, jusqu'à ce qu'un compatriote avocat l'ayant pris en sympathie lui offrît le gîte et le couvert – qu'il prit au *Dôme* –, souvent en compagnie d'Anaïs Nin, écrivaine franco-américaine célèbre pour ses *Journaux*. Miller aura bien fait. C'est à Montparnasse qu'il écrivit deux de ses plus importants livres : *Le Tropique du Cancer* – encensé par Blaise Cendrars – et *Le Tropique du Capricorne*.

Trois artistes, peintres et/ou sculpteurs, qui avaient eux aussi connu Paris avant de revenir s'y installer, laissèrent durant cette période une trace essentielle dans la culture française en adhérant à un collectif visant à contrer l'influence des surréalistes. Deux sont les « pères » de l'art abstrait en peinture : le Néerlandais Pieter Cornelis Mondriaan et le russe Vassily Kandinsky. Le troisième, Alexander Calder, est l'inventeur américain du mobile artistique.

Bien que très important dans le milieu de l'art, l'initiateur du néoplasticisme[1] « Piet » Mondrian, qui prit cette identité d'artiste lors de son premier séjour français, en 1911, ne se fit connaître du grand public parisien qu'en 1931 lorsque la maison Hermès, qui était alors uniquement une maroquinerie, créa en s'inspirant du peintre une gamme de valises et de sacs agrémentés d'incrustations néoplastiques. Mais c'est sans doute grâce à Yves Saint Laurent, qui fit de cet esthétisme la base d'un imprimé de sa collection automne-hiver 1965, que le Néerlandais est devenu universel.

Né russe puis devenu allemand en 1922, Vassily Kandinsky fut peintre et professeur au Bauhaus de Berlin, une école avant-gardiste d'architecture et d'arts appliqués, fermée en juillet 1933 au motif qu'il s'agissait d'un « antre de l'art dégénéré ». Il quitta alors l'Allemagne pour Paris, devint français en 1939 et décéda à Neuilly cinq ans plus tard.

Les huit années qu'Alexander Calder passa dans la capitale, de 1926 à 1933, furent décisives pour son

1. Principe esthétique dans lequel il n'y a ni courbe ni oblique, uniquement des traits verticaux et horizontaux ; qui n'use que des couleurs purcs – blcu, rouge, jaune – et des non-couleurs – blanc, noir, gris. L'œuvre, enfin, doit, sans représenter une symétrie, faire preuve d'un équilibre parfait.

œuvre. Ce furent celles de toute sa genèse, celles où il inventa son concept de sculpture en mouvement. Lorsqu'il repartit, à trente-huit ans, il était devenu un artiste d'envergure internationale et l'une des figures les plus marquantes de la sculpture de ce siècle.

Dans l'Afrique noire de son empire colonial, où la France avait puisé tant de ressources humaines durant la Première Guerre mondiale, les années 1930 virent éclore une génération de futurs intellectuels qui aurait une importance essentielle dans le cheminement de la France jusqu'en 1960.

Parmi eux, Léopold Sédar Senghor, né à Joal, au Sénégal. Après des études secondaires pointues à Dakar et l'obtention d'une bourse de l'administration, il arrive à Paris en 1928, intègre l'École normale supérieure en 1931, où il se lie d'amitié avec le futur président Georges Pompidou et décroche l'agrégation de grammaire, étant ainsi le premier Africain lauréat de ce concours, toutes disciplines confondues. Pour s'y présenter, il a dû faire une demande de citoyenneté, laquelle a été appuyée par Blaise Diagne, qui est quant à lui le premier Africain à être élu député parce que français[1], en 1914, puis sous-secrétaire d'État aux Colonies en 1931. Cette année-là, son fils Raoul sera le premier footballeur noir à revêtir le maillot de l'équipe de France.

1. Seuls les citoyens nés à Dakar, Gorée, Rufisque, Saint-Louis étaient devenus français en 1865.

À peine plus vieux, l'Ivoirien Félix Houphouët-Boigny, devenu à… cinq ans chef de la tribu des Baoulés, est aussitôt pris en charge par l'administration coloniale. Élève doué lui aussi, il devient instituteur puis médecin. Très vite indigné par les injustices dont sont victimes les petits planteurs de cacao locaux exploités par les colons européens, « le Vieux », comme on l'appellera, va, parallèlement à son métier dans ces années 1930, rassembler ces petits producteurs, créant de fait une sorte de syndicat corporatiste de tendance socialiste qui va beaucoup déplaire à Paris, sous l'autorité duquel est l'Afrique occidentale française.

Nous allons clore le long et désespérant déroulé de ces sombres moments, commencé le samedi 4 juin 1938 avec le passage de Sigmund Freud à Paris, par la bonne fortune d'un autre Autrichien dont le jour de gloire survint au lendemain du désespoir abyssal du vieux sage viennois dans la gare parisienne.

Ce n'est pas la fuite qui, durant l'été 1933, avait mené en France Auguste – « Gusti » – Jordan, né à Linz en 1909, footballeur étincelant et l'une des stars de son équipe nationale, surnommée la *Wunderteam* tant le jeu qu'elle pratiquait était merveilleux. Non, ce fut l'argent : la pratique professionnelle du football venait alors d'être instaurée et le RC Paris l'avait recruté – ce qu'il n'eut jamais à regretter au regard de la part phénoménale prise par ce joueur dans les succès parisiens jusqu'à la guerre. À tel point que la Fédération française de football lui proposa d'aider à sa naturalisation dans la perspective de la Coupe du monde qui s'annonçait.

Gusti, qui s'était parfaitement intégré, ne se fit pas prier et devint français début janvier 1938. Le 30 du même mois, il honorait la première de ses seize sélections et joua toutes les rencontres de l'équipe de France, jusqu'à ce 5 juin.

Ce dimanche-là, contre la Belgique au stade de Colombes, il fut éblouissant, il joua le match de sa vie et les « Tricolores » – on ne disait pas encore les « Bleus » – se qualifièrent pour les quarts de finale de la compétition. Il fit preuve d'une force de caractère d'autant plus exceptionnelle qu'une partie de la presse – qui, cinq ans auparavant, écrivait pourtant à son propos : « C'est le beau Danube bleu qui vient éclairer notre football » – n'acceptait plus, quelques mois après l'*Anschluss*, qu'un quasi-Boche pût défendre les couleurs de la France. Fin avril, l'*Action française* s'était indignée : « Il est indécent d'aligner Jordan, qui vient d'abandonner sa patrie pour la nôtre. » Les journaux populistes emboîtèrent le pas, cela ne cessa plus.

Jamais, pourtant, le gamin de Linz ne fit défaut à la France. Mobilisé à l'automne 1939, il eut un comportement exemplaire durant l'offensive allemande au printemps 1940 et au cours de ses années de captivité, souvent difficiles vu son passé. Il a terminé sa vie à Château-Thierry, où il est enterré, dans cette terre de France qui, comme l'avait un jour énoncé Arnold Zweig, un écrivain juif allemand, pacifiste et républicain, était l'« épine dorsale de l'intellectualité du monde ».

Le temps des héros
(1940-1945)

Des vingt-quatre clauses de la convention d'armistice – signée après trente-six heures de semblants de négociations, le 22 juin 1940, dans le wagon de la clairière de Rethondes où Ferdinand Foch avait obtenu la reddition allemande le 11 novembre 1918 –, une seule a semblé poser problème au général Charles-Louis Huntziger, représentant le gouvernement français dirigé depuis six jours par Philippe Pétain. Il s'en est ouvert plusieurs fois par téléphone à Maxime Weygand, ministre de la Guerre, replié à Bordeaux avec le vieux maréchal et tout le cabinet.

L'article 19 stipule en effet que « seront livrés au Reich tous les ressortissants allemands [y compris autrichiens] présents sur le territoire français ». Considérant cette clause comme étant « contre l'honneur », Bordeaux la rejette, charge à Huntziger d'expliquer ça à Wilhem Keitel, l'interlocuteur lui faisant face.

Le futur *Feldmarschall* s'en va aussitôt consulter Hitler, quelque part dans la forêt de Compiègne, puis revient vite. « Pas négociable », sauf à ce que la Wehrmacht reprenne son implacable marche en avant.

De Bordeaux, Weygand rabroue alors Huntziger : « Eh bien signez, tout cela a assez duré ! »

« En même temps », les pudeurs bordelaises furent d'autant plus surprenantes que depuis six ans, le slogan « La France aux Français » était plutôt en vogue. Un mois tout juste après la signature à Rethondes, Raphaël Alibert, désormais ministre de la Justice de l'État français, rappela ainsi que « les étrangers ne doivent pas oublier que la qualité de *Français* se mérite ». Une déclaration commentant la loi voulue par Pétain promulguant la dénaturalisation des concernés, dans une totale indifférence de la population. Ainsi, tous ceux, jusqu'aux enfants, qui avaient obtenu la nationalité française après le 10 août 1927 allaient en être déchus. Cela devait concerner environ neuf cent mille personnes. Heureusement, la commission mise en place n'eut pas le temps, jusqu'en 1944, d'étudier tous les cas, et « seulement » dix-huit mille naturalisés dont un peu plus de sept mille Juifs furent les victimes de cette loi scélérate.

Moins de trois mois plus tard, la loi relative aux « ressortissants étrangers de race juive » enfonce un peu plus Vichy dans l'infamie et permet leur internement immédiat, avant qu'ils soient, pour la plupart, déchiquetés par les crocs nazis.

Revenons un peu au sieur Weygand, qui se révélera être un triste sire. Car les « méchants » aussi ont tenu parfois une part importante dans les pérégrinations de la France au XXe siècle. À plus forte raison durant la Seconde Guerre mondiale.

Ce général était un enfant illégitime de l'impératrice Charlotte du Mexique, la fille du roi des Belges, et c'est sous cette nationalité qu'il est enregistré à l'état civil de Bruxelles, en 1867. À partir de ses six ans, il est élevé comme pupille par un négociant marseillais. On lui donne le nom « de Nimal », patronyme sous lequel il entre à l'école militaire de Saint-Cyr en tant qu'élève étranger jusqu'à ce que, à sa sortie, en août 1888, le comptable du tuteur marseillais le reconnaisse comme son fils naturel ; il devient alors Weygand, et français dans la foulée.

Bras droit du général Foch durant la Grande Guerre sans avoir jamais commandé au front, il s'assit à sa gauche dans le wagon de l'armistice en 1918, puis gravit *step by step* les échelons au sein de l'état-major. Atteignant la limite d'âge définie, il est écarté en 1935 du Conseil supérieur de la guerre et mis en disponibilité, avant, à sa demande, d'être nommé chef des troupes du Moyen-Orient, en août 1939.

Catholique fervent – on dirait aujourd'hui « intégriste » –, réactionnaire, anticommuniste, proche de l'Action française, toutefois, comme Maurras, il hait viscéralement tout ce qui touche à l'Allemagne.

En pleine déroute, il est appelé le 17 mai 1940 – une semaine tout juste après la percée des *Panzers* de Heinz Guderian dans les Ardennes – par le président du Conseil, Paul Reynaud, pour remplacer Maurice Gamelin au poste de commandant en chef. Sans expérience du terrain et anglophobe maladif, il tergiverse et ne fait que subir l'invasion. Défaitiste, il se prononce, dès la mi-juin, comme Pétain, contre la poursuite de la guerre et commence à demander l'armistice à partir du 12 juin.

Nommé cinq jours plus tard à la place de Reynaud, Pétain le bombarde ministre de la Guerre. Il rédige alors un programme clérical, corporatiste et xénophobe dénonçant les naturalisations massives dont Pétain va beaucoup s'inspirer pour lancer la Révolution nationale. Opposé à une alliance militaire avec l'Allemagne après la rencontre de Montoire en octobre 1940, il est écarté et finalement détenu à partir de 1942 comme otage de « luxe » en Autriche.

L'Allemand Otto Abetz a lui aussi tenu une part prépondérante et ignoble dans la vie de la France à partir de l'été 1940. Au départ, rien n'aurait pu laisser présager sa sinistre évolution. Lettré, francophile, social-démocrate et ami du socialiste Pierre Brossolette, il est pacifiste et s'implique à partir des années 1920 dans le rapprochement entre les jeunesses des deux nations. En 1931, il adhère pourtant au Parti national-socialiste des travailleurs allemands, se détourne de Brossolette et s'acoquine avec Pierre Drieu la Rochelle, qui progressivement a glissé vers le fascisme. Conseiller à l'ambassade à Paris en 1938 et 1939, il est expulsé pour faits de prosélytisme, mais il y revient d'août 1940 à juillet 1944, avec un intermède d'un an en 1943.

Fervent soutien de Pierre Laval, le bras armé de Pétain, il joue alors un rôle clé dans l'Occupation en accentuant la persécution antijuive et en organisant méthodiquement la déportation. Il fait main basse sur leurs biens et leurs œuvres d'art – notamment les prestigieuses collections Wildenstein, Kahn, Rosenberg, Rothschild –, et intensifie l'exploitation économique.

Aux fins que les partis collaborationnistes ne prennent pas une place trop importante en se fédérant, il s'évertue à mettre le bazar entre eux et, *a contrario*, entretient de bonnes relations avec les syndicalistes de la gauche réformiste qui ont tourné leur veste. Les réseaux qu'il tisse dans les mondes politique, culturel et de la presse deviennent si puissants que les people parisiens se précipitent à sa table et qu'à partir du printemps 1942 Vichy n'a quasiment plus son mot à murmurer sur rien. En 1945, il est condamné à vingt ans de prison, et il sera libéré en 1954.

Si le cas d'Abetz ne souffre aucune discussion, celui d'Alfred Greven est plus difficile à juger. Ami de Göring depuis la Première Guerre mondiale, il devient réalisateur dans les années 1920. Francophile lui aussi, cet admirateur inconditionnel du cinéma français est nommé par Joseph Goebbels à la tête de la Continental Films dès sa création, durant l'automne 1940. C'était une société de production cinématographique de droit français à capitaux allemands, aux pouvoirs financiers et politiques infinis visant, en les tenant en laisse, à priver de ressources – sans y parvenir pleinement – les producteurs français et à promouvoir son idéologie nauséabonde. N'écoutant que d'une oreille les ordres du ministre de la Propagande du IIIe Reich, il monte alors de grands films, avec de grands techniciens, de grands acteurs – Raimu, Pierre Fresnay, Michel Simon, Louis

Jouvet, Fernandel, Danielle Darrieux –, de grands metteurs en scène – Henri-Georges Clouzot, Claude Autant-Lara, Robert Bresson, André Cayatte –, et il n'hésite pas à faire travailler des scénaristes juifs. C'est à lui que l'on doit trois œuvres impérissables : *La Symphonie fantastique*, *L'assassin habite au 21* et *Le Corbeau*. Partant de là, il n'a pas été inquiété à la Libération.

Comme quoi tous ces « Huns[1] » ne furent pas des salauds ; certains même se comportèrent en héros.

Ayant déserté la Wehrmacht, 1 771 Germano-Autrichiens se sont engagés dans la Légion étrangère entre juillet et décembre 1939, rejoignant 2 500 Allemands qui y étaient entrés pour des raisons politiques depuis 1935. Les nazis refusèrent le statut de « prisonnier de guerre » à ceux qu'ils coffrèrent sur les champs de bataille ou durant leur repli et les assassinèrent sur place ou dans les camps de concentration. Selon la clause 19, une grande partie de ceux qui, avec leur unité, eurent pourtant la chance de gagner la zone dite « libre », fut ensuite livrée par Vichy.

Hermann Rathenau fut l'un de ces légionnaires qui échappèrent par miracle à ces massacres. Né en 1907, juif, lointain parent de Walther, ministre humaniste des Affaires étrangères de la république de Weimar assassiné en 1922, il décide en mai 1933 d'émigrer en France. Il monte une société d'ampoules électriques et de télégraphie sans fil (TSF). En 1939, il s'engage donc dans la Légion puis rejoint les Forces françaises libres (FFL)

1. Surnom que donnèrent les Britanniques et Américains aux Allemands durant la Première Guerre mondiale.

sous l'égide du général de Gaulle. En 1941, il est affecté aux troupes motorisées en Afrique, commandées par celui qui n'est encore que colonel, Philippe Leclerc de Hautecloque[1], unité qui sera baptisée la 2e division blindée – la célèbre « 2e DB » – le 23 août 1943. Après la guerre il se fait naturaliser, change de prénom en devenant Henri et reprend son métier d'industriel dans l'électricité. Il refusera dès lors de s'exprimer dans sa langue maternelle.

Plus d'un millier d'Allemands ont aussi résisté durant cette période en rejoignant le réseau Travail allemand, créé à partir de 1941 à l'initiative du PC-SFIC, alors interdit depuis 1939 par un décret du gouvernement, et de membres de son *alter ego* allemand en exil. Tous ou presque étaient des communistes ayant fui le régime dans les années 1930 et furent membres des Brigades internationales. Mais deux ou trois cents courageux – la plupart officiers ou sous-officiers – en activité firent, au péril de leur vie et de celle de leur famille, aussi partie de ce réseau et transmirent pour des raisons morales ou religieuses des informations à la Résistance.

Un autre sous-officier des forces allemandes n'hésita pas à désobéir aux ordres. Début août 1944, Heinz Stalhschmidt, maître artificier de la Kriegsmarine en poste à Bordeaux, reçoit celui de préparer le matériel visant à détruire huit kilomètres d'installations portuaires. Pendant deux semaines, il fait semblant

1. Pour que sa famille ne subisse pas de représailles, il prit le pseudonyme de « François Leclerc » lors de son ralliement à de Gaulle en 1940.

de s'activer, et, quatre jours avant la destruction planifiée, c'est le blockhaus renfermant les explosifs qu'il détruit sur le quai des Chartrons, évitant ainsi la mort d'environ trois mille cinq cents dockers. Recherché par la Gestapo, il est caché par la Résistance. Il expliquera plus tard que son acte fut dicté par sa « conscience chrétienne ». Naturalisé en 1947, il change d'identité à son tour pour devenir Henri Salmide et s'installe en Gironde. Le siège social de Bordeaux-Port Atlantique porte aujourd'hui son nom.

Comme lors du premier conflit mondial, la Légion étrangère fut encore au premier rang pour défendre la France. Comptant environ 40 000 hommes d'une trentaine de nationalités, 9 017 d'entre eux perdirent la vie entre mai 1940 et la libération de Strasbourg, à l'automne 1944.

Certains moururent encore à l'issue d'un parcours atypique, comme Dimitri Amilakvari, un aristocrate géorgien, tué à trente-cinq ans et tenu aujourd'hui encore pour une légende dans ce corps d'armée. Après la création de l'URSS, sa famille émigre à Istanbul puis à Paris lorsqu'il a seize ans. Sorti brillant sous-officier de Saint-Cyr, il est naturalisé au printemps 1940, quelques semaines avant l'offensive ardennaise, puis, refusant l'armistice, il gagne l'Angleterre et s'engage dans les FFL. À partir de l'automne, il est au Moyen-Orient et combat partout, de la Syrie à l'Égypte en passant par l'Érythrée, le Cameroun et le Gabon. Il s'illustre à Bir Hakeim, d'où il écrit à ses parents : « Nous, étrangers, n'avons qu'une seule façon de montrer notre gratitude à la France qui nous a accueillis : nous faire tuer pour elle. » C'est ce qui lui arrive, mitraillette en mains, le 24 octobre 1942 à El-Alamein, en traversant à pied un champ de mines, à la tête de ses troupes.

Zinovi Sverdlov-Pechkoff, lui, fut plus heureux et mourut dans son lit. Avant cela, quelle odyssée !

Né en 1884, il est l'aîné d'une famille juive de Nijni Novgorod ; son frère cadet, Iakov, deviendra l'un des collaborateurs les plus proches et radicaux de Lénine, et donnera l'ordre d'assassiner la famille impériale dans la nuit du 16 au 17 juillet 1918.

Pas du tout intéressé par la politique et encore moins par les études, Zinovi traîne dans les rues avec les voyous de sa ville natale jusqu'au jour où, à douze ans, il tombe sur Maxime Gorki, qui y a été exilé par le tsar. L'auteur des *Bas-fonds* le recueille, lui donne les bases d'une éducation, en fait son secrétaire et finit par l'adopter en lui donnant son patronyme de naissance : Pechkoff.

Sans que l'on sache pourquoi, Sverdlov-Pechkoff s'engage dans Légion durant l'été 1914. Blessé, le bras arraché et laissé sans soin sur le terrain, c'est son évacuation ordonnée par le lieutenant de Gaulle qui le sauvera. Amputé, il reste cependant dans l'armée en tant qu'interprète car il parle cinq langues, et part « assister » les Russes blancs, en 1919. Réapparu à Paris avec une princesse à son bras, il devient la coqueluche des salons ; puis, naturalisé et lassé par cette vie mondaine, il demande deux ans plus tard à retrouver la Légion au Maroc. En 1940, il part pour Londres, où de Gaulle lui confie des « missions diverses » en Afrique, puis en Chine auprès de Tchang Kaï-chek. C'est lui, conseiller spécial du Général, qui sera chargé d'annoncer en février 1964 au vieux maréchal replié à Taïwan que la France s'apprête à reconnaître la république populaire de Chine.

Les coloniaux, qui, pour la plupart, ne sont toujours pas citoyens français, vont, comme un quart de siècle auparavant, donner beaucoup d'eux-mêmes à partir de septembre 1939.

Le 10 mai 1940, 340 000 Maghrébins, 79 000 tirailleurs sénégalais – ceux que l'on nomme aussi les « troupes coloniales » – couvrent la retraite ainsi que les 20 000 Indochinois déployés dans le nord-est de la France, soit 439 000 des 1 200 000 hommes de l'armée française engagés ; 20 000 Africains et environ 500 Indochinois vont y mourir, c'est-à-dire un tiers des hommes ayant été tués en six semaines.

Lorsqu'à partir de fin 1942 les forces françaises, sous une forme ou une autre, sont reconstituées à Alger, 427 000 hommes originaires d'Afrique du Nord, de l'AOF et de l'AEF y sont intégrés. La guerre terminée, près de 40 000 d'entre eux ont également perdu la vie.

Bien qu'il soit français depuis 1932, agrégé et professeur de lettres au lycée Marcelin-Berthelot à Saint-Maur-des-Fossés, en banlieue parisienne, et installé dans le monde intellectuel de la métropole depuis qu'avec son ami antillais Aimé Césaire ils ont fondé le courant politico-littéraire de la négritude, lequel désigne l'ensemble des caractéristiques et valeurs culturelles des peuples noirs, Léopold Sédar Senghor est mobilisé comme fantassin de 2e classe en 1939. Fait prisonnier le 20 juin 1940, il est sur le point d'être exécuté le jour même parce qu'il est noir lorsque, avec ses camarades, il crie « Vive la France, vive l'Afrique ! » face au peloton d'exécution. Interloqués, les « Boches » baissent leurs armes et un officier français captif fait comprendre au lieutenant-colonel SS chargé de la « procédure » que cet acte raciste nuirait à l'honneur de la Wehrmacht. Senghor est alors envoyé dans un *Frontstalag*, un camp dressé en zone occupée, gardé par des Allemands et… des Français, l'un de ces camps où ne sont détenus sur des critères raciaux quasiment que des non-Blancs. Il y écrira des poèmes dénonçant le dédain pour l'homme noir, qui seront publiés après la guerre dans le recueil *Hosties noires*. Tuberculeux, il est libéré début 1942 et réintègre l'Éducation nationale, au sein de laquelle il résiste.

Comme Senghor, le tout jeune Claude Mademba-Sy était bel et bien français quand il est entré à vingt ans dans les Forces françaises libres avant de devenir l'un des fantassins de Leclerc. Doublement français même. Par son père, qui était un tirailleur sénégalais de la Grande Guerre natif de Saint-Louis-du-Sénégal, et parce qu'il était lui-même né à Versailles.

Après avoir jeté à la mer les derniers chars de Rommel en Tunisie, le voilà qui débarque en tant que sous-officier à Utah Beach le 1er août 1944. Le « problème », c'est qu'il est le seul Noir restant des deux ou trois cents qui avaient été ses camarades en Afrique.

Le commandement américain a en effet émis un souhait ségrégationniste selon lequel « il est hautement désirable que la division ne soit composée que de personnel blanc », au motif que les Noirs, selon le général Dwight D. Eisenhower – commandant en chef des troupes américaines et anglo-canadiennes –, ne sont « pas assez instruits pour combattre dans une division blindée ». De Gaulle et Leclerc acceptent cette exigence, ce dernier s'arrangeant toutefois pour garder près de lui Claude Mademba-Sy jusqu'à la libération de Strasbourg.

À partir du début des années 1960, il luttera pour que les pensions de guerre touchées par les autochtones rentrés chez eux, inférieures d'un tiers, voire de la moitié à celles des anciens combattants européens revenus en Afrique, soient alignées sur ces dernières. Une décision du Conseil constitutionnel de mai 2010 met fin à cette injustice, quatre ans avant sa mort.

Avec Ahmed Ben Bella, qui sera le premier président de la République algérienne de septembre 1963 à juin 1965, on tient un exemple encore différent. Fils de paysans marocains qui ont émigré, il est né en 1916 près d'Oran et il a vingt-huit ans lorsque, avec l'armée française de la Libération, il est l'un des soixante-cinq mille combattants nord-africains à être engagés en 1944 dans le carnage du Monte Cassino, qui a lieu de janvier à mai, en Italie, où plus de quatre mille hommes sont tués.

Bien que décoré à Rome par de Gaulle en personne, il est profondément affecté, un an plus tard, par la répression sanglante – estimée à plus de vingt mille morts – à Sétif et dans diverses bourgades, qui suit les manifestations du 8 mai 1945 réclamant l'indépendance de l'Algérie. Il rejoint Messali Hadj puis disparaît de la circulation au cours des deux ou trois années suivantes.

Si la libération de la France eut probablement été retardée sans le concours de ses troupes africaines, celle de Paris avait commencé, elle, une dizaine d'heures *avant* le 25 août 1944, date officielle, grâce aux cent quarante-six Espagnols – tous anarchistes, communistes ou socialistes – et à quatorze de leurs camarades français de la *Nueve*[1] qui entrèrent vers 20 heures dans la capitale par la Porte d'Italie.

Environ deux mille républicains espagnols étaient en effet parvenus à rejoindre l'Algérie, où ils avaient été intégrés à la Légion avant que cinq cents d'entre eux fussent incorporés dans la division Leclerc. De Gaulle ayant obtenu d'Eisenhower que des Français soient les premiers entrés dans Paris, il confia cette mission à Philippe de Hautecloque, lequel, voulant faire une pause en banlieue parisienne pour regrouper ses forces, donna l'ordre dans l'après-midi du 24 au colonel Raymond Dronne de foncer avec sa compagnie, la « 9e ».

Équipée de *half-tracks* M3 américains sur lesquels sont peints des noms de villes espagnoles martyres ou ayant résisté aux troupes de Franco – « Guernica », « Teruel », « Guadalajara » – et le drapeau de la République espagnole, elle arrive à la Porte d'Italie

1. Surnom donné à la 9e compagnie du régiment de marche du Tchad parce qu'elle était presque exclusivement composée d'Espagnols.

en ayant pour but d'atteindre l'Hôtel de Ville afin de prendre contact avec Georges Bidault, le président du Conseil national de la Résistance (CNR). Les différentes sections de la *Nueve* se déploient dans les rues du 13e arrondissement ; c'est celle commandée par Amado Granell qui, après de violentes escarmouches, est la première à se ranger, à 21 h 22, sur le parvis de la mairie de Paris.

Rappelé à trente-huit ans comme officier dans l'armée républicaine espagnole, Granell s'était réfugié à Oran après la chute de Barcelone, fin janvier 1939 ; là-bas, à l'été 1940, il est interpellé par Vichy et incarcéré dans un camp près d'Alger. Après le débarquement anglo-américain de novembre 1942 en Afrique du Nord, il s'engage dans les Forces françaises libres et se distingue lors de la campagne de Tunisie contre l'Afrika Korps début 1943. Repéré par Leclerc, il est alors enrôlé pour être l'adjoint de Raymond Dronne. Chevalier de la Légion d'honneur, croix de guerre et médaillé de la France libre, il refusa la nationalité française, qui lui fut proposée à l'issue de la guerre et, Franco étant toujours au pouvoir, il vécut en exil.

Quand l'on fait le décompte, on dénombre environ 70 000 soldats étrangers et indigènes morts et disparus pour la France du 10 mai 1940 au 8 mai 1945. Auxquels il faut bien sûr ajouter, à partir du 6 juin 1944 jusqu'à la fin du conflit, 370 000 Britanniques, 40 000 Canadiens, 184 000 Américains – dont un Comanche – et environ 30 000 hommes d'autres nationalités.

Un Comanche ? Parfaitement. Il fut recruté avec treize de ses camarades par l'US Army deux ans avant le *D-Day*, après que, durant la Première Guerre mondiale, l'état-major avait constaté le potentiel des dialectes de ces Amérindiens pour tromper l'ennemi à l'approche de leurs lignes. En 1944, ces hommes appelaient Hitler, dans leur langue, l'« homme blanc fou », et parlaient de « tortue de fer » et « machine à coudre » pour désigner un char ou une mitrailleuse. À partir du printemps 1942, on les forma à Fort Benning, en Géorgie, pour qu'ils traduisissent avec leurs mots une quantité notable de codes militaires.

Débarqué dans la première vague de GIs à Utah Beach lors de l'opération *Overlord*, ce fut ainsi Charles Chibitty qui, une heure après, transmit le premier message radio codé en langage comanche au bateau amiral : « Le débarquement se passe bien mais nous avons débarqué au mauvais endroit. »

Si le Débarquement ne se passa somme toute pas si mal, c'est parce qu'en Normandie comme partout, reconnut dans ses *Mémoires* Dwight D. Eisenhower, la Résistance joua un rôle décisif dans la reconquête du territoire par les actions qu'elle avait menées durant les deux années ayant précédé le jour J.

On n'a jamais déterminé combien d'étrangers ont combattu dans les différents réseaux. Mais ce que l'on sait, c'est que près d'une vingtaine de nationalités y était représentée. Des Russes blancs établis en France, des Soviétiques de l'Armée rouge évadés du camp de concentration Struthof en Alsace, des Allemands,

Autrichiens, Polonais, Bulgares, Roumains, Hongrois, Tchèques ayant fui leur patrie avant la guerre ou déserté, d'autres encore étant venus donner un coup de main par conviction, à l'exemple de l'Irlandais Samuel Beckett, de l'Iranien Chapour Bakhtiar, dernier Premier ministre du shah, ou du prince italien François-Xavier de Bourbon-Parme, qui fut déporté à Dachau.

Selon leurs compétences et leurs disponibilités, tous s'illustrèrent d'une façon ou d'une autre au péril de leur vie. Sauvant des Juifs en les aidant à passer en Suisse ou en Espagne puis au Portugal, pratiquant le renseignement, la propagande politique en distribuant des tracts et des journaux locaux ronéotypés et en collant des affichettes. D'autres par leurs connaissances de pointe en matière de guérilla urbaine ou d'affrontements dans les montagnes et les campagnes.

Traités comme ennemis et parias par le régime pétainiste, une myriade de républicains espagnols s'échappèrent des GTE et devinrent maquisards à partir de 1942 dans le sud puis dans le Vercors. Certains de ces réseaux étaient même composés de combattants et de combattantes ibériques dans le Sud-Ouest.

Conchita Ramos était l'une d'elles. Fille de républicains, elle entra à dix-huit ans en Résistance à Toulouse comme agent de liaison dans la 35e brigade – qui tire son nom de la 35e brigade de mitrailleurs des Brigades internationales. Dénoncée par des Français, elle fut déportée à Dachau puis Ravensbrück et sauvée par l'Armée rouge durant la « marche de la mort » qui suivit l'évacuation forcée du camp. Elle a été décorée de la croix de guerre.

Moins abondants mais tout aussi impliqués, beaucoup d'Italiens prirent le maquis.

Militant communiste, Giuliano Pajetta arriva en France à l'avènement de Mussolini, participa à la guerre d'Espagne et fut interné au camp des Milles lors de son repli en France, d'où il s'évada pour participer activement à la Résistance en Provence. Il la racontera dans un livre écrit en italien dont le titre original – en français dans le texte – est *Douce France*. Pris par les SS, il fut déporté à Mauthausen, d'où il sortit vivant, et il devint député du PCI de 1948 à 1972.

Et puis il y eut les frères Nerone et Jacques Fontanot, ainsi que leur cousin Spartaco. Nerone était né à Trieste et Jacques à Saint-Germain-en-Laye, après que leurs parents avaient fui le fascisme mussolinien dans les années 1920. Spartaco les rejoignit plus tard. Les deux premiers, syndiqués à la CGT, s'engagèrent dans la Résistance en 1942 et multiplièrent sabotages et exécutions de miliciens. Spartaco, lui, fut recruté par les Francs-tireurs et partisans Main-d'œuvre immigrée (FTP-MOI) formés par la résistance communiste (FTP) et la section étrangère de la CGTU (MOI). Arrêté, lorsque le président de la cour martiale lui demanda pourquoi il se battait alors qu'il était natif du Frioul, il répondit : « Pour un ouvrier, le pays où il se trouve est sa patrie. » Les trois sont morts fusillés.

D'autres résistants venus d'ailleurs eurent des horizons bien plus improbables. Prenez Ahmadiyya

Djabraïlov. Pilote de chasse de l'Armée rouge, cet Azéri a vingt-deux ans lorsque son avion est abattu en avril 1942 au-dessus de l'Ukraine. Sauf et à peu près sain, il est déporté au Struthof avant d'être transféré dans d'autres lieux de détention en France, à Montauban puis à Rodez, où, fin 1943, il est sauvé par une domestique grecque du commandant du camp, après avoir été laissé pour mort au fond d'une cave. Caché et soigné par les résistants locaux, il combat alors à leurs côtés et, la région libérée, il s'engage fin août 1944 dans le 3e régiment de hussards puis participe aux campagnes des Vosges et d'Alsace. Reparti en Azerbaïdjan, il fut invité à Moscou par le général de Gaulle lors de sa visite d'État en juin 1966, qui le décora de la Légion d'honneur et de la médaille de la Résistance.

La courte vie de l'Ukrainien Vasilli Porik aussi fut stupéfiante. Capturé à vingt et un ans lors de l'opération *Barbarossa*, il est déplacé deux ans après à Hénin-Liétard, aujourd'hui Hénin-Beaumont, pour y travailler dans les mines. Ayant réussi à s'évader du camp où, avec ses camarades, ils étaient reclus la nuit, il est recueilli par un couple de communistes, intègre aussitôt les Francs-tireurs et partisans et est chargé d'y composer un groupe surnommé le « bataillon soviétique » rassemblant ses compatriotes ayant filé entre les mailles allemandes. Leurs prestigieux faits d'armes firent de Porik un « objectif » prioritaire pour la police. Passé par les armes en juillet 1944, un monument édifié à sa mémoire en 1968 l'honore au cimetière d'Hénin-Liétard.

Parmi ces tristes et émouvantes destinées, une autre fut celle du Guinéen Addi Bâ. Arrivé en France à vingt-cinq ans pour être l'homme à tout faire dans une famille de Langeais (Haute-Loire) en 1938, ce sujet français s'engage dans l'armée à la déclaration de guerre. Il s'évade du *Frontstalag* où il est retenu depuis juin 1940 et finit par s'établir dans les Vosges, à Tollaincourt, où, caché par le maire et les habitants, il commence discrètement à rendre de petits services. Jusqu'à ce qu'au printemps 1942, où les responsables locaux lui confient la direction d'un maquis ; il recrute alors, encadre, coordonne, organise le ravitaillement et met en place un réseau pour les passages en Suisse. Coincé le 15 juillet 1943 par la *Feldgendarmerie* allemande, qui le surnommait « le Terroriste nègre », il ne donnera aucune information sous la torture et sera exécuté au mois de décembre suivant.

Le réseau FTP-MOI est la plus connue de ces organisations dans laquelle combattirent des étrangers, mais pas seulement. Unité mise sur pied début 1942 par regroupement des maigres forces de la Résistance communiste et de celles, tout aussi faméliques, de la MOI, cette organisation n'avait de compte à rendre qu'à Jacques Duclos – la voix de Maurice Thorez, réfugié à Moscou, où celui-ci recevait les directives de l'Internationale communiste. Elle était chargée de harceler les « Boches » à Grenoble, Lyon, Marseille, Toulouse, Paris, et s'en prenait aux cibles militaires, aux collaborateurs et aux fonctionnaires trop zélés de la police. Ce qui ne manqua pas de provoquer des représailles au sein de la population, entraînant un désaveu du général de Gaulle, lequel demanda à Churchill de ne point leur parachuter d'armes.

Moscou chargea ainsi Boris Holban, un Juif roumain engagé en septembre 1939 dans un régiment étranger de l'armée française et entré en résistance durant l'été 1941, de mettre sur pied ce groupe qui, de juin 1942 à son démantèlement, en novembre 1943, montera deux cent vingt-neuf opérations. Il recrutera avant tout des hommes et des femmes ayant une haute conscience politique, dont Lucie Aubrac dira : « Ils étaient nos maîtres en résistance armée. » Autour d'une poignée de Français, des Roumains, Bulgares, Tchèques, Espagnols, Italiens, Hongrois, Allemands et Polonais constituaient la majorité des effectifs ; un détachement était même composé uniquement de Juifs.

Le député communiste Otto Kühne, qui avait fui après l'incendie du Reichstag et commencé, depuis le Danemark et la Norvège, à organiser la résistance en Allemagne, fut l'un de ces courageux « terroristes » – selon la phraséologie de la *Kommandantur* – des FTP-MOI. Combattant des Brigades internationales, il s'était ensuite replié en France, où il fut arrêté par le régime de Vichy et enrôlé dans les GTE. S'en étant évadé, il créa un maquis dans les Cévennes dont il devint le responsable dans le Gard, l'Ardèche et la Lozère. À l'issue du conflit, il fut décoré de la croix de guerre.

Le Polonais Adam Rayski, l'un des rares survivants de ces commandos et fondateur en 1944 du Crif[1], écrivit

1. Conseil représentatif des institutions juives de France.

beaucoup plus tard : « La force de notre engagement était accrue par la fierté que nous avions à combattre sur le pavé de Paris, la prestigieuse capitale révolutionnaire. »

On ne sache pas que Missak Manouchian ait expliqué son héroïque engagement en usant de pareils termes. N'étant pas un bavard, on ne pense pas non plus qu'il ait jamais éprouvé le besoin de se justifier. La seule trace écrite qu'il laissa sur l'espoir que son combat ferait naître fut la merveilleuse et émouvante lettre qu'il rédigea à l'intention de Mélinée, l'amour de sa vie, peu avant de tomber sous les balles, le 23 février 1944, au mont Valérien.

Né arménien en 1906 dans l'Empire ottoman, Manouchian est un rescapé du génocide qui se réfugie en France en 1925, où il devient tourneur chez Citroën jusqu'au début des années 1930. Ayant perdu son emploi à cause de la grande crise, il donne une autre orientation à sa vie, fréquente les milieux intellectuels parisiens, s'inscrit en auditeur libre à la Sorbonne pour y suivre des cours de littérature, de philosophie et d'économie politique. Il crée deux revues littéraires dans lesquelles il rédige des textes qui seront remarqués.

Il adhère au PC-SFIC dans les jours suivant les événements du 6 février 1934 puis y occupe petit à petit une place importante. Les autorités françaises l'ayant embastillé après la signature du Pacte germano-soviétique, il sort cependant vite de prison et s'engage dans l'armée française. La défaite consommée, il disparaît sciemment de la circulation à partir de l'été 1941 et est versé dans les FTP-MOI au début de l'été 1943, dont il devient en août le patron militaire du détachement parisien, qui regroupe alors une soixantaine de combattants et dont le plus spectaculaire fait d'armes est l'exécution du général Julius Ritter, qui supervisait l'envoi des Français en Allemagne au titre du Service du travail obligatoire (STO).

À partir de la mi-novembre, la police multiplie les arrestations de ceux qu'on nommera plus tard le « groupe Manouchian » : une femme, Olga Bancic, juive roumaine qui sera décapitée au printemps 1944, et vingt-deux hommes, un Espagnol, trois Français, trois Hongrois, cinq Italiens, deux Arméniens, huit Polonais qui mourront, en compagnie de Manouchian, au mont Valérien, debout face au peloton après avoir refusé qu'on leur bande les yeux.

Deux jours avant l'ouverture de la parodie de leur procès, les murs de Paris ont été couverts d'une affiche où sur un fond rouge étaient imprimées les photos de dix membres du groupe, accompagnées de celles des résultats de leurs attentats et de ces mots en lettres capitales : « DES LIBÉRATEURS ? LA LIBÉRATION PAR L'ARMÉE DU CRIME ». C'était *L'Affiche rouge*. Douze ans plus tard, Louis Aragon écrivit un poème au titre éponyme que Léo Ferré mit en musique et chanta en 1961.

Plus connu chez nous pour son roman autobiographique, *L'Aveu*, dont Costa-Gavras fit un film à succès en 1970, que pour ses faits de résistance en France, Artur London a quant à lui tenu un rôle important dans la MOI jusqu'à son arrestation et sa déportation à Mauthausen, en 1942. Membre des jeunesses communistes du Parti tchèque, il est envoyé à vingt et un ans par le Komintern en Espagne pour rejoindre les Brigades internationales puis se replie en France après la défaite des Républicains. Alors que le PC-SFIC est hors-la-loi, il est chargé en août 1940 de réorganiser la Main-d'œuvre immigrée. Devenu vice-ministre dans un gouvernement tchécoslovaque après-guerre, il est accusé d'« espionnage au profit des États-Unis », torturé et condamné en 1952 à la prison à perpétuité. Finalement acquitté par la Cour suprême, il est libéré quatre ans plus tard et s'installe en France en 1963.

Soixante-treize étrangers ou nés étrangers représentant vingt-cinq nationalités ont été membres de l'ordre de la Libération, une confrérie voulue dès juin 1940 par de Gaulle « pour récompenser les personnes et les collectivités militaires et civiles qui se seront signalées dans l'œuvre de libération de la France et de son empire ». Mille trente-huit compagnons dont six femmes ont eu l'honneur d'en être, parmi lesquels le roi George VI, Dwight D. Eisenhower et Sir Winston Churchill. Que serait-il advenu du monde si, de ces trois têtes de gondole, le Premier ministre britannique n'avait point existé ? Ça…

À la fois francophile et francophone, pénétré de culture française, toqué de la Côte d'Azur, admirateur aveugle de Jeanne d'Arc et de Napoléon, Churchill fut durant cinq années le repère auquel s'ancra la France. Et s'il fut partagé entre son amour pour ce pays, son exaspération devant la faiblesse des Français et l'entêtement du chef de la France libre – dont le cran le bluffait néanmoins –, jamais il ne manqua à Charles de Gaulle, en qui Roosevelt ne voyait qu'un apprenti dictateur. Ainsi, lors de la conférence de Yalta, en février 1945, Sir Winston se battit bec et ongles pour que le président américain et Staline acceptent d'accorder une zone gérée par les Français dans l'Allemagne occupée… et après. « J'ai vécu pendant trente-cinq ans et plus, avoua un jour le "Vieux Lion", une relation spirituelle avec une abstraction qui s'appelle la France […]. La France est quelque chose de plus grand, de plus important, de plus complexe que n'importe laquelle de ses expressions particulières. »

« Fait », lui aussi, compagnon de la Libération, en novembre 1944, Roman Kacew était né en 1914 près de Vilnius, qui appartenait alors à l'Empire russe, avait grandi en Pologne puis était arrivé à Nice avec sa mère en 1928. Brillant élève apatride au lycée Masséna, c'est à ce moment qu'il décide de franciser son prénom en devenant Romain. Naturalisé en 1935, il décroche sa licence de droit en 1938 puis fait son régiment dans l'armée de l'air où, juif et étranger de naissance, il est victime de discrimination.

Quelques jours après l'appel du 18 juin il lie son avenir à celui de De Gaulle, est incorporé dans l'aviation des Forces françaises libres – c'est à cette période qu'il prend le nom de Gary, qui signifie en russe « brûle », et participe à une multitude de missions jusqu'à la fin de la guerre. Le conflit terminé, il entame parallèlement deux carrières : une littéraire, l'autre diplomatique, qui le mènera en poste à Sofia, en Suisse, à New York, à Londres et à Los Angeles. Prix Goncourt en 1956 avec *Les Racines du ciel*, il est le seul à avoir été deux fois couronné par cette académie, en 1975, après avoir écrit sous le pseudonyme Émile Ajar *La Vie devant soi*.

Les trajectoires de Romain Gary et de Joseph Kessel ont quelque chose d'étonnement entrelacé. Fils d'un médecin juif de la Lituanie de l'Empire russe, Joseph naît en 1898 en Argentine et arrive à Nice quand il a dix ans. Apatride, il se lance à dix-huit ans dans la Grande Guerre en étant versé dans l'aviation, alors balbutiante. Naturalisé en 1922, peu de temps après avoir commencé à écrire comme journaliste et écrivain, il connaît son premier succès littéraire un an plus tard avec *L'Équipage*.

Cofondateur, avec Georges Suarez, de l'hebdomadaire de droite pas encore fascisant *Gringoire*, il est correspondant de guerre en Espagne puis durant la drôle de guerre. La défaite consommée, il rejoint Charles de Gaulle à Londres, où il s'engage dans la flotte aérienne de la France libre. Entre deux missions, il rédige *L'Armée des ombres*, roman vantant le courage des résistants, et, avec son neveu Maurice Druon, il écrit les paroles françaises du *Chant des partisans*. La guerre terminée, il devient grand reporter à *France-Soir*, couvre les procès de Pétain et de Nuremberg, la naissance de l'État d'Israël, parcourt le monde et écrit, entre autres, deux œuvres majeures de la littérature « aventurière », *Les Cavaliers* et *Le Lion*.

Ce *Chant*, hymne immortel du refus, c'est Anna Bétoulinskaïa, née en 1917 à Petrograd – aujourd'hui redevenue Saint-Pétersbourg – et arrivée en France avec sa mère et ses sœurs au début des années 1920, qui en est la compositrice de la musique et l'inspiratrice du texte, rédigé à l'origine par elle en russe. Ayant pris le nom de Marly pour danser dans les Ballets russes, elle commence à chanter, accompagnée d'une guitare, dans les cabarets parisiens. Engagée à Londres comme cantinière au quartier général des Forces françaises libres en 1941, elle se produit, son service terminé, dans un petit club fréquenté le soir par les troufions français où elle interprète ses propres compositions. C'est là que cette mélodie est remarquée par des responsables des émissions en français de la BBC, et qu'elle deviendra dès le 17 mai 1943 l'indicatif d'*Honneur et patrie*, diffusée deux fois par jour afin qu'elle soit écoutée en douce en France.

Quand la guerre éclata, Joséphine Baker n'était, elle, certes plus au faîte de sa gloire. Mais, très introduite dans la haute et cosmopolite société parisienne, la *Black Venus* fut discrètement recrutée par le contre-espionnage français dès septembre pour voir ce qui se tramait dans ce milieu. La guerre perdue, elle mit son château des Milandes, en Dordogne, à disposition de la Résistance, puis demanda, officiellement cette fois, à être intégrée dans les services secrets de la France libre. Soupçonnée par la police, elle fut exfiltrée au Maroc, où elle poursuivit son travail de renseignement en cachant dans ses sous-vêtements les informations qu'elle retranscrivait, codées sur ses partitions musicales. À partir de 1943, elle parcourut en Jeep le front de Tunis à Damas, donnant des concerts aux troupes alliées au fur et à mesure de la libération des territoires d'Afrique du Nord et du Moyen-Orient. Ce qu'elle continua de faire jusqu'en Alsace, après avoir été enrôlée par les forces féminines de l'armée de l'air début 1944, et avoir débarqué en Provence au mois d'août. Décorée de la croix de guerre, de la médaille de la Résistance et de la Légion d'honneur, elle repose au Panthéon depuis le 30 novembre 2021.

Parmi toutes les étrangères qui ont été l'honneur de la France, on peut considérer que la Russe Elsa Triolet, née Ella Yourievna Kagan, le fut à double titre. D'abord parce qu'elle rejoignit la Résistance – à Lyon et dans la Drôme – et qu'elle y fut particulièrement efficace à quarante-sept ans, un âge qui, il y a huit décennies, était loin d'être synonyme de jeunesse. Ensuite parce que la compagne de Louis Aragon, qui avait déjà publié un roman en 1938, continua, malgré ses activités occultes, à écrire des nouvelles, lesquelles furent compilées dans un recueil publié en novembre 1944 – *Le premier accroc coûte deux francs* –, aussitôt récompensé du Goncourt. L'écrivaine communiste a ainsi été la première femme à se voir décerner ce prix, s'octroyant ainsi une place de choix ici.

Depuis le printemps, le Suédois Raoul Nordling avait aussi joué un rôle plus ou moins historique – même si l'on sait depuis que, selon le précepte cher à John Ford, qui, dans son immense film *L'Homme qui tua Liberty*

Valance, le faisait dire à Edmond O'Brien : « Quand la légende est plus belle que la réalité, on imprime la légende ! » Car c'est en partie un concours de circonstances qui fit du consul suédois, mandaté à Paris par le roi Gustav V, le preux intermédiaire décrit par les romanciers Dominique Lapierre et Larry Collins dans leur récit historique *Paris brûle-t-il ?*. En effet, s'il est avéré que les négociations qu'il a ouvertes avec le général Dietrich von Choltitz – gouverneur militaire du Paris occupé capitale – ont permis la libération de plus de trois mille prisonniers politiques puis l'organisation d'un cessez-le-feu entre la Wehrmacht et les insurgés de la capitale, quarante-huit heures avant qu'Amado Granell rencontre Georges Bidault, les historiens ont en revanche découvert au début des années 2000 que, contrairement à ce qui avait été écrit, il n'était probablement pour rien si Paris n'avait pas été détruit le 25 août comme ordonné par Hitler. Ce sont le manque de moyens et de temps, non la persuasion du diplomate, qui ont empêché ce général, inféodé à Hitler de la visière de sa casquette aux talons de ses bottes, de mener « à mal » le projet diabolique de celui que les Comanches avaient appelé l'« homme blanc fou ».

La reconstruction
(1946-1962)

Les quinze et quelques années amorcées le 1er janvier 1946 ont été d'une importance majeure pour la France, annonçant ce qu'elle serait au cours du demi-siècle qui suivrait. De la reconstruction d'après-guerre à la dislocation de son empire en passant par les premières gelées de la guerre froide et les avènements des IVe et Ve Républiques, tout était déjà annoncé. Il suffisait de prendre le temps de le lire entre les lignes.

Avant même le *D-Day*, Charles de Gaulle fit reconnaître à ses partenaires du CNR et à d'autres la création du Gouvernement provisoire de la République française, lequel gérerait *tout* jusqu'au 27 octobre 1946 et l'entrée en vigueur de la IVe République. Des dispositions déclarant nul et non avenu le régime de Vichy et abolissant les lois et décrets postérieurs à l'intronisation de Pétain comme président du Conseil furent aussitôt promulgués.

Industriellement démolie, économiquement pillée, la France était exsangue. Seulement 18 000 des 44 000 kilomètres de voies de communication restaient opérationnels, 20 % du capital immobilier était en ruines, 60 % et 40 % des parcs ferroviaire et automobile hors d'usage. Si on estime à 100 l'indice de production industrielle, il était passé de 38 en 1938 à 29 en 1945. Les tickets de rationnement, eux, perdurèrent jusqu'au 1er décembre 1949.

Mais les trente-six millions de Français étaient surtout humainement et moralement dévastés. Deux pour cent de la population d'avant la guerre étaient décédés ; au combat ou faits prisonniers au stalag, les civils sous les bombes, les obus, dans les exécutions arbitraires et les camps de la mort.

La génération du tournant des années 1920-1930 étant un peu jeune et trop chétive, du fait des privations, il fallut comme en 1919 en appeler en partie à une main-d'œuvre extérieure pour remettre la France sur pied.

Ce que les gouvernements successifs de la toute jeune « IVe » se gardèrent bien de révéler jusqu'à ce que le CICR[1] voie rouge, c'est que, pour cet énorme chantier, ils allaient – en violation des conventions de Genève sur le statut des prisonniers de guerre – astreindre aux travaux forcés dans certains domaines jugés capitaux – mines, sidérurgie, agriculture – ou au déminage[2] plus de sept cent cinquante mille Allemands de la Wehrmacht, la *Feldgendarmerie* et la SS, dont les derniers seraient libérés le 31 décembre 1948. Longtemps confinés dans des baraques insalubres, maintenus dans une hygiène indigne et nourris de rations alimentaires faméliques, quarante mille d'entre eux décéderont. Le rendement de

1. Comité international de la Croix-Rouge.
2. Plus de cent millions d'engins explosifs étaient restés enfouis dans les villes, les campagnes ou sur les plages.

ces captifs fut cependant exceptionnel ; on estime qu'ils ont extrait jusqu'à un tiers de la production française de charbon en trois ans.

L'esprit de vengeance s'étant un peu estompé et les besoins se faisant de plus en plus sentir, une partie de ces malheureux privés de liberté sera néanmoins détachée dans l'économie privée et placée en pension chez ses employeurs – notamment dans les fermes et les vignes –, où, souvent, ils finiront par faire partie de la famille. Malgré tout, beaucoup prendront le large. L'un de ces vignerons improvisés laissera par exemple en 1946 un émouvant petit mot sur la table d'un producteur de Bordeaux : « travail bon, mangé très bon, famille gentil, moi contant bon, mais liberté ! »

Ce que la France n'admettra quasiment jamais de reconnaître, malgré des témoignages apparus beaucoup plus tard, c'est d'avoir exfiltré, dans les mois ayant suivi l'armistice, près d'un millier de cerveaux du IIIe Reich, experts en aéronautique, moteurs à réaction, armement, radar, chimie, physique et même spécialistes de la force de frappe.

Tous avaient été embrigadés par le zélé ingénieur SS Wernher von Braun, futur concepteur du programme spatial américain, qui avec ses équipes créa les terrorisants missiles V1 et V2 mis à feu à Peenemünde, causant la mort de vingt mille martyrs du camp de concentration de Dora. Utilisées par le ministère de l'Armement, ces « grosses têtes », parquées au Laboratoire de recherches balistiques et aérodynamiques, tout fraîchement implanté à Vernon, développèrent la fusée *Véronique*, premier lanceur français, et le moteur *Viking*, qui propulsera les futures *Ariane*.

La mainmise progressive de l'URSS sur l'est du continent va, par ricochet, avoir elle aussi un effet retentissant sur le redressement de la France. Le président américain Harry Truman s'étant rallié aux craintes de Churchill, qui envisageait dès 1946 la guerre froide[1], il donna son feu vert aux propositions de George C. Marshall aspirant à sortir l'Europe de l'Ouest du délabrement dans lequel elle était enlisée. Celui-ci, devenu secrétaire d'État après avoir été le conseiller militaire à la Maison-Blanche de Roosevelt, instaura alors une aide économique et financière pour une remise en état des régions par-delà le Rideau de fer que l'on baptisa « plan Marshall ».

D'avril 1948 à juin 1952, la France recevra des États-Unis 2,8 milliards de dollars – environ 43 milliards d'euros actuels –, dont 85 % sous forme de dons qui serviront à acheter des biens industriels, des semences agricoles et des services *made in USA*. Et si l'on n'avait pas attendu cette aide pour commencer à relever la tête, ce pactole accéléra les reconstructions au point qu'elles étaient, dans les grandes lignes, matériellement terminées fin 1953 : mines, aciéries, usines, routes, voies ferrées, installations portuaires étaient de nouveau opérationnelles. Il ne restait qu'à enclencher le développement, en commençant par l'habitat, car une multitude de marmots piaillaient

1. Devant les étudiants de Fulton, dans le Missouri, Sir Winston déclara : « De Stettin sur la Baltique à Trieste sur l'Adriatique, un rideau de fer est descendu sur le continent. »

maintenant d'impatience – le fameux baby-boom – après les retours des stalags de 1 845 000 papas potentiels, et, contrairement aux vœux d'Alphonse Allais, ce furent les campagnes qui vinrent s'installer à la ville, aussi il fallut bien loger également ces familles agrandies.

Si Alger la Blanche n'est pas sortie de terre, osons le dire, par la simple opération du Saint-Esprit, c'est bien parce que là-bas on en connaissait un rayon question construction et peintures. Voilà pourquoi la venue massive des Algériens début 1953 sera cruciale dès lors qu'on aura besoin de leur savoir-faire en la matière ; ils seront près de cinq cent mille en 1954, point culminant de leur présence dans l'Hexagone. En un mot, cette main-d'œuvre du bâtiment et celle de la mécanique, qui chez elle remettait sur roues de très vieilles bagnoles en les rafistolant quand elles auraient été depuis longtemps mises à la casse dans nos régions, furent les motrices indispensables à l'édification des Trente Glorieuses.

À peine débarqués, ils furent répartis sans qu'on leur demandât leur avis. Deux ou trois milliers restèrent à Marseille et on envoya par trains entiers les autres à Paris, Lyon, Strasbourg, Toulouse, partout en fait où les logements manquaient et où les chaînes de montage étaient affamées.

Afin qu'ils puissent tout de même survivre, on les relégua en périphérie des villes, dans des *townships* à la française, « construits » de planches, de tôles ondulées, de bâches en plastique, dépourvus d'eau courante et d'électricité, sans chauffage ni sanitaires et où, l'hiver, on pataugeait dans la boue et la neige. Ces dernières baraques immondes furent rasées au milieu des années 1970. Et par-dessus le marché on assassina entre trente et deux cents de ces malheureux lors de la manifestation du 17 octobre 1961[1] à l'appel du Front de libération nationale (FLN[2]).

Si en leur octroyant le statut de citoyens français la République les avait en effet émancipés en 1947, l'administration, elle, continua à les recenser sous l'appellation de « Français musulmans d'Algérie », autant dire comme Français différents des autres dont on pouvait faire à peu près ce que l'on voulait. On le leur rappellera sans vergogne en les nommant « Bicot », « Melon », « Raton », voire en leur crachant « Sale Bougnoule ! » au visage.

Au-delà des milliers de barres d'immeubles qu'on leur fit dresser, les gouvernements successifs eurent une autre bonne raison de faire appel à eux. Dans une économie en pleine expansion – jusqu'à 8 % de croissance par an – et ayant la volonté de maintenir dans leur

1. Plusieurs dizaines de milliers d'hommes, de femmes et d'enfants manifestèrent pacifiquement à Paris à l'appel du FLN pour protester contre le couvre-feu qui leur était imposé depuis le début du mois. Violemment chargés par la police de Maurice Papon, beaucoup de ces Algériens périrent, soit en étant jetés dans la Seine, soit des suites de leurs blessures dans les camps où ils furent internés. Malgré toutes les enquêtes, dont la dernière fut menée lorsque Lionel Jospin était Premier ministre, le bilan exact des victimes n'est toujours pas clairement établi. Et même si le rapport de Benjamin Stora publié en 2021 est précieux et fort documenté, il ne donne pas plus d'informations sur le bilan.

2. Parti politique algérien fondé en 1954 revendiquant l'indépendance de l'Algérie.

giron les trois départements français du Maghreb, les locataires successifs de Matignon incitèrent fortement les chefs d'entreprise à recruter des travailleurs payés moins cher, peu syndiqués, corvéables à merci et ne rechignant pas, eux, à se salir les mains.

Dans l'incommensurable apport de ces Nord-Africains à la relance, un merveilleux symbole aurait même pu germer au regard de l'exceptionnelle performance réussie par l'équipe de France de football, arrivée à la troisième place de la Coupe du monde en juin 1958. En effet, dans la nuit du 13 au 14 avril précédents, deux stars du Championnat de France présélectionnées pour porter le maillot bleu en Suède, Rachid Mekloufi et Mustapha Zitouni, filèrent en douce à Genève, d'où ils s'envolèrent vers la Tunisie, indépendante depuis deux ans et dirigée par un brillant avocat formé en France, Habib Bourguiba. Les cadres du futur Gouvernement provisoire de la République algérienne (GPRA) avaient trouvé asile là-bas. D'autres joueurs les rejoindront dans les mois suivants. Le but de l'opération était de constituer une équipe qui, en se produisant au Moyen-Orient, en Asie ou en Europe de l'Est, plaiderait pour l'indépendance. Opération, sportive du moins, réussie : de mai 1958 à fin 1961, elle disputera 83 matchs et en remportera 57.

Dans le contexte politique de l'instant, ces départs provoquent une onde de choc phénoménale et entraînent à la télévision, la radio, dans les journaux, les familles et au bistrot des débats à n'en plus finir concernant celle que l'on nommera l'« équipe du FLN » ou des

« fellaghas[1] ». Dans les ateliers, Français de souche et musulmans en viendront même parfois violemment aux mains. Jusqu'au 13 mai 1958, où les Européens d'Alger en appelleront à de Gaulle pour « sauver la patrie ». Ce qui sera une autre chanson.

Il reste que, quoique amputés de leurs Français musulmans d'Algérie, les Tricolores ne feront pas le déplacement sans leur quota de naturalisés, lesquels, bien qu'ayant vu le jour sur le territoire, poussèrent leurs premiers babillages dans la langue de leurs parents émigrés en France après la Grande Guerre. Un Ukrainien, deux Italiens et deux Polonais défendirent ainsi nos couleurs à Stockholm. Dont Raymond Kopa, qui, avant Platini, Zidane et Mbappé, fut mondialement connu. Sa biographie est époustouflante.

Enfant de Nœux-les-Mines et galibot, il descend à plus de six cents mètres dans la fosse numéro trois lorsqu'il a treize ans pour pousser les wagonnets. Il y restera deux années et demi et y perdra deux doigts. Affecté à la chaudronnerie des Houillères une fois guéri, il joue aussi au club local jusqu'à ce que ses dons, balle au pied, inimaginables pour son âge, le fassent remarquer par un recruteur venu du club professionnel d'Angers. Il est engagé à dix-sept ans et des broutilles avant que le stade de Reims – le PSG de l'époque – fasse les yeux doux, deux ans après, à son père puisque, étant… mineur, il n'a pas son mot à dire ; c'est là qu'on bascule dans le légendaire.

1. « Fellagha » était le terme utilisé pour désigner un Algérien combattant pour l'indépendance.

À peine l'ont-ils vu jouer que les sélectionneurs l'inscrivent sur leurs tablettes, dès 1952, avant de s'apercevoir… qu'il n'est pas français. S'il l'est de droit et de toute son âme, bien que né en 1931 dans le Pas-de-Calais d'un père et d'une mère polonais, encore aurait-il fallu que ces derniers officialisent cela au plus tard dans les douze mois précédant sa majorité. Heureusement, la Fédération française de football fait accélérer sa régularisation et Kopa commencera dès lors à entrevoir un futur infini avec une victoire sur la RFA le 5 octobre 1952, jour de sa première sélection et du renouement des relations footballistiques avec les Allemands.

Son aîné et ami, Alain Mimoun, qui a grandi près d'Oran dans une miséreuse famille d'agriculteurs, clamera lui aussi toujours son amour pour la France, tout en ajoutant qu'il était « Algérien de cœur ». C'est pour cela qu'il restera fidèle à ses amitiés, notamment à celle qu'il partagea avec Ahmed Ben Bella, son compagnon de malheur sur les flancs du Monte Cassino. Victime d'une affreuse injustice en 1932 quand il était gosse, il aurait pourtant pu chavirer dans le nationalisme. Bien qu'ayant obtenu son certificat d'études primaires, le « certif' », avec mention – ce qui était quasiment inconcevable pour un gamin de sa communauté –, la bourse à laquelle il avait droit pour devenir instituteur lui fut refusée. Profondément affecté par cette iniquité, il s'engagea pourtant à dix-huit ans dans les tirailleurs maghrébins, une façon de montrer à « l'administration » qui il était. Échappant miraculeusement à l'amputation après avoir été gravement blessé en Italie, il gagna Paris en 1946 et débuta comme garçon de café à la Croix-Catelan, propriété du Racing Club de France, avant d'y prendre une licence et de chausser des pointes qui feront de lui une légende : médaillé d'argent du 5 000 mètres aux Jeux olympiques de Londres en 1948 et à ceux d'Helsinki – au 5 000 mètres et 10 000 mètres –, il sera champion olympique du marathon en 1956 à Melbourne.

Après qu'il aura enfin reçu sa carte d'identité de « vrai » Français en 1963, le général de Gaulle – à qui il vouait une admiration sans borne – lui dira vers la fin de son septennat écourté : « Monsieur Mimoun, nous avons un point commun : nous durons ! »

En 1999, les lecteurs du magazine *Athlétisme* l'éliront athlète du siècle devant Marie-José Pérec et Guy Drut et, durant l'hommage national qui lui sera rendu en juillet 2013 dans la cour d'Honneur des Invalides, François Hollande affirmera que « la France, pour Alain Mimoun, c'était un choix, une passion, une fierté, un idéal ».

De l'autre côté des Pyrénées, ce sont avant tout des raisons purement économiques qui vont faire migrer les Espagnols. La plupart de ces hommes quittèrent les régions les plus misérables où les propriétaires fonciers les faisaient trimer six jours sur sept, parfois jusqu'au sang, pour une poignée de dattes, un peu de fromage de brebis, de pain, d'huile d'olive et une tranche de lard le dimanche sous des chaleurs accablantes, le tout en se « rafraîchissant » d'une piquette à percer leurs boyaux. Exploités, pour l'essentiel, à tirer la charrue à dos d'hommes et à se briser les reins en coupant et ramassant blé, orge, avoine et seigle, quelques milliers vont s'expatrier furtivement et sans famille après-guerre pour se retrouver 290 000 en France en 1954 puis 442 000 en 1962. C'est qu'en 1956, Franco avait fini par accepter de signer un traité afin de réguler le phénomène et de laisser passer du personnel un peu plus spécialisé qui intégrera la sidérurgie, les charbonnages, les entreprises de peinture et de mécanique. D'autant que ces déracinés s'adaptent facilement sur les plans linguistique, culturel, professionnel, qu'ils deviennent des piliers dans les équipes de foot et les usines, et partagent la paella de leurs gamelles. Ces hommes de la Mancha, d'Andalousie, d'Estrémadure – provinces les plus pauvres – se sentiront si bien dans leur nouveau décor que leurs épouses et leurs enfants les rejoindront ; on comptait, en 1962, 78 femmes pour 100 hommes ayant franchi les Pyrénées, une population féminine d'où écloront les « Conchita », qui représentent en région parisienne plus de la moitié du personnel domestique deux ou trois ans plus tard.

L'exode, souvent irrégulier, des Italiens en France, qui entre 1946 et 1954 représente 70 % des immigrants, va être beaucoup plus délicat. Le « coup de poignard dans le dos » datant du 10 juin 1940[1] n'étant toujours pas digéré, une hostilité ostensible se manifeste à leur encontre. Le besoin de sidérurgistes, de maçons et autres terrassiers étant impérieux, les autorités décident de fermer les yeux, un rapport du ministère de la Santé publié en 1960 allant jusqu'à noter que « l'immigration italienne peut être

1. Jour où l'Italie déclara la guerre à la France.

considérée comme l'un des éléments les plus positifs de l'harmonie qui caractérise les relations franco-italiennes depuis la fin de la Seconde Guerre mondiale ». On en veut pour preuve qu'entre 1946 et 1969, plus de trois cent soixante mille prendront la nationalité française.

Mais pas Angiolino Giuseppe Pasquale Ventura, ce bon vieux « Lino » si l'on préfère, qui, ayant découvert la banlieue parisienne à huit ans, en 1927, avec sa mère, ne souhaita jamais « renier, avec une signature sur un bout de papier, la terre où [il était] né ». Après quelques mois il laisse tomber l'école et, déjà costaud, s'impose par les poings dans la rue afin de faire toutes sortes de petits boulots, une manière de mettre un peu de beurre dans la *pasta* familiale. À seize ans, il se tourne vers le catch amateur, est enrôlé à vingt et un dans l'armée de Mussolini, déserte à vingt-quatre, passe professionnel sur les rings en 1946, devient champion d'Europe en 1950 puis organisateur de combats et gérant d'une entreprise de… layettes. Jusqu'à ce qu'il tombe par hasard sur le réalisateur Jean Becker, qui lui propose d'interpréter un type patibulaire dans *Touchez pas au grisbi*, en 1954. Lino tournera soixante-quatorze autres longs-métrages dont une vingtaine sont entrés au Panthéon du grand écran, comme *Les Tontons flingueurs*, *Un taxi pour Tobrouk*, *La Bonne Année*, *L'Emmerdeur*, *La Gifle*, *Garde à vue*. Reconnu jusqu'à Hollywood, il écartera poliment des offres de Sydney Pollack, Steven Spielberg, William Friedkin, Francis Ford Coppola ! Papa d'une petite Linda, handicapée à la suite de problèmes à l'accouchement, Lino fondera en 1966 Perce-Neige, une association reconnue d'utilité publique et toujours très active. Une émission de France 2 ayant proposé en 2005 d'élire le « plus grand Français de tous les temps » lui attribuera la vingt-troisième place.

Avec Giovanni, son papa, et Giuseppina, la maman, qui fuient le fascisme, Yvo Livi descend d'un bateau à Marseille trois ans avant que Lino gravisse les marches de la station de métro Porte de Montreuil. À huit ans on en fait un petit Français héritant d'un prénom bien de chez nous : Yves. Le travail étant interdit avant quatorze ans, il falsifie des papiers pour enchaîner des emplois des plus divers, pétrisseur dans une fabrique de pâtes, serveur chez un confiseur, apprenti coiffeur, docker sur les quais. Mordu des comédies musicales américaines et fan de Fred Astaire, il se fait aussi embaucher comme chauffeur de salle dans un cabaret et est repéré par un producteur, Joseph Trotobas, en chantant du Trenet pendant la première partie du spectacle. Ce premier imprésario du jeune Livi lui conseillant de prendre un nom d'artiste, Yves choisit « Montant » et se fait apprécier dans la région en se produisant parfois, dès 1939, quelques minutes à l'Alcazar, l'équivalent marseillais de Bobino, l'un des deux temples parisiens du music-hall avec l'Alhambra.

Il monte à Paris courant 1944, où Édith Piaf le « prend sous son aile », lui ouvre des portes, en priorité celles de gens du spectacle qui vont le dégrossir et lui faire acquérir une certaine notoriété qui deviendra, du jour au lendemain, immense en 1949 à la suite de son interprétation des *Feuilles mortes*, du couple Jacques Prévert-Joseph Kosma, compositeur hongrois ayant émigré à Paris en 1935, devenu français en 1948, auteur de près de cent cinquante musiques de film – dont celles de *La Grande Illusion*, des *Visiteurs du soir*, des *Enfants du paradis*, du *Caporal épinglé* – et d'une multitude de partitions accompagnant des textes de son ami Jacques.

Étant aussi devenu « quelqu'un » au cinéma grâce au *Salaire de la peur*, d'Henri-Georges Clouzot, Palme d'or à Cannes en 1953, celui qui est désormais Yves Montand, avec un « d » maintenant, ne va pas tarder à voir s'ouvrir les sentiers de la gloire. Après un show triomphal à Broadway, George Cukor lui offre le rôle masculin principal dans *Le Milliardaire* en 1960, dans lequel, quoique marié avec Simone Signoret, il entretiendra une liaison amoureuse avec Marylin Monroe. Monument du septième art et de la chanson, il tournera une soixantaine de films, dont plusieurs font partie du patrimoine : *Z*, *Le Cercle rouge*, *Vincent, François, Paul... et les autres*, *César et Rosalie*, *L'Aveu*.

Fidèle à ses parents, il sera compagnon de route du PCF jusqu'à ce que la révélation du rapport Khrouchtchev en 1956[1] puis une tournée en Europe de l'Est l'en éloigne. Jusqu'à ce que, devenu personnage préféré des Français sur le tard, il tourne social-libéral radical… amoureux du poker.

Cette Europe coupée en deux avec d'un côté les bons, de l'autre les méchants, est assez à l'image de la vie de Robert Schuman. Il subira trois fois ce partage : de 1886 à 1919, entre 1940 et 1944, puis à partir

1. Rapport dans lequel il dénonça, en mars, les crimes du stalinisme.

de la fin des années 1940. Né allemand en 1886 dans la banlieue de Luxembourg – territoire du Reichsland d'Alsace-Lorraine –, il fera ensuite ses humanités dans les principales universités du Reich et sera incorporé en 1914 comme simple soldat dans l'armée du Kaiser. Puis, naturalisé français à l'été 1919, son élection en Moselle comme député le fait entrer en politique. Il n'en sortira plus jusqu'en octobre 1962, un an avant son décès.

Sous-secrétaire d'État en mars 1940 dans le gouvernement Reynaud, il est confirmé dans ses fonctions par Philippe Pétain le 16 juin suivant et lui votera les pleins pouvoirs le 10 juillet. Évincé malgré cela par Pierre Laval, il part rencontrer à Metz l'envahisseur… qui l'envoie en résidence surveillée dans la Forêt-Noire, d'où il s'évade. Passible au demeurant de la Haute Cour de justice à la Libération, c'est de Gaulle en personne qui demande que son dossier ne soit pas instruit.

Dans ces conditions, il est réélu député en 1946, désigné à la fois comme président du Conseil – cinq jours – et ministre des Finances en 1948, garde son maroquin aux Affaires étrangères jusqu'en 1953 et termine garde des Sceaux, de février 1955 à janvier 1956.

C'est cependant son passage au Quai d'Orsay qui va laisser son empreinte sur la France et l'Europe. Persuadé de la nécessité d'une réconciliation avec l'Allemagne, il propose le 9 mai 1950 de mettre en commun les productions de charbon et d'acier – une initiative validée le 18 avril 1951 par le traité de Paris instituant la Communauté européenne du charbon et de l'acier entre six États[1], une institution qui sera la mère porteuse du Marché commun[2].

Nommé chancelier de l'Allemagne fédérale à sa création, Konrad Adenauer fut, comme Schuman, l'un des édificateurs de l'Europe. Mais ce n'est pas pour cette raison qu'il va passer à la postérité en France. Venu au monde en 1876, il était maire de Cologne depuis dix-sept ans lorsque les nazis le révoquèrent, à leur prise du pouvoir. Arrêté en 1934, puis une seconde fois après la tentative d'assassinat d'Hitler le 20 juillet 1944, il fut envoyé dans un camp de concentration et c'est l'avancée des GIs qui le fera échapper à une mort annoncée. Les Alliés, voyant en ce chrétien-démocrate l'homme de la situation en feront « leur » chancelier. Il le restera jusqu'en 1963. Et c'est en cette qualité qu'il s'avérera si déterminant pour la France.

Trois mois après sa nomination comme président du Conseil, Charles de Gaulle l'invite dans sa propriété à Colombey-les-Deux-Églises pour un tête-à-tête, ce qu'il ne fera avec aucun autre dirigeant, afin d'évoquer l'avenir des relations franco-allemandes. Une affection sincère naîtra, qui aboutira le 22 janvier 1963 à la signature d'un traité d'amitié.

Tant qu'il sera le patron à Bonn, jamais Konrad Adenauer ne manquera à son ami. Et, sans prendre position sur des événements qui ne le concernaient pas, le

1. France, RFA, Italie, Belgique, Pays-Bas, Luxembourg.
2. Lequel constituera lui-même le fondement de la Communauté européenne économique (CEE), créée six ans plus tard.

chancelier sera d'instinct toujours près du Général quand celui-ci se penchera sur la décolonisation.

Un soutien moral qui ne sera pas de trop, vu la façon dont les choses s'étaient dramatiquement terminées en Indochine – militairement au mois de mai 1954 dans la cuvette de Diên Biên Phu, politiquement en juillet à l'issue de la conférence de Genève avec la proclamation de l'indépendance de la république démocratique du Vietnam et celles du Laos et du Cambodge –, quand Hô Chi Minh et son vieux complice, le général Vo Nguyen Giap, avaient pendant près de dix ans fait la une de l'actualité, l'« oncle Hô » – soutenu de 1949 à 1954 par Moscou et Pékin – en parcourant le monde progressiste pour éreinter l'impérialisme français, le second, admirateur de Bonaparte, en organisant la résistance avec le Viêt-minh.

Le cauchemar vietnamien à peine terminé, une autre tragédie va s'écrire le 1er novembre suivant. Une trentaine d'attentats commis à Alger, Oran et Constantine vont ameuter les foules et mettre le feu de l'autre côté de la Méditerranée pour ce que l'on qualifiera jusqu'en octobre 1999 d'« événements d'Algérie », lesquels déboucheront en 1962 sur l'indépendance après que 27 500 soldats et 2 800 civils français auront été tués, et que 200 000 à 300 000 hommes, femmes et enfants côté musulman auront perdu la vie. Un drame qui propulsera en avant des noms qui feront date et accapareront tous les médias du monde pendant près de huit ans.

À commencer par celui de Ferhat Abbas. Docteur en pharmacie de l'université d'Alger, il avait pourtant affirmé dans un livre publié en 1936 – *La France, c'est moi* – son espoir que les avenirs algériens et français restassent liés. Mais le conflit planétaire le fit changer de cap et son *Manifeste du peuple algérien*, paru en 1943, dénonçait la colonisation et revendiquait le droit pour ses compatriotes à disposer d'eux-mêmes. Surveillé de près ensuite, et mis derrière les barreaux plusieurs fois, il rejoignit le Front de libération nationale en 1955 et fut président du GPRA, à sa fondation, en octobre 1958.

Celui de Krim Belkacem devint lui aussi un repoussoir en métropole et chez les pieds-noirs en tant que l'un des sept fondateurs du FLN après qu'il eut été caporal-chef dans les tirailleurs et combattu brillamment au Monte Cassino. C'est lui qui fut, en mars 1962, le chef de la délégation à Évian, où furent signés les accords fixant le cessez-le-feu et entérinant la marche à suivre jusqu'à l'indépendance du 5 juillet.

Adjudant-chef et compagnon de Krim en Italie, Mohamed Boudiaf, quatrième autorité capitale du conflit avec la France, avait été fonctionnaire avant d'être l'un des pionniers du « Front ». Il fut kidnappé le 22 octobre 1956 à la suite du détournement, parfaitement illégal, par la chasse française du DC3 de la compagnie Air Atlas-Air Maroc, qui conduisait Ben Bella et cinq de ses camarades de Rabat à Tunis.

En Afrique subsaharienne, la procédure fut beaucoup plus paisible, en partie facilitée par la loi-cadre Defferre – qui, dès 1956, donna une esquisse d'autonomie aux territoires de nos « deux Afrique » –, puis par la création de la Communauté française, jeune pousse sans avenir de la Ve République.

La décolonisation fut aussi aidée par le fait que, mine de rien, les élites autochtones avaient été impliquées dans la politique française depuis l'instauration de la IVe République et étaient sensibles au charisme du « Grand Charles », un surnom dû à sa taille – 1,96 mètre – autant qu'à l'autorité qu'il dégageait ; celui-ci dut toutefois se faire violence pour que souffle le vent de l'Histoire sur cette partie du continent durant l'été et l'automne 1960.

Sur les douze nations sorties des cartons du décolonisateur en chef, sept portèrent à leur tête des anciens ministres et/ou députés de la République.

Le plus connu était Léopold Sédar Senghor, qui, en 1983, sera aussi le premier Africain à avoir son siège Quai Conti[1]. Élu de la circonscription Sénégal-Mauritanie à l'Assemblée nationale en 1946 puis sous-secrétaire d'État en 1955, il fut sur cette question de la décolonisation très écouté par le pensionnaire de l'Élysée et devint président de la république du Sénégal le 20 août 1960.

Le 7 du même mois, c'est l'indépendance de la Côte d'Ivoire qui fut déclarée, avec à sa tête Félix Houphouët-Boigny, qui avait représenté au palais Bourbon les autochtones ivoiriens et été ministre sans discontinuer de 1956 à 1960 dans les gouvernements français.

Un peu moins réputé, certes, mais vice-président de l'Assemblée nationale et deux fois sous-secrétaire d'État

1. Où siège l'Académie française.

sous la IVe, Modibo Keita prit, lui, la tête du Mali, et Hubert Maga celle du Dahomey – aujourd'hui le Bénin – après avoir été sous-secrétaire d'État en 1957 dans le gouvernement Félix Gaillard.

À Madagascar, c'est Philibert Tsiranana qui se retrouva président tout en faisant partie du gouvernement dirigé par Michel Debré.

Au Niger et en République centrafricaine enfin, Hamani Diori et Barthélemy Boganda, eux, siégaient encore au palais Bourbon quand ils endossèrent les habits de tauliers locaux.

La fondation de l'Europe des Six, la normalisation des rapports avec Bonn et la décolonisation évacués, d'autres « extracommunautaires » ne manqueront pas de marquer, dans leur sphère de prédilection, leur nouveau territoire.

Pendant cette période, la littérature va s'imprégner des textes de trois auteurs venus d'ailleurs, Eugène Ionesco, Samuel Beckett et Nathalie Sarraute, et savourer les délices franco-russes d'un philosophe né à Bourges : Vladimir Jankélévitch.

Arrivé roumain à Paris à quatre ans, Ionesco fut diplômé en lettres dans les années 1930 et naturalisé en 1950. Inspiré par les Marx Brothers et Franz Kafka, c'est en tant que dramaturge qu'il écrivit *La Cantatrice chauve*, une satire moquant la bourgeoisie – anglaise en l'occurrence –, le langage qui se dégradait – déjà (!) – et le théâtre de boulevard. Après un échec auprès du public, elle fut reprise en 1957 au théâtre de La Huchette dans le

Quartier latin et totalise, depuis, plus de trois millions de spectateurs en près de vingt et un mille représentations.

Ayant découvert Paris en 1928, l'Irlandais Samuel Beckett y revint souvent et rejoignit la Résistance en 1941, ce qui lui valut la croix de guerre. Il emménagea une bonne fois pour toutes en France en 1946. Touché par ce qu'il appela une « frénésie d'écriture », c'est là qu'il bâtit son œuvre, dont la pierre angulaire est *En attendant Godot*, une pièce inscrite, comme *La Cantatrice*, dans le courant du théâtre de l'absurde. Prix Nobel de littérature en 1969, il considéra cette reconnaissance comme une « catastrophe » et se garda bien d'aller la chercher. Décédé à quatre-vingt-trois ans, il est enterré au cimetière du Montparnasse.

C'est comme pionnière du Nouveau Roman, avec Michel Butor et Alain Robbe-Grillet, que Nathalie Sarraute posa une pierre précieuse sur l'édifice intellectuel français. Née Natacha Ilinitchna Tcherniak près de Moscou dans une famille de la bourgeoisie juive cultivée et éclairée, elle était encore dans les bras de sa mère quand celle-ci s'établit à Paris, en 1902. Ayant reçu une éducation cosmopolite à Oxford et à Berlin, elle acheva son droit dans la capitale puis s'inscrivit au barreau. Elle écrivait parallèlement des textes, lesquels furent remarqués par la critique et publiés en 1943 dans un recueil intitulé *Tropismes*. Mais ce n'est qu'en 1956 que son nom devint connu du grand public, à la parution de *L'Ère du soupçon. Essai sur le roman*, un recueil de quatre essais récusant les codes traditionnels du genre.

Quatrième héraut de cette dynastie improbable, Vladimir Jankélévitch devint français à l'âge d'un an. Normalien, philosophe, professeur, lisant Goethe, Schiller, Kant dans le texte, il fut « dénaturalisé » et révoqué de la fonction publique par Vichy en 1940. Résistant, il acheva son monumental *Traité des vertus* en 1949, puis se vit attribuer en 1951 la chaire de philosophie morale à la Sorbonne, où, jusqu'en 1979, ses cours de métaphysique, de morale – qui se « jouaient » à guichets fermés – et sa personnalité épateront une multitude d'étudiants. Lui, l'adorateur de l'Allemagne et de sa culture, lutta assidûment, une fois la paix rétablie, contre la tentation du pardon et la prescription des crimes nazis ; ne prononça plus un mot dans sa langue maternelle, ne mit plus les pieds dans ce pays et refusa d'évoquer à jamais quoi que ce soit le concernant.

Au « rayon » disques, deux auteurs-compositeurs-interprètes, Brel et Aznavour – le « grand Jacques », 1,82 mètre, et le « petit Charles », 1,61 mètre – vont nous offrir, dès ces années 1950, quelques pépites qui s'inscriront bientôt dans nos *playlists* pour l'éternité.

Sans imaginer monter si haut, c'est par choix et contre l'avis de sa famille – c'est un gosse de riche – que Jacques Brel, qui est belge, et le restera toute sa vie, trouvera sa voix. Il commence à composer et à écrire dès son adolescence, enregistre avec ses propres sous un soixante-dix-huit tours à Bruxelles en 1953. Il a vingt-quatre ans et l'envoie à Jacques Canetti, un Franco-Bulgare responsable artistique chez Philips, lequel le convoque aussitôt à Paris, d'où il ne repartira que bien plus tard, après être tombé raide des Marquises. Des îles qui lui inspirèrent le dernier de ses treize albums enregistrés en studio, qui de 1954 à 1977 ont rassemblé tant et tant de chansons originales. Dès le deuxième, ayant pour titre *Quand on a que l'amour*, en 1957, l'artiste s'attire un plébiscite de la critique et du public.

Une liste établie début 2000 par des professionnels et classant les plus belles chansons françaises place deux des siennes sur le podium. Première, *Ne me quitte pas* (1959), troisième, *Amsterdam* (1966), et une quatrième, *Ces gens-là* (1966), juste au pied. Nina Simone, Ray Charles, Leonard Cohen, Franck Sinatra, David Bowie, Sting reprendront plusieurs de ses titres en anglais. Décédé à l'automne 1978, sa tombe voisine avec celle de Paul Gauguin, au cimetière d'Atunoa, en Polynésie.

Si Charles Aznavour a, lui, fait retentir encore plus fort un peu partout les trompettes françaises de la renommée, ce fut en revanche par un coup de la Providence. Ayant échappé au génocide arménien, ses parents, apatrides, firent escale à Paris en 1923 dans l'espoir d'y obtenir l'un des visas américains délivrés au compte-goutte. Charles étant né en mai 1924 dans une clinique du 6e arrondissement, ils choisirent finalement de s'établir en France, dont leur fils recevrait plus tard la nationalité. Le voyant peu enclin à la fréquentation des bancs de l'école, les Aznavourian acceptèrent qu'à neuf ans (!) il poussât la chansonnette sur scène, ce qui le mena à être engagé un peu plus tard comme « petite voix » à l'Alcazar de Paris, où Maurice Chevalier s'enticha de lui et déclara un jour :

« Charles a osé chanter l'amour comme on le ressent, comme on le fait, comme on le souffle. »

En 1946, « le Petit » est présenté à Édith Piaf, qui l'a déjà entendu chanter ; elle l'engage pour qu'il l'accompagne au piano et lui écrive des chansons. Leur couple affectivement musical dura huit ans.

Enfin, en 1955, Aznavour triomphe avec *Sur ma vie*. Une multitude de numéros un dans les *charts* suivront – dont les mythiques *Je m'voyais déjà* (1961), *La Mamma* (1963), *La Bohème* (1963), *Comme ils disent* (1972) –, gravés en studio ou enregistrés en *live* sur soixante-douze albums. Le concert donné en 1963 au Carnegie Hall de New York est le point de départ de tours du monde insensés qui, de Moscou à Santiago du Chili, le font chanter en Europe, en Asie et aux Amériques, quasiment jusqu'à sa mort, le 1er octobre 2018, à quatre-vingt-quatorze ans.

Dans un ordre d'idées totalement différent, le Dr Albert Schweitzer a lui aussi participé au prestige de la France. Surtout après novembre 1952 quand lui fut décerné le prix Nobel de la paix pour son œuvre humanitaire. Jusque-là, on s'était peu enquis de sa nationalité par chez nous et il fallut cette occasion pour découvrir qu'il était français. En effet, originaire d'un village du Haut-Rhin quand il était sous la botte de Bismarck, il fut allemand jusqu'au traité de Versailles et ne le reniera jamais.

C'est à l'université de Strasbourg qu'il étudia, où il décrocha des doctorats en philosophie (1899), en théologie (1902) puis en médecine (1913). Ayant appris que l'on recherchait des toubibs au Congo, il partit planter sa tente à l'orée de la forêt vierge la même année à Lambaréné, aujourd'hui au Gabon. C'est là qu'il érigea un village-hôpital puis qu'il passa l'essentiel de sa vie, de 1924 à sa disparition, le 4 septembre 1965, à soigner des dizaines de milliers de patients ayant traversé toute l'Afrique équatoriale française. C'est aussi après la guerre que, main dans la main avec l'autre colossal Albert du XXe siècle – Einstein, son ami –, il ne cessa de dénoncer le péril nucléaire.

Dix jours avant son décès, c'était Le Corbusier[1] qui avait trouvé la mort sur la Côte d'Azur. Commandeur du mouvement moderne en architecture, lui avait au contraire été tenu toute sa vie pour Français par la Terre entière alors qu'il ne le devint qu'en 1930, quarante-trois ans après être né en Suisse, treize après avoir ouvert un cabinet d'architecte entrepreneur dans la capitale sans avoir fréquenté aucune école des beaux-arts et en ayant appris son métier sur le tas auprès de différents maîtres, qui tous perçurent tout de suite quelque chose en lui de proprement différent.

Après la Grande Guerre, il se fit d'abord un nom en imaginant des villas, complètement différentes des standards de l'époque, et c'est à l'issue de la Seconde qu'il acquit une notoriété mondiale. Entre autres en faisant pousser un immeuble à Marseille, entre 1945 et 1952, selon un concept baptisé « unité d'habitation », mêlant architecture, design et urbanisme ; soit dix-sept étages posés sur de sculpturaux piliers en béton. En somme,

1. Charles-Édouard Jeanneret-Gris.

une ville miniature, dans laquelle étaient disposés trois cent trente-sept appartements en duplex, un hôtel et dont un niveau était réservé aux boutiques et aux restaurants. Sur le toit, une école, une bibliothèque, un gymnase, une pataugeoire pour les enfants, une petite piste d'athlétisme, un auditorium en plein air, une laverie et des locaux administratifs parachevaient l'ouvrage. L'œuvre architecturale de Le Corbusier, faite de dix-sept sites répartis sur trois continents, est classée au patrimoine mondial de l'Unesco.

Le 16 juin 1961, Rudolf Noureev entre à son tour dans notre vie, comme Nijinski avant lui ; il a vingt-trois ans. Mais lui le fait par effraction. Profitant de sa première sortie hors d'URSS, le danseur étoile du Kirov sème les gardes du KGB[1] qui l'escortent à l'aéroport du Bourget quelques minutes avant d'être embarqué de force pour Moscou, et court demander l'asile politique à la police des frontières. Après un bref séjour à Paris – où il sera finalement enterré, en 1993, dans le carré russe du cimetière de Sainte-Geneviève-des-Bois –, il se lance dans une aventure qui révèle son pharaonique talent, fait de lui une *rock star* et le sanctifie « seigneur de la danse ».

Alors qu'à plus de quarante ans il danse toujours, il se voit proposer par Jack Lang la direction du corps de ballet de l'Opéra de Paris. Il occupera le poste de 1983 à 1989, six saisons où il revisite de fond en comble le répertoire et où les danseurs ne seront plus les simples faire-valoir des ballerines, gratifiant sa troupe d'une notoriété sans égal.

1. La police politique de l'URSS, ancêtre du FSB d'aujourd'hui.

Si Noureev devient vite un patronyme familier pour les Français après sa fuite rocambolesque au Bourget, il leur faut attendre le 20 décembre 1966 pour apprécier enfin son génie artistique grâce à une séquence tournée lors d'une répétition du ballet *Le Jeune Homme et la Mort* et diffusée dans le journal télévisé.

Cette télévision naissante va ainsi profiter de plusieurs « puissances étrangères » – directes ou indirectes – pour s'enrichir en concevant des émissions culte.

Avec Frédéric Rossif, par exemple, cinéaste croate et parisien depuis 1945, qui, en filmant en 8 millimètres *La Vie des animaux* dans leur intimité, propose en *prime time* quinze minutes d'émerveillement aux petits et grands chaque samedi pendant quatorze ans.

Ou Stellio Lorenzi, né italien à Paris en 1921, réalisateur, producteur et membre influent du PCF dans la profession, qui, à partir de 1957, conta, avec ses amis André Castelot – historien franco-belge – et Jean-François Chiappe, dans *La caméra explore le temps*, trente-neuf événements historiques joués, le plus souvent en direct dans les studios des Buttes-Chaumont, par des comédiens confirmés ou qui ne tarderaient pas à l'être. Cette caméra explora au demeurant sans concession certains épisodes ne nous ayant pas grandis : l'affaire Calas, la dictature de Robespierre, l'assassinat du duc d'Enghien, la mort de Marie-Antoinette, la persécution des Cathares ou la fin des Templiers, notamment. Tant et si bien qu'elle finit par horripiler le Général, qui le fit savoir, et amena Lorenzi à rendre en 1966 les clés de son bureau des « Buttes » !

Comme Pierre Lazareff, Russe de Paris par filiation, laissera les siennes aux concierges des 13 et 15, rue Cognacq-Jay – siège des rédactions télévisées – le 3 mai 1968 après la diffusion de la dernière émission *Cinq colonnes à la une*. Un magazine mensuel de quatre-vingt-dix minutes, débutant à 20 h 30, conçu, réalisé, édité par le patron du quotidien *France-Soir* et ses précieux acolytes Pierre Desgraupes, Pierre Dumayet et Igor Barrère, qui traitait avec objectivité jusqu'aux sujets les plus dérangeants de l'actualité française et internationale par des reportages faits maison ou des documentaires achetés à l'étranger. Ainsi, lors de son lancement, le 9 janvier 1959, lendemain de l'investiture de Charles de Gaulle, la vie dans un poste avancé et isolé du djebel algérien évoquera longuement la mélancolie et le trouble des jeunes appelés ayant vingt ans dans les Aurès[1]. Grâce à la fermeté de Lazareff, beaucoup d'autres numéros, tout aussi peu conciliants, seront diffusés malgré les pressions de l'Élysée. Mais l'interventionnisme présidentiel étant de plus en plus insupportable, les quatre héros de l'information finiront par se saborder, en refusant après le 3 mai 1968 de poursuivre leur collaboration à l'ORTF.

Parce que de Gaulle, qui avait confié un jour à l'un de ses conseillers « L'information c'est nous ; laissons les dramatiques et les documentaires aux "cocos" », avait, *la* fois de trop, manqué à sa parole.

1. *Avoir vingt ans dans les Aurès* est un film de René Vautier sorti en 1972 qui conte l'histoire d'un commando d'appelés bretons traquant les fellaghas dans une région montagneuse du nord-est de l'Algérie.

L'« apothéose » des Trente Glorieuses (1963-1973)

Quand le général de Gaulle sentait que c'était opportun, il convoquait la télévision. Ainsi le 15 décembre 1965 répondit-il longuement dans un salon élyséen aux questions de Michel Droit, rédacteur en chef du *Figaro littéraire*, qui fit fort objectivement son métier de journaliste.

Ce tête-à-tête avec les Français, diffusé en direct ce jour-là avant le journal télévisé, était devenu un rituel deux ou trois fois par an depuis le 23 avril 1961, le chef de l'État ayant constaté les retombées considérables sur la population en concluant son appel lancé en uniforme sur le petit écran par cette imploration : « Françaises, Français, aidez-moi ! » après la tentative du putsch d'Alger commis par un « quarteron de généraux en retraite[1] ».

Si ce mercredi de 1965 il n'y avait plus le feu au lac, le moment choisi, cinq jours avant le second tour de la première élection présidentielle au suffrage

1. C'est ainsi qu'il avait nommé Raoul Salan, Maurice Challe, Edmond Jouhaud, André Zeller.

universel, était toutefois loin d'être inopportun. Car, par une sorte de crime de lèse-majesté, Charles de Gaulle avait été mis en ballottage par son adversaire François Mitterrand.

Pourquoi cette soudaine prise de parole médiatique ?

Tout simplement parce que, la France croquant goulûment dans les Trente Glorieuses, l'homme des « 18 juin 1940 », 29 juin 1958[1] et 23 avril 1961 comptait bien être encore celui du 19 décembre 1965. Et, pour cela, il lui fallait présenter son bilan.

Selon lui, tout marchait parfaitement depuis qu'on lui avait redonné les clés de la boutique. Une forte croissance industrielle – ayant culminé jusqu'à + 5,9 % en 1964 – et une augmentation du niveau de vie de + 3,7 % annuels étaient porteuses de changements économiques et sociaux majeurs qui faisaient entrer la France dans la société de consommation. Seuls bémols, l'éducation, les autoroutes et le téléphone ; trois dossiers qui seraient bien entendu la priorité de son prochain septennat, le Général ne doutant pas qu'il serait reconduit dès le dimanche suivant.

Lui qui n'usait jamais de mots savants afin de montrer sa proximité avec « les gens » – proximité par ailleurs loin d'être naturelle[2] –, de Gaulle, en civil cette fois, résuma avec bonhomie l'état du pays par une

1. Jour où le président René Coty le rappela aux affaires après une traversée du désert ayant duré douze ans et demi.

2. Philippe, son fils, a plusieurs fois raconté avoir entendu son père déclarer « Les Français sont des veaux » lorsqu'ils ne le suivaient pas sur le chemin qu'il leur proposait.

allégorie dont il savait qu'elle ferait mouche dans les foyers : « La maîtresse de maison, la ménagère, elle veut avoir un aspirateur, elle veut avoir un Frigidaire, elle veut avoir une machine à laver et même, si cela est possible, elle veut qu'on ait une auto ; ça, c'est le mouvement.

« Mais, en même temps, elle ne veut pas que son mari s'en aille bambocher de toute part, que les garçons mettent les pieds sur la table et que les filles ne rentrent pas la nuit ; ça, c'est l'ordre. La ménagère veut le progrès, mais elle ne veut pas la pagaille. Eh bien, c'est vrai aussi pour la France. »

Si l'on en croit la chronique, d'un point de vue national c'était *open bar*, côté intendance. D'autant qu'au niveau international on fichait désormais la paix au « Grand Charles » car, s'étant dépatouillé sans trop de dégâts apparents des guêpiers de la décolonisation et de l'Algérie avec l'aide de Constantin Melnik – un haut fonctionnaire né de parents russes, mi-espion mi-stratège géopolitique –, il n'avait plus besoin de ces brillantes intelligences de « nos » colonies d'Afrique noire ayant servi de cautions pour faire avaler ces pilules à l'ONU. Et, à plus forte raison, parce que la France-Afrique, ce système politico-financier opaque et lucratif dirigé par Jacques Foccart – un conseiller de l'ombre du Général dit « le Sphinx » –, était vite devenue d'un très bon rapport dès lors qu'on arrosait généreusement ceux qu'on avait mis en place en 1960 et après – exception faite du Sénégalais Senghor et, dans une certaine mesure, de l'Ivoirien « Houphouët » –, ce qu'ils nous rendaient au centuple en nous laissant piller leurs ressources naturelles pour trois francs, six sous – CFA[1], naturellement.

Tout semblait donc baigner, en 1965, et l'apparente somnolence du Français moyen renvoya la caricature d'un peuple pépère, fumant sa pipe en pantoufles en regardant *Intervilles*, dépensant cinq balles le dimanche pour faire son tiercé et cinquante centimes la semaine pour se délecter des *fake news* des « Potins de la commère[2] » dans *France-Soir*. On était, en somme, en pleine caricature d'une population bedonnante passant la première quinzaine d'août au camping des Flots bleus, s'intéressant plus aux amours de « Cloclo » et à ceux de « BB » qu'aux B52 de l'US Air Force qui commençaient à dévaster le Nord-Vietnam et à la vie miséreuse dans les bidonvilles de Nanterre, Noisy-le-Grand ou Champigny-sur-Marne, en banlieue proche où s'entassaient dans chacun plus de quinze familles immigrées, en majorité maghrébines et portugaises.

En vérité, cette France n'était pas si léthargique que ça[3]. Pierre Viansson-Ponté, une plume effilée du

1. Appelé aussi « franc CFA », le franc de la Communauté financière africaine est une monnaie héritée de la colonisation et encore utilisée par quatorze pays de l'ex-empire français. Aujourd'hui, 1 franc CFA vaut environ 0,0015 euro.

2. Une rubrique d'une demi-page rédigée par Carmen Tessier et remplie de rumeurs souvent fausses – comme le jour où elle assura qu'Albert Camus était le « nègre » de Romain Gary.

3. À la présidentielle de 1965, de Gaulle fut élu avec 55,20 % des voix, contre 44,80 % à Mitterrand ; deux ans plus tard, aux législatives, la majorité présidentielle obtint 259 sièges des 485 du Palais-Bourbon, la Fédération de gauche démocrate et socialiste (FGDS) de Mitterrand, 116, et le PCF dont Waldeck Rochet était le secrétaire général, 73.

quotidien *Le Monde* et d'ordinaire analyste affûté, sonna pourtant le tocsin le 15 mars 1968 dans une chronique intitulée « Quand la France s'ennuie ». Il y déplorait que « ce qui caractérise actuellement notre vie publique, c'est l'ennui. Les Français s'ennuient. Ils ne participent ni de loin ni de près aux grandes convulsions qui secouent le monde [...]. La jeunesse s'ennuie. Nos étudiants se préoccupent de savoir si les filles de Nanterre et d'Antony pourront accéder librement aux chambres des garçons[1] [...]. Le général de Gaulle s'ennuie ; il s'était juré de ne plus inaugurer les chrysanthèmes et il continue d'aller du Salon de l'agriculture à la Foire de Lyon ». Et le journaliste de conclure : « Cela s'est vu, un pays peut périr d'ennui. »

On n'allait pas être déçu !

Car la gauche républicaine, anéantie en 1958 et dépourvue de tribun du calibre de Jean Jaurès ou de Léon Blum, se faisait à nouveau entendre par la bouche de consciences éclairées faisant autorité, dont celle de Pierre Mendès France – « Mendès » pour ses fans – qui, treize ans après avoir quitté Matignon, était toujours très écouté. Mais aussi parce qu'une gauche plus radicale, allaitée au sein du baby-boom, poussait ses premières grosses colères.

Parrainé et influencé par Jean-Paul Sartre et Henri Lefebvre, qui, ayant dépassé la soixantaine faisaient presque figure d'anciens, ce courant, qu'on va nommer

1. Dans les Cités U françaises, le mélange des genres était à l'époque interdit.

le « gauchisme », fut réceptif à des commandements descendus d'ailleurs expliquant que le chemin emprunté par la France et le monde en général n'était pas forcément le plus approprié.

Edgar Morin fut l'une de ces voix « étrangères » qui comptèrent. Né en 1921 de parents juifs natifs de Salonique, et après avoir eu des sympathies communistes dans sa jeunesse, il était devenu maître de recherches au Centre national de la recherche scientifique (CNRS) au terme d'un solide cursus universitaire – en histoire, géographie et en droit – et après avoir aussi approché de près la philosophie, l'économie, les sciences politiques, la sociologie.

Ayant été l'un des premiers à monter en ligne contre la guerre d'Algérie, il fut l'un des fondateurs, avec Roland Barthes, Jean Duvignaud et Colette Audry, d'*Arguments*, une revue inspirée des idées de Karl Marx – mais surtout pas de celles de Staline – qui, en vingt-huit numéros de 1956 à 1962, intégra la réflexion de marxistes hétérodoxes à l'apport des sciences sociales. Observateur sympathisant desdits événements de mai, il espéra dans un article paru les premiers jours de ce mois-là dans *Le Monde*, que « la Commune étudiante de Paris [devienne] peut-être un modèle classique pour les futures mutations de l'Occident ». Sans le détourner complètement de sa mission, un séjour en Californie en 1969-1970 éveilla sa conscience écologique et fit de lui un fervent défenseur de cette science de niche pour l'époque.

Ce qui l'amena à se rapprocher de l'Autrichien André Gorz, son cadet de deux ans, installé en France après avoir fui le nazisme, naturalisé en 1957 et qui deviendrait l'un des principaux théoriciens de l'écologie politique et de la décroissance. Il était ingénieur chimiste quand sa rencontre avec Sartre, en 1945, le fit glisser vers la philosophie, suivie d'une autre qui, plus tard, le poussa vers un marxisme *soft*, qu'incarnerait *Le Nouvel Observateur*, dont il eut l'idée en 1964 – sous le pseudonyme de Michel Bosquet – avec Jean Daniel, K.S. Karol – un Franco-Polonais maoïste et castriste – et Serge Lafaurie. Dans un livre publié la même année – *Stratégie ouvrière et néo-capitalisme* –, il ne se priva pas de se montrer implacable avec le modèle de croissance capitaliste, avançant les idées de « contrôle ouvrier » et de « réformes révolutionnaires » qui trouvèrent un écho certain chez les militants de l'Unef et de la CFDT.

Le troisième de ces intellos français sans ADN de Vercingétorix sur le bout de la langue qui se fit entendre fut Cornelius Castoriadis. Grec ottoman, il avait vu le jour à Constantinople neuf mois après Morin et onze avant Gorz. Comme ce dernier, il avait touché à la psychanalyse, à la philosophie, à l'économie, à la sociologie et au marxisme, ce qui l'amena à créer dès 1948 une organisation activiste mais anti-léniniste et anti-stalinienne – Socialisme ou barbarie[1] – pour qui ces fameux conseils ouvriers, véritables émanations de la démocratie directe, devaient s'organiser en pouvoir insurrectionnel et diriger la société.

1. Titre reprenant une expression de Rosa Luxembourg qu'elle utilisa pour la première fois dans un article en 1916.

Dans un texte ronéotypé distribué vers la fin mai 1968 dans le Quartier latin et dans les usines occupées, Castoriadis écrivit notamment : « Ce mouvement [...] met en question, non pas des détails, mais les fondements et la substance de la “civilisation” contemporaine : la société de consommation, le cloisonnement entre manuels et intellectuels, le caractère sacro-saint de l'Université et des autres hauts lieux de la culture capitaliste bureaucratique. »

Des considérations qui rencontrèrent une réelle audience dans le milieu des professeurs, chercheurs, écrivains ou étudiants, répartis selon leurs affinités dans divers mouvements.

En 1968, l'état des troupes était donc le suivant.

Il y avait d'abord les « trotskards », qui, s'étant fait un nom en étant les premiers à condamner la guerre d'Algérie et à militer pour son indépendance, représentaient déjà quelque chose chez les « gauchos » mais aussi dans le monde des travailleurs immigrés africains. Les « maos », ensuite, hystérisés par la Révolution culturelle chinoise, occupaient un certain espace dans les médias depuis la rentrée 1966. Quant aux « anars », ils faisaient... leur loi à la faculté de Nanterre, qu'ils avaient investie dès son ouverture, à l'automne 1964. Les situationnistes, plutôt libertaires et hédonistes à l'origine, s'acoquinèrent avec eux et se raidirent sacrément pendant l'hiver 1968 au point d'être étiquetés « Enragés ». Dans cette nébuleuse d'extrême gauche on trouvait aussi les spontanéistes, qui postulaient que la révolution sociale doit arriver toute seule, sans besoin d'être encadrée par une soi-disant avant-garde, qu'elle soit politique ou syndicale – c'était le credo du petit rouquin, Dany Cohn-Bendit, dit Dany le Rouge par les journaux de droite. Enfin, le Comité Vietnam national (CVN), fondé fin novembre 1966 par l'éminent mathématicien Laurent Schwarz pour protester contre l'intervention américaine au Vietnam. Politiquement hétérogènes, beaucoup de lycéens, d'étudiants et plusieurs sommités universitaires se sentaient concernés par cette démarche, parmi eux, Vladimir Jankélévitch et Alfred Kastler.

Comme tous les Alsaciens et Mosellans nés entre 1871 et 1918 dans ce coin de France tant pleuré, c'est en tant qu'allemand que le Pr Kastler voit le jour en 1902 dans le Haut-Rhin et c'est *de facto* qu'il devient français, dix-sept ans après. Normalien puis docteur en physique en 1936, le prix Nobel de la discipline lui sera décerné trente ans plus tard. Pacifiste, humaniste, hostile aux armes nucléaires et à ce qui se trame en Algérie – son appartement est plastiqué par l'OAS[1] en 1961 –, il soutient à partir de 1964-1965 les insoumis et déserteurs américains qui se sont réfugiés en France. Ce n'est pas pour autant qu'il cautionne le saccage de la succursale de l'American Express le 20 mars 1968 à l'Opéra par trois cents membres du CVN, dont six seront arrêtés. Mais bon…

Survient le vendredi 22 mars ; à 15 heures, une bouillonnante assemblée générale (AG) exige à Nanterre la libération de ces militants et, histoire d'activer les choses,

1. Organisation armée secrète, mouvement créé par les généraux auteurs du putsch.

environ cent cinquante étudiants occupent vers 21 h 30 le dernier étage de la tour universitaire où siège le pouvoir. On en profite pour rédiger un manifeste, adopté à main levée, lequel appelle à « rompre avec des techniques de contestation qui ne peuvent plus rien » et reprend l'essentiel des prises de position estudiantines depuis un an : l'anti-impérialisme, la dénonciation de la répression policière, la critique du capitalisme et de l'Université.

Les embastillés de l'Opéra élargis dans la nuit, les locaux sont rendus intacts au doyen Grappin, mais le « mal » est fait. Sans même qu'on en ait encore conscience, le Mouvement du 22 mars vient de naître, « Dany le Rouge » en sera le porte-parole et le symbole, et Mai 68 est dans les tuyaux, faisant ressortir des cartons la prose agitatrice.

Si les écrits de Marx, Lénine, Mao, du Che et de l'« oncle Hô » sont ceux dont on se délecte aux AG de la Sorbonne, de Censier, Jussieu, Normale Sup', ceux d'Herbert Marcuse et Wilhem Reich font une entrée fracassante dans la liste des meilleures « ventes » !

Marcuse, né en 1898 à Berlin, est un philosophe et sociologue. Il a été naturalisé américain après avoir fui le nazisme, puis devient agent dans l'OSS – l'ancêtre de la CIA – pendant la Seconde Guerre mondiale ; il enseigne alors à Berkeley. Plutôt freudien mâtiné d'un zeste de marxisme, il publie en 1964 *L'Homme unidimensionnel*, un essai qui démolit le monde moderne. L'auteur explique que ce qu'il appelle la « société industrielle avancée » crée des besoins illusoires qui permettent d'intégrer les individus au système de production et de consommation par le truchement des *mass media* et de la publicité, ce qui a pour conséquence de créer un univers de pensée et de comportement « unidimensionnel » au sein duquel l'esprit et les comportements critiques sont progressivement écartés. Depuis un an ou deux, c'est un prophète à la faculté de lettres et de sciences humaines de Censier.

Wilhem Reich, de son côté, était médecin, psychiatre et psychanalyste. Né à la fin du XIXe siècle dans l'Empire austro-hongrois et mort en 1957 aux États-Unis, il était intime de Freud, marxiste, et posa très vite l'hypothèse selon laquelle la cause des névroses est pour une grande part d'origine socio-économique, par exemple les problèmes de logement, la dépendance économique de la femme, les difficultés de contraception. Lui aussi est vénéré à Censier et à Normale, où il incarne la figure sulfureuse du théoricien de la révolution sexuelle très prégnante sur la côte ouest des États-Unis. Il assure en effet que cette dernière peut ébranler les bases de l'ordre social face au désert existentiel de la modernité marchande.

Rapidement propagés par de jeunes et brillants vulgarisateurs – les July, Krivine, Glucksmann, Finkielkraut, mais oui ! –, ces concepts un tantinet savants vont être des outils précieux pour enclencher la manœuvre.

La grève des cours, des « compos » et des « exams » dans les lycées et les universités, l'occupation des salles de classe et des amphis puis des facultés et notamment de la Sorbonne, accompagnées de petites manifestations bon enfant pour commencer, plus âpres et plus denses ensuite, carrément monumentales et bestiales enfin, deviennent dès lors choses communes.

Avec les premières barricades dressées dans le Quartier latin et la brutalité des policiers pour les reprendre, la France profonde commence à s'émouvoir et elle bascule carrément dans l'indignation après l'éprouvante nuit du 10 au 11 mai où, rue Gay-Lussac, la police est allée jusqu'à passer à tabac les manifestants ayant trouvé refuge chez des particuliers dans les immeubles.

Après avoir enfin saisi de quoi il retourne et découvert l'immense émotion populaire, la CGT de Georges Séguy va prendre le train de l'Histoire en marche et décréter une journée d'action pour le 13 mai – savoureux clin d'œil, dix ans jour pour jour après l'appel au secours fait à de Gaulle par Salan et compagnie au forum d'Alger.

Partie de la gare de l'Est, ce lundi, la manifestation des lycéens, étudiants et des enseignants se regroupe avec celle des syndicats sur la place de la République, où le monde du travail s'est rassemblé. Vers 15 h 30 un cortège uni d'environ 1 000 000 à 1 200 000 personnes se met en marche vers Denfert-Rochereau avec côte à côte au premier rang Daniel Cohn-Bendit, Alain Geismar (secrétaire général du SNEsup), Jacques Sauvageot (vice-président de l'Unef), Georges Séguy, Eugène Descamps, André Bergeron – respectivement secrétaires généraux de la CGT, CFDT, FO. Français et étrangers de tous âges, de tous sexes, de toutes conditions sont unis.

Parmi eux, beaucoup de Portugais. Leur venue est alors récente : car le facho-corporatiste António de Oliveira Salazar – admirateur de Mussolini et soutien de

Franco –, voulant garder sa main-d'œuvre pour tenter de développer son pays – l'un des crève-la-faim du continent en 1945 – tout en faisant prospérer l'oligarchie foncière pourvoyeuse de devises, a jusque-là interdit à ses compatriotes d'immigrer. À plus forte raison parce que, depuis 1961, il a besoin de sa jeunesse pour, pendant les quatre années de service militaire, « maintenir l'ordre » dans ses colonies – Mozambique, Angola, Guinée-Bissau –, lesquelles, inspirées par le FLN, rêvent d'indépendance. Près de dix mille soldats y perdirent la vie et des milliers d'autres s'exilèrent afin de ne pas perdre la leur. En 1968, un demi-million de Portugais étaient donc parvenus à gagner la France en usant de filières migratoires secrètes. Ceux arrivés en 1969 compteront Linda de Souza dans leurs valises et pourront, à l'occasion, croiser Alvaro Cunhal, leader du Parti communiste interdit qui partageait son exil entre Paris et Moscou, ou encore Mario Soares, un socialiste et un Européen convaincu chassé de chez lui en 1970 et chargé de cours à l'université de Vincennes.

Derniers venus, peu expérimentés, relégués dans les bas-fonds des usines et frustrés d'avoir été privés de libertés, les « Portos » – selon leur injurieux surnom – avaient de bonnes raisons de prendre à bras-le-corps ce qui était en train de passer…

Ce mois de mai fut en fait l'aube de la fraternisation entre les travailleurs français, surtout les jeunes, et leurs camarades étrangers, qui représentaient 15 % des ouvriers dans les ateliers, sur les chaînes ou les échafaudages. Peu considérés par Séguy et consorts, qui refusaient de se faire les porte-parole de leurs revendications spécifiques, ils se tournèrent vers l'extrême gauche. Le slogan « Travailleurs français, immigrés, tous unis ! » devint un hit dans les manifestations, et le Comité de liaison des organisations de travailleurs immigrés en France, fédérant les Espagnols, Portugais, Tunisiens, Algériens, Marocains, Sénégalais et Mauritaniens, finit par être un interlocuteur sur lequel il faudrait compter.

L'esquisse d'une reprise du travail dans certains secteurs – EDF-GDF, SNCF, RATP – le 4 juin, dans la fonction publique le 5, la dissolution de onze organisations gauchistes et l'interdiction des manifestations le 12, les évacuations de la Sorbonne et de l'Odéon les 14 et 16, et l'opportun retour du carburant dans les stations-service ont entraîné l'essoufflement du mouvement puis sa disparition, c'est certain. Mais pas seulement.

Quarante-huit heures après le gros coup au moral subı par de Gaulle, qui, constatant que l'état de la France n'était plus en adéquation avec la « certaine idée » qu'il se faisait d'elle, était allé chercher réconfort et soutien auprès du général Massu à Baden-Baden le 29 mai, et vingt-quatre heures après son intervention radio annonçant la dissolution de l'Assemblée nationale, Valerian Alexandrovich Zorine et Gaston Plissonnier, l'homme de Brejnev[1] au sein du Politburo[2] de la place Colonel-Fabien, se rencontrèrent discrètement. Inconnu

1. Secrétaire général du comité central du Parti communiste de l'Union soviétique.

2. Bureau politique du comité central du Parti communiste français.

des Français, ce « camarade » de soixante-six ans, ne l'était pas du Général ; il était l'ambassadeur soviétique à Paris depuis 1965.

Craignant que la situation dégénère, Moscou demanda à cet homme lige d'Andreï Gromyko, numéro quatre du régime, de prendre langue avec le PCF. Des documents déclassifiés du KGB[1] ont depuis révélé que les deux décisions essentielles prises durant cet entretien furent que :

1. La France n'était pas mûre pour que l'URSS y soutînt une insurrection bolchevique.
2. Le PCF s'engageait à vite la remettre au travail, ce qui fut fait, comme on l'a vu plus tôt.

Ce que les archives ne précisent pas, c'est que, sans que l'on sache comment, de Gaulle fut très rapidement, et en détail, informé de ces petits arrangements.

Un documentaire de la Télévision suisse romande diffusé en 1972 permettra en revanche d'« éclairer » le pourquoi du comment de ce printemps emballant. Selon Georges Bernier – *alias* le « professeur Choron » –, qui fonda en 1960 avec François Cavanna *Hara-Kiri*, un mensuel pas forcément gauchisant mais très déjanté : « Sans nous, Mai 68 n'aurait pas eu lieu. » Sans avoir l'air d'y toucher ni appeler à l'insurrection armée de mots – ce n'était pas le genre de la maison –, les articles, les photos – détournées ou pas –, les dessins, décalés,

1. *In* Vincent Jauvert, *L'Amérique contre de Gaulle. Histoire secrète. 1961-1969*, Seuil, 2000.

satiriques, cyniques, provocateurs, corrosifs, souvent grivois, parfois censurés mais toujours informés d'une dizaine de joyeux drilles[1] qui pointaient les aberrations du système et montraient du doigt ceux qu'ils appelaient les « cons » en n'hésitant pas à les nommer, tout cela a, c'est certain, contribué à faire souffler un air nouveau, très vite respiré à pleins poumons par la jeunesse.

Les textes de Cavanna, qui, quoique né dans le 14e arrondissement en 1923, resta italien jusqu'en 1939, s'avérèrent dès le départ d'une grande sensibilité et très engagés, nourris des souvenirs d'une enfance heureuse, d'une adolescence laborieuse durant laquelle il fut apprenti maçon, commis chez un primeur, coursier à La Poste, puis d'une entrée dans la vie d'adulte comme ouvrier du STO dans une fabrique de munitions, à Berlin. Dans *Les Yeux plus grands que le ventre*, troisième tome de son autobiographie après *Les Ritals* et *Les Russkoffs*, il conte avec un désespoir teinté d'humour comment il est passé à côté de « 68 » parce qu'une crise hémorroïdaire l'a cloué trois semaines à l'hôpital.

Mais ce sont les fils naturels d'*Hara-Kiri* qui deviendront ensuite de véritables légendes. D'abord le mensuel lui-même, qui passera hebdomadaire en février 1969, puis, et surtout, *Charlie Hebdo*, au mois de novembre suivant, après que son petit frère eut été privé de dessert et interdit de paraître[2].

1. Parmi lesquels Cabu, Delfeil de Ton, Gébé, Jean-Marc Reiser, Georges Wolinski, Roland Topor, Fred.

2. Quinze jours après que cent quarante-six personnes moururent lors de l'incendie d'une boîte de nuit dans l'Isère, et une semaine après

Cette décennie 1963-1973 sera aussi celle de la naissance d'un neuvième art – après que la télévision, succédant à la radio, s'était imposée en huitième place – : la bande dessinée. Grâce à Reiser, Cabu, Wolinski, Gébé, évidemment, mais aussi à l'apport de talents ayant germé dans d'autres terres : deux Italiens, un fils de Juifs dénaturalisés en 1942 et quatre Belges, ces derniers n'étant d'ailleurs pas du tout sur la même longueur d'onde que le patriarche Hergé, décédé à soixante-quinze piges, en 1983, et qui, au-delà de son génie créatif, eut parfois des comportements déplaisants dans la vraie vie.

À l'exception de deux d'entre eux, ces joyeux « Gai-Luron » n'étaient au demeurant plus des gamins. Tous avaient atteint ou dépassé la quarantaine, commencé à gribouiller sur des feuilles blanches plus d'un quart de siècle auparavant et fait, pour les concitoyens du roi Baudoin, leurs gammes dans des quotidiens francophones bruxellois puis dans des publications pour enfants, *Le Journal de Tintin*, *Le Journal de Spirou*, *Pilote* ou d'autres, comme chez *Pif le chien* et *Vaillant*, deux publications du PCF – même si ceux qui y passèrent en repartirent bien vite. Car, si tous n'étaient pas perchés, aucun ne supportait de devoir suivre une ligne, qu'elle fût celle du Parti, éditoriale ou dictée par Hergé, et surtout si elle froissait leurs intimes convictions.

le décès de l'ex-président de la République chez lui, à Colombey-les-Deux-Églises, *Hara-Kiri hebdo* titra, plein pot à la une : « Bal tragique à Colombey – 1 mort ». Offusqué et au motif que cette publication était « dangereuse pour la jeunesse », le ministre de l'Intérieur, Raymond Marcellin, l'interdit aussitôt.

Le plus vieux d'entre eux, né à Courtrai, était Morris et avait quarante-cinq ans en 1968. Auteur et dessinateur, il est le père de *Lucky Luke,* un cow-boy qui commença à tirer plus vite que son ombre dans *Le Journal de Spirou* en 1947, avant d'aller voir dans les années 1960 si, pour son cheval Jolly Jumper, l'herbe était plus verte dans *Pilote*. À peine plus jeune, Franquin, le Bruxellois, reprit en 1946 le personnage de Spirou, créé en 1938 et donna vie à Gaston Lagaffe en 1957, une sorte de beatnik belge un peu barré dont la priorité était de se la couler douce. Tout en sachant habilement manier le fusain, Charlier, un Liégeois du même âge, fut d'abord le scénariste de *Blueberry*, un ténébreux lieutenant de la cavalerie américain, hirsute, bagarreur et indiscipliné, que l'on découvrit dans *Pilote* en 1963 et que Jean Giraud, le dessinateur français, affubla dans les premières années d'un visage ayant les traits d'un Jean-Paul Belmondo. Quatre ans plus tôt, il avait imaginé, avec l'Italien Albert Uderzo, *Les Aventures de Tanguy et Laverdure*, celles de deux pilotes de chasse aux manettes d'un Super Mystère B2, premier avion supersonique mis en service dans l'armée de l'air française. L'idée était très moderne, les dessins léchés et les scénarios ficelés, mais c'est surtout du jour où il donna « physiquement » la vie à Astérix et Obélix pour la première fois, le 29 octobre 1959 dans *Pilote*, en mettant en images de géniales histoires de René Goscinny, rédacteur en chef de l'hebdomadaire, que la notoriété mondiale tomba sur ce fils d'immigrés arrivés dans la Marne dans les Années folles.

Le dernier et le plus jeune de cette génération belge bénie, le seul à s'être fait naturaliser français, se nommait Greg. Scénariste et dessinateur, il jeta le rondouillard et si attachant *Achille Talon* dans le grand bain en lui ouvrant les pages de *Pilote* en 1963. Goscinny disait de lui : « Achille Talon est [...] doué d'un savoir puisé dans une encyclopédie à laquelle il manquait pas mal de pages. Achille Talon n'en a cure ; sûr de lui, il n'hésite jamais à se jeter à corps perdu dans les situations les plus difficiles avec une remarquable inefficacité. »

Restent Hugo Pratt et Marcel Gotlib. Probablement ceux que les adolescents et les jeunes adultes adoptèrent dès la première bulle sortie des lèvres de leurs enfants de papier.

Pratt fut une sorte de hippie voyageur avant l'heure, né à Rimini, en Émilie-Romagne, qui, tardant à déboucher ses tubes de peinture, attendit 1967 pour que *Corto Maltese*, l'homme de sa vie, soit publié dans le mensuel italien *Sgt. Kirk*. Les équipées extravagantes de ce marin, combinant la fiction à la réalité historique de la première moitié du XXe siècle, furent vite repérées par les éditeurs français. Mais il faudra patienter jusqu'en 1977 pour que « Corto » pose, un temps, son sac chez *Pilote* après avoir fait escale à *Pif*, *France-Soir*, *Le Journal de Tintin* et *Le Matin de Paris*.

Marcel Gotlib, lui, était né en France de parents juifs roumains et hongrois, à qui l'État français retira la nationalité que la IIIe République leur avait offerte. Il entre en bande dessinée à *Vaillant* en 1964, où il arrive avec son toutou de dessin, Gai-Luron, un gros chien dressé sur ses deux pattes arrière et respirant la joie de vivre. Mais c'est quatre ans plus tard qu'il devient une icône quand, poussé par Goscinny, il invente, dans *Pilote*, « La Rubrique-à-brac ». On touche là à une autre dimension, celle de l'absurde, où les gags mêlant époque contemporaine et digressions culturelles du passé feront du « petit Marcel » la référence absolue de la bande dessinée pour adulte.

Cela conté, il n'y eut pas que ce joli mois de mai, ses « enragés » et la BD qui tinrent le haut du pavé en ces temps lointains, car ces années furent aussi celles où d'autres artistes chassés de chez eux allaient nous faire apprécier leur immense talent. Le Grec Mikis Théodorakis fut de ceux-là. Banni par le régime des colonels[1], il composa la musique du film *Zorba le Grec* en 1964, celles de *Z* cinq ans après et d'*État de siège* en 1973, et c'est à lui que François Mitterrand, en 1977, demanda d'imaginer, à partir des paroles de l'auteur italien Herbert Pagani, l'air du nouvel hymne du PS, *Changer la vie.* On découvrit aussi son compatriote réalisateur et scénariste, Costa-Gavras, proscrit par la royauté et arrivé en 1952, qui n'eut de cesse de dénoncer dans ses films les dictatures et leurs infamies : en Grèce avec *Z*, au-delà du Rideau de fer dans *L'Aveu*, en Amérique du Sud en montrant l'importance malfaisante de la CIA dans *État de siège* – Oscar du meilleur film étranger en 1973 –, et enfin en France, où des tribunaux à la solde

1. En avril 1967, une junte commandée par le colonel Papadopoulos renverse le jeune roi Constantin II.

des nazis condamnèrent à mort des otages pris au hasard, dans *Section spéciale*.

Trois Néerlandophones vont, pour leur part, contribuer à donner ses lettres de noblesse à la France : Éric Losfeld, un écrivain et éditeur d'origine flamande ayant appris le français en dévorant Rabelais et Alfred Jarry, et qui, après s'être installé à Paris dans les années 1950, tomba par hasard sur le manuscrit du roman érotique *Emmanuelle* et le publia sans autorisation en 1959. André Brink, écrivain sud-africain afrikaner, qui, en venant faire des études en littérature comparée à la Sorbonne, fréquenta pour la première fois des étudiants noirs et s'investit dans la lutte contre l'Apartheid, obtint en 1980 le prix Médicis étranger pour son roman *Une saison blanche et sèche*. Breyten Breytenbach enfin, poète, écrivain, essayiste, descendant de Boers lui aussi, posa ses valises en France au début des années 1960 après y avoir rencontré puis épousé une Française d'origine vietnamienne, ce qui l'empêcha de rentrer en Afrique du Sud, où les mariages mixtes étaient hors la loi depuis 1949. Il monta au Quartier latin un réseau clandestin adoubé par l'ANC[1] de Nelson Mandela.

Si, comme on le voit, la tendance était beaucoup à la réflexion et à la création chez nous, il arrivait aussi que l'on y passe du bon temps. Cette période fut ainsi la génération des « yéyés », terme tombé de la plume d'Edgar Morin dans une chronique du *Monde* quelques jours après qu'un concert, organisé par Franck Ténot et Daniel Filipacchi, les créateurs de l'émission *Salut les copains*

1. Sigle anglais pour le Congrès national africain.

sur Europe n° 1, eut rassemblé près de deux cent mille jeunes, place de la Nation, le 22 juin 1963.

L'une de ces chanteuses qui mirent la foule en transe ce soir-là fut Sylvie Vartan, qui, avec sa famille, avait quitté la Bulgarie en 1952 lorsqu'elle avait sept ans. Dix années plus tard, elle rencontrait Daniel Filipacchi, aussi producteur dans la maison de disques Decca, qui lui fit enregistrer un premier quarante-cinq tours. Mais ce furent deux hits sortis en 1964, *Si je chante* et *La Plus Belle pour aller danser*, qui la propulsèrent définitivement première chanteuse emblématique des *teenagers*.

Iolanda Gigliotti, connue sous le nom de Dalida, était née italienne au Caire en 1933. Francophone, elle arriva seule à Paris le jour de Noël 1954. Son joli timbre coloré d'un délicieux accent l'aida à décrocher quelques contrats dans des cabarets jusqu'à ce que, remarquée par Bruno Coquatrix, patron de l'Olympia, ce dernier lui proposât de participer en avril 1956 à un crochet radiophonique auquel assista Lucien Morrisse, directeur des programmes d'« Europe » lequel, subjugué, la confia à son ami Eddy Barclay, un producteur débutant, qui lui fit enregistrer *Bambino*, un microsillon comme on disait, qui sortit en octobre et serait le titre phare du premier de ses vingt-huit albums enregistrés en studio. Maîtrisant tous les styles – romantique, twist, pop, disco et raï –, Dalida, devenue française en 1961, interprétera plus de sept cents chansons en trente années de scène, dont une dizaine seront classées pendant des semaines en tête des ventes.

Un jeune chanteur et auteur-compositeur va devenir le pendant étranger masculin de « Sylvie », chantant en français à partir de 1964 lorsque les radios dites « périphériques »[1] – Europe n° 1, Radio Luxembourg, mère nourricière de RTL, Radio Monte Carlo, dans le Sud – commencent à passer en boucle *Tombe la neige* et *Vous permettez monsieur*. C'est Salvatore Adamo. Il a tout juste vingt et un ans, vit à Mons, en Belgique, où ses parents, arrivés de Sicile, se sont posés avec lui en 1947. Pendant cinq à six années, il devient un phénomène en enchaînant les tubes ; *Mes mains sur tes hanches* est son premier numéro un au hit-parade, en 1965, et *Inch'Allah*, une chanson sur la paix sortie quelques mois avant la guerre des Six Jours[2], le fait connaître du monde entier. Jacques Brel dit un jour de lui qu'il était un « tendre jardinier de l'amour ». Cela en fait le gendre idéal.

On ne sait pas si l'on aurait pu qualifier Jane Birkin de la bru dont rêvait à l'époque chaque mère pour son fils. Car, si lorsqu'elle débarque en France courant 1967, cette très jeune femme est déjà « quelqu'une », c'est parce qu'en Angleterre elle s'est fait remarquer par son talent autant que par une personnalité où l'originalité le dispute à une liberté d'esprit si peu conforme au tantinet coincé Marylebone, le quartier londonien où elle a grandi.

À moins de vingt ans, elle a tourné dans deux chefs-d'œuvre plutôt salés, même pour les *sixties* : *The Knack*, de Richard Lester, film emblématique du *Swinging London*, et *Blow-Up*, de Michelangelo Antonioni

1. Appelées ainsi car, n'ayant pas le droit d'émettre du territoire français, leurs antennes étaient dressées à l'étranger.
2. Conflit armé ayant opposé Israël aux pays arabes voisins, elle dura du 5 au 10 juin 1967.

– Palme d'or à Cannes en 1967. Elle a aussi posé nue pour le mensuel avant-gardiste *Harper's Bazaar* et épousé l'immense compositeur de films et de séries John Barry[1], de quatorze ans son aîné. Une fois le *Channel* traversé, elle enchaîne avec *La Piscine*, de Jacques Deray (1969), dans lequel elle s'amourache de Gainsbourg, avec qui elle enregistrera le sulfureux *Je t'aime moi non plus*, et clôt en apothéose la première partie de son CV en jouant l'ardente maîtresse de… Brigitte Bardot dans l'avant-dernier film de celle-ci, en 1973.

Voilà une transition idéale vers Serge Gainsbourg, qui, avec Charles Trenet, est probablement le plus grand auteur-compositeur-interprète français. Encore que, français, il ne l'a pas toujours été. Bien que né à Paris en 1928, le petit Lucien Ginsburg est d'abord russe, héritant de la nationalité de ses parents, qui émigrent en France en 1921. La famille est naturalisée en 1932 et le restera jusqu'aux lois de Vichy, en 1942. Le « p'tit Lulu » n'est donc plus qu'un Juif apatride qui, avec sa mère et son père, est caché et sauvé par des bonnes sœurs dans le Limousin.

En 1958, redevenu français mais inconnu du milieu même s'il pianote parfois dans des cabarets il est lui aussi pris en main par Jacques Canetti, qui va lui faire écrire et composer son premier succès, *Le Poinçonneur des Lilas*. Admiré par Boris Vian, qui le comparait à

1. Il a à son actif douze bandes originales de *James Bond*, ainsi que celles d'*Out of Africa*, *Danse avec les loups* et le thème d'*Amicalement vôtre*.

Cole Porter, complexé par sa « tête de chou » et peu inspiré par l'esprit yéyé, Gainsbourg choisit alors de sculpter des monuments pour les autres : *La Javanaise* (Juliette Gréco), *La Gadoue* (Petula Clark), *Comment te dire adieu ?* (Françoise Hardy), *Les P'tits Papiers* (Régine) et, surtout, *Les Sucettes* pour France Gall, en 1966, un an après l'avoir fait triompher au concours Eurovision avec *Poupée de cire, poupée de son.* Vivant une brève mais intense histoire d'amour avec « BB », il lui offre sa *Harley Davidson* en 1967 et devient son Clyde Barrow dans *Bonny and Clyde* l'année suivante. Ce ne sera en définitive qu'avec *Comic Strip* qu'il acceptera, en 1967, de redonner, d'abord seul, de sa voix, puis en duo avec Jane pour *Je t'aime moi non plus*, dont il réalisera un film éponyme en 1976.

En parlant de septième art… il faut noter à quel point l'exportation du cinéma français hors de nos frontières durant cette période a participé à sa réputation à l'étranger, et ce aussi bien pour les films dits « d'auteur » que « grand public ».

Dans le premier genre, Jean-Luc Godard a été l'un des précurseurs même si depuis sa mort, le 13 septembre 2022, une certaine tendance à lui reprendre sa « carte », dont il a bénéficié pendant un demi-siècle, n'a pas manqué de se faire entendre. Né dans le 7e arrondissement en 1930, c'est en 1951 qu'il est devenu suisse – sa mère, protestante, vivait à Lausanne – afin d'échapper au service militaire. Après avoir longtemps fait les quatre cents coups à partir de onze ou douze ans, il commence à se stabiliser lorsqu'il en a vingt-deux, en parvenant à placer un article dans la « bible » d'André Bazin qui donne à méditer sur des sujets plutôt hermétiques, voire totalement décalés, et vante la façon ultra-sobre dont ils sont filmés en usant, surtout, de peu ou pas d'artifices et en dépensant le moins d'argent possible. Il y trouve en François Truffaut, Jacques Rivette, Claude Chabrol non seulement des camarades de classe sachant eux aussi trousser les mots, les images et les plans-séquences, mais avant tout des condisciples ayant le même sens du cadre et de ce qu'il est judicieux de mettre dedans. La journaliste franco-suisse Françoise Giroud appellera cette bouffée d'air frais la « Nouvelle Vague ».

Après *Le Beau Serge*, de Chabrol, et les « rêveries » d'Antoine Doinel mises en boîte par Truffaut, l'*À bout de souffle*, de Godard, est en 1960 la troisième déferlante à illuminer sur les écrans. Vingt-sept autres longs-métrages suivront jusqu'en 1972 dont trois, *Le Mépris* (1963), *Pierrot le Fou* (1965) et *La Chinoise* (1967), restent aujourd'hui des pépites de cinémathèque.

De même que le sont *Cléo de 5 à 7* (1962) et le très novateur *Bonheur* (1965), d'Agnès Varda, à la fois belge de naissance, grecque par son père et française par sa mère. Elle avait commencé par être photographe, avant de se rapprocher du cinéma, admirative de la bande des quatre des *Cahiers* et amoureuse de Jacques Demy. Peu prolifique – douze longs-métrages, quinze « courts » et vingt documentaires très engagés –, cela ne l'empêchera pas de devenir une sommité dans le milieu, récompensée par un Oscar d'honneur en 2017.

Les ayatollahs « baziniens » ont, en revanche, toujours vomi Henri Verneuil, le tenant pour le réalisateur type du « cinéma de papa ». Le pitchoune Achod Malakian avait quatre ans quand le paquebot l'amenant de Turquie, avec ses parents, s'amarre quai de la Joliette à Marseille, où débarquent les réfugiés venus du monde entier. Ayant survécu à l'extermination dans l'Empire ottoman, la famille ne parle pas français et vivote, protégée par la Bonne Mère. Très bon élève, le jeune Achod est diplômé des Arts et Métiers en 1943, puis débute dans le journalisme et commence à tournicoter dans le monde du cinéma marseillais, où il rencontre Fernandel, une vedette confirmée qui acceptera pourtant de tourner un court-métrage avec lui. C'est là qu'il prendra son pseudonyme, qui lui est inspiré par une publicité vantant la ville de Verneuil. Ensemble ils feront huit « longs », dont le dernier, *La Vache et le Prisonnier*, sera un triomphe mondial en 1959 – près de neuf millions d'entrées, un succès phénoménal en ce temps-là. Trois ans plus tôt, Verneuil avait déjà connu le succès en France avec *Des gens sans importance*, la première de ses cinq collaborations avec Jean Gabin. Cette réussite et son entente parfaite avec le « Vieux[1] » le consacrent comme grand professionnel, ce qui attire des stars plus jeunes. Après Fernandel et Gabin, Jean-Paul Belmondo le suivra donc à sept occasions, notamment dans le merveilleux *Un singe en hiver* (1962), Lino Ventura trois fois et Alain Delon, deux, dont une,

1. Surnom de Jean Gabin à partir de la fin des années 1950.

justement, avec Gabin et Ventura dans *Le Clan des Siciliens*, en 1969.

Romy Schneider n'a pas eu cette chance. Peut-être parce que sa carrière française ne dura que treize ans (1969-1982). Il faut dire aussi qu'il a fallu du temps pour que le talent de Romy soit reconnu en France, même si elle n'atteindra jamais, auprès des « sectes » des ciné-clubs, l'aura de l'Américaine Jean Seberg ou de la Danoise Anna Karina, les égéries de Godard.

Elle naît viennoise, est naturalisée française au milieu des années 1970 et révélée au monde en mars 1957 dans *Sissi*, une production autrichienne dans laquelle elle joue la jeune épouse de l'empereur François-Ferdinand Ier. Par la suite, après avoir appris son métier auprès des plus grands – Robert Siodmak, Luchino Visconti, Orson Welles, Otto Preminger, Jules Dassin, Terence Young –, ce n'est qu'en 1969 qu'elle débute en France dans… *La Piscine*. De cette année-là jusqu'en 1973, elle enchaîne onze tournages dont trois joyaux dus autant à elle qu'à Claude Sautet : *Les Choses de la vie* (1970), *Max et les ferrailleurs* (1971), *César et Rosalie* (1972), régulièrement rediffusés sur TF1 ou France 2 l'été, à l'occasion d'un dimanche soir à combler.

Cette télévision alors adolescente, et qui s'ouvrira à la publicité durant l'automne 1968, sera l'autre grande révolution culturelle de cette décennie.

Un spot célébrant le fromage Boursin, diffusé sur la première chaîne de l'ORTF le 1er octobre 1968 à 19 h 56, lance cette nouvelle ère et fait passer les saynètes, uniquement vues au cinéma ou entendues à la radio, du statut de réclame à celui de Publicité, avec un « P » majuscule.

Très souvent premier degré au départ – celle pour le Boursin faisant exception –, le petit écran voit surgir, quelques mois plus tard, un ovni promouvant… du chocolat. Conscient de sa place au centre de l'univers, du fait que la publicité sera désormais la grande affaire de cette fin de siècle, et perpétuellement à la recherche du scandale pour promouvoir son œuvre – ce dont il n'a plus tant besoin, pécuniairement, depuis longtemps –, Salvador Dalí, jamais en retard d'une facétie, va, à soixante-quatre ans, croquer tel un glouton dans une tablette, et déclamer : « Je suis foooouu du chocolat Lanvin. » Vingt et une secondes au cours desquelles ses moustaches frétilleront de bas en haut, et qui feront le tour du monde.

Ce sont encore deux étrangers, le photographe et créateur de mode américain William Klein, et l'Argentin Lalo Schifrin, compositeur du générique de la série *Mission impossible* et de la musique du film *Bullitt*, qui, pour la télé, donnent en 1971 naissance à une saga qui n'a jamais cessé depuis : on y verra cinq jeunes femmes se déhanchant et faisant virevolter leur robe sur six notes chantées à tue-tête, en laissant apparaître de longues jambes galbées de différentes couleurs de peau. « Ta-ta-ta-ta-ta-ta » : la marque Dim entre dans la légende, devient mondialement célèbre et commence dès lors à faire envie. Et d'abord au groupe français Bic, qui, cherchant à diversifier son activité, l'acquiert deux ans plus tard. Marcel Bich, qui l'avait fondé en 1945 et fait fortune cinq ans plus tard en ayant l'idée de racheter le brevet du stylo à bille inventé par le Hongrois Lazlo Briro, et qui, depuis, a été vendu à plus de deux cents milliards d'exemplaires.

Hormis dans le milieu industriel, peu de monde savait néanmoins qui était ce « monsieur Bic ». D'autant qu'il naquit Marcello Luigi Michele Antonio Bich, à Turin en 1914, émigra en France dans les années 1920 et ne fut naturalisé qu'en 1939. Se montrant et se livrant peu, c'est sa passion qui fit découvrir à la France « le Baron », surnom hérité du titre nobiliaire attribué à son arrière-grand-père. Fou de voile, il fut le premier Français, en 1970, à armer un bateau pour défier Américains et Anglais dans la Coupe de l'America, la plus ancienne compétition sportive de l'Histoire. Plus tard, il engloutira à nouveau des fortunes lors de quatre tentatives suivantes, qui lui amèneront autant d'infortunes

On avait bien fait de profiter de la trentaine d'années qui s'étaient écoulées car on allait se retrouver bientôt sur le sable ; en octobre 1973, la guerre du Kippour[1] éclatait et allait provoquer le premier choc pétrolier, dont personne ne s'est jamais vraiment remis depuis…

1. Conflit opposant Israël à l'Égypte et à la Syrie ; il dura du 6 au 25 octobre 1973 et fut déclenché par les pays arabes le jour de Yom Kippour – le jour du Grand Pardon –, la principale fête religieuse juive.

La gauche... en marche
(1974-1995)

Lorsque Georges Pompidou meurt après de longs mois de souffrance, le 2 avril 1974, la maison est à peu près rangée. À l'occasion d'une conférence de presse tenue en septembre 1972, il avait d'ailleurs répondu, badin, à un journaliste taquin : « Ah, cette chère vieille France ! La bonne cuisine ! Les Folies Bergère ! Le gai Paris ! La haute couture et de bonnes exportations ! Du cognac, du champagne et même du bordeaux ou du bourgogne… C'est terminé ! La France a commencé et largement entamé une révolution industriclle. Aujourd'hui, cllc cst […] compétitive sur le plan des prix, et même souvent sur celui des techniques. [Eh bien] il faut s'y résigner, la France est désormais un compétiteur […] sa place s'agrandit tous les ans. »

Et il avait tout aussi raison, les chiffres et les faits étaient de son côté. Même s'il récolta en partie les fruits des semences plantées par son prédécesseur.

Six mois après son entrée en fonctions, Pompidou inaugurait le premier tronçon du RER, un projet lancé par le général de Gaulle. *Idem* en 1971 pour le Concorde, qu'il prit, six ans avant le début de son exploitation commerciale, pour aller s'entretenir avec Richard Nixon, alors à la tête des États-Unis. Après la mise en service de plusieurs centrales civiles nucléaires fournissant l'électricité – une autre volonté gaullienne –, il décida, la même année, d'abandonner la filière charbon-gaz et impulsa la création du parc des réacteurs à l'uranium enrichi, du type Fessenheim. Quatre semaines avant son décès, ce fut l'ouverture du terminal 1 de l'aéroport de Roissy, au milieu de champs qu'on avait commencé à défricher en 1966… sous de Gaulle.

Élu le 20 juin 1969, après le départ précipité – le 28 avril précédent – du Général, dont il avait été le Premier ministre de 1962 à 1968, il eut toutefois lui aussi de grandes idées. Que ce fût lorsqu'il occupa Matignon en imposant à son « patron » l'obtention de la semaine de quarante heures et celle de la quatrième de congés payés ; ou durant les cinq années passées à l'Élysée ; ou encore la mise à l'étude du TGV, la fondation du consortium Airbus, la création de la voie sur berge parisienne.

Bref, quand la vie le quitta, le PIB par habitant approchait celui des États-Unis. La croissance industrielle moyenne avait été forte pendant au moins quatre ans (+ 4,5 %), la croissance démographique, exceptionnelle – le baby-boom avait accru la population de treize millions d'individus en trente ans –, et guère plus de cinq cent mille personnes sans emploi pointaient au chômage. Les trois quarts des ménages disposaient de la télé, d'un frigo, d'une voiture, une moitié du téléphone et un bon tiers des Français moyens passaient une semaine de vacances au ski.

Et si c'est sous son « quinquennat » que commença l'occupation du Larzac, que les journalistes de l'ORTF furent mis au pas, que la révolte des « Lip » à Besançon[1] devint l'incarnation même de l'autogestion pour le monde ouvrier et la gauche révolutionnaire et que l'adoption de la loi Debré visant à réformer le service militaire jeta plus de trois cent mille lycéens et étudiants dans les rues, « on » était globalement fiers d'avoir planté le drapeau tricolore au sommet de l'Everest des Trente Glorieuses.

D'un point de vue extérieur, il faut aussi mettre à son crédit que, hormis avec le Canada et Israël depuis les énormités verbales de De Gaulle[2], c'est de son fait que la France se remit à entretenir des relations cordiales voire amicales avec les grandes puissances mondiales.

1. Manufacture horlogère familiale fondée en 1867, l'entreprise, qui emploie près de 1 300 personnes, annonce courant mai 1973 un plan de licenciement concernant 480 d'entre elles ; les ouvriers commencent une grève. Le 12 juin, ils occupent l'usine, mettent à l'abri, dans des caches, un stock de 25 000 montres qu'ils vendront pour assurer un « salaire de survie » lorsque la production reprendra le 18 selon le principe de l'autogestion. Le 14 août, les gardes mobiles investissent l'usine et en chassent les ouvriers.

2. En visite officielle au Canada, le général de Gaulle lança du balcon de l'hôtel de ville de Montréal, le 25 juillet 1967 à une foule immense et en liesse : « Vive le Québec libre ! » Lors d'une conférence tenue le 27 novembre suivant, six mois après la guerre des Six Jours, de Gaulle affirma : « Les Juifs [ont été] de tout temps un peuple d'élite, sûr de lui-même et dominateur. »

Avec les États-Unis notamment, que l'homme du 18 juin n'avait pas épargnés non plus[1], en se gardant bien, lui, de faire quelque leçon que ce fût sur le Vietnam à Richard Nixon, qu'il appréciait d'un point de vue personnel et en tant qu'homme d'État.

Avec l'URSS aussi, et en particulier avec Leonid Brejnev – ils étaient tous deux férus de luxueuses et grosses cylindrées –, qu'il rencontra à plusieurs reprises et toujours en très bonne intelligence, bien qu'il reconnût avec humour lors d'une conférence de presse en janvier 1973 : « Nous ne faisons partie de la même Église. »

Avec la RFA, évidemment, même si, se méfiant de l'*Ostpolitik*[2] initiée par le chancelier Willy Brandt, la proximité entre les deux dirigeants n'atteignit jamais la complicité du couple de Gaulle-Adenauer.

Mais c'est avec la Grande-Bretagne que les relations changèrent du tout au tout. La « mésentente cordiale » de l'ère gaullienne fit progressivement place à un rapprochement avec Londres, issu de la vision de l'Europe et de la sympathie réciproque que partageaient Georges Pompidou et le Premier ministre Edward Heath – un conservateur, comme lui –, qui s'émancipa de Washington, chose qu'aucun occupant du 10, Downing

1. Après avoir intimé en mars 1966 aux forces de l'US Army d'évacuer le territoire – soit environ soixante-cinq mille personnes, soldats, civils et leurs familles –, de Gaulle prononça le 1er septembre à Phnom Penh un discours dans lequel, sans nommément la viser, il condamnait l'intervention américaine au Vietnam.

2. Politique menée par la RFA consistant à normaliser les relations avec l'URSS, la RDA et les autres pays de l'Est afin de durablement instaurer la paix en Europe.

Street n'avait osé depuis 1945. Cette réconciliation franco-britannique déboucha sur l'entrée du Royaume-Uni dans la CEE, le 1er janvier 1973.

Avec Mao enfin – déjà très déclinant –, à qui il rendit visite à Pékin en septembre 1973, ce ne fut qu'une brève affaire de posture polie – certes chaleureuse : photos, poignées de main, sourires. Car ce furent bien davantage les entretiens qu'il eut avec ceux qui faisaient désormais tourner l'énorme usine – Zhou Enlai et Deng Xiaoping – qui ouvrirent véritablement les relations franco-chinoises.

Car ces discussions furent franchement chaleureuses. Peut-être parce que Zhou et Deng avaient en mémoire que la France fut la première des « grands » à reconnaître, en février 1964, l'« empire du Milieu »… communiste. Peut-être aussi parce que les deux y étaient venus au début des années 1920 étudier tout en bossant sur les chaînes et que c'est en découvrant ensemble, chez nous, les combats du mouvement ouvrier que leurs convictions s'inscrivirent définitivement en eux. À plus forte raison parce qu'ils gardèrent de leur séjour « de profondes impressions de la gentillesse du peuple français[1] », *dixit* Zhou.

Il reste que s'il n'a pas si mal réussi comme chef de l'État, ce que l'on retient pourtant de Georges Pompidou, brillant Auvergnat reçu premier à l'agrégation de lettres en 1934 et auteur d'*Une anthologie de la poésie française* devenue une référence, c'est avant tout l'homme de culture qu'il fut.

1. Deng y séjourna cinq ans, Zhou, quatre.

Si Louis XIV voulut Versailles, Napoléon Ier l'Arc de Triomphe, Pompidou désira, lui, un musée dressé en plein cœur de la capitale, entièrement voué à toutes les formes de la création moderne et contemporaine. Une fois achevé, le projet fut baptisé « centre national d'art et de culture Georges-Pompidou ».

Son avant-gardisme, en art comme dans d'autres domaines, se manifesta dès son adolescence puisqu'il s'intéressa à l'ensemble de l'œuvre de Max Ernst, dont il acheta à dix-sept ans *La Femme 100 têtes* – un livre « roman-collage » légendé par Ernst et préfacé par André Breton. Une quinzaine d'années plus tard, ce furent les peintures, dessins, lithographies, gravures et collages du Franco-Russe Nicolas de Staël qui attirèrent son œil et charmèrent son esprit. C'est donc cet esprit ouvert à la modernité qui le fit introduire l'art de son temps sous les lambris de l'Élysée. Avec Frantisek Kupka, un peintre tchèque qui fut l'un des pionniers de l'abstraction. Ou encore Yaacov Agam, un Israélien établi en France à l'âge de vingt-trois ans, qui, bien que plasticien et figure majeure de l'art cinétique, toucha à tout avec grâce : peinture, sculpture, architecture… C'est lui qui conçut l'antichambre des appartements privés de M. et Mme Pompidou au palais présidentiel.

En musique, il fut aussi précurseur en son genre. Plus sensible aux harmonies de Pierre Henry, Pierre Boulez ou Olivier Messiaen qu'à celles des immenses compositeurs des XVIIIe et XIXe siècles, il fit changer les statuts de l'Opéra – qui établissaient que seul un Français pouvait le diriger – afin que Rolf Liebermann pût en devenir le directeur, en 1973. Compositeur, chef d'orchestre, metteur en scène et producteur, ce Suisse avait auparavant fait de l'opéra de Hambourg la première scène lyrique du monde sur le plan de la création et du répertoire contemporain. En sept années au palais Garnier, Liebermann y fit apprécier *in vivo* une multitude de chanteurs, de chanteuses, de chefs d'orchestre et de chorégraphes qui n'y avaient jamais mis les pieds, de Luciano Pavarotti à Kiri Te Kanawa, de Lorin Maazel à Claudio Abbado, de Maurice Béjart et Roland Petit à Carolyn Carlson, en passant par beaucoup d'autres.

Enfin, bien que onze jours après le déclenchement de la guerre du Kippour, les nations arabes de l'Organisation des pays exportateurs de pétrole (Opep) augmentassent de 70 % le prix du baril de pétrole, réduisissent de 5 % leur production et décrétassent un embargo sur leurs livraisons aux « amis d'Israël », l'économie française en fut peu affectée jusqu'à la disparition de M. Pompidou.

C'est son successeur, Valéry Giscard d'Estaing, surnommé « VGE », qui prit la chose en pleine figure – ça et tout le reste : l'impact de ce premier choc pétrolier, donc ; mais aussi les attentats et les assassinats commis par le terroriste Carlos à Paris, en 1974 et 1975. Puis il y eut les affaires « étrangères » : celle dite « des diamants » de l'empereur centrafricain Jean-Bedel Bokassa, révélée en 1979 par *Le Canard enchaîné*, ou celle du « petit télégraphiste de Varsovie », en 1980, mettant au jour un entretien que le président de la République eut avec Brejnev à propos de l'invasion de l'Afghanistan.

Quant à l'hospitalité offerte à l'ayatollah iranien Khomeyni durant cent douze jours (1978-1979), elle lui fut, à rebours, beaucoup reprochée.

En un mot, les étrangers ayant cette fois « défait la France » – ou l'ayant pour le moins mise dans un grand embarras – n'ont pas manqué non plus, durant son mandat.

Prenez le roi Fayçal d'Arabie saoudite – troisième fils du fondateur de la dynastie – : c'est lui, et lui seul, qui, à soixante-six ans, imposa, à Koweït City, le 17 octobre 1973, l'embargo sur la livraison du pétrole aux alliés d'Israël. Même si des négociations secrètes permirent d'alléger un peu cette mesure à l'égard de la France parce qu'elle était considérée, depuis le 27 novembre 1967, justement, comme « amie du monde arabe », cela n'empêcha pas le prix du super d'augmenter de manière significative à la pompe dans l'année qui suivit.

Et si c'est la prise d'otages de soixante-dix personnes – dont onze ministres – organisée par Carlos au siège de l'Opep, à Vienne, laquelle fit trois morts et fut partout retransmise en *live* en décembre 1975, qui fit définitivement connaître ce sinistre individu au monde entier, il avait déjà tristement sévi en France. Fils d'un avocat vénézuélien communiste *et* plein aux as nommé Ramirez et de son épouse Maria Sanchez, il est prénommé à sa naissance, en 1949, d'après l'un des patronymes de Lénine et naît Ilitch Ramirez-Sanchez. Après de pseudo-études universitaires de gosse de riche à Londres, il tentera une inscription à la Sorbonne à l'automne 1968, qui sera rejetée, et entrera finalement à l'université Patrice-Lumumba[15] de Moscou, créée pour former les étudiants du tiers-monde. Il s'en fait renvoyer pour « vie dissipée ». Trop souvent alcoolisé, il préfère la bagarre, les soirées orgiaques et la compagnie des femmes à celle des professeurs. Mais entre deux sauteries, il fait connaissance de Palestiniens, épouse leur cause et finit par atterrir à Amman, dans un camp du Front populaire de libération de la Palestine (FPLP), une branche marxiste-léniniste dissidente beaucoup plus radicale de l'Organisation de libération de la Palestine (OLP). Ayant parfaitement assimilé les « travaux pratiques » très poussés de guérilla, il est fait chef des « opérations extérieures » du groupe terroriste et envoyé en Europe ; c'est à ce moment qu'il choisit Carlos pour pseudonyme.

Après avoir tenté d'assassiner un homme d'affaires juif à Londres, il se réfugie en France. C'est là que la sale histoire entre lui et nous va s'écrire.

Cela commence par les deux morts et les trente-quatre blessés, le dimanche 15 septembre 1974, provoqués par la grenade qu'il jette au drugstore Publicis à Saint-Germain-des-Prés[2], un acte ayant pour but de faire pression sur le gouvernement français pour qu'il

1. Premier ministre de gauche pendant deux mois et demi durant l'été 1960 de la république du Congo devenue indépendante (ex-Congo belge), Patrice Lumumba est mort assassiné quelques mois après avoir été renversé.

2. Attentat qu'il revendiquera cinq ans après dans une interview au quotidien saoudien *Al Watan Al Arabi*.

libère un « frère » de l'Armée rouge japonaise/FPLP arrêté en juillet – libération à laquelle le groupuscule « travaillait » déjà depuis quarante-huit heures en ayant pris en otage l'ambassadeur de France et du personnel à La Haye. Giscard d'Estaing et Jacques Chirac, son Premier ministre, n'ayant pas cédé, et la mission diplomatique étant cernée par la police néerlandaise, Carlos passa donc à l'acte à Paris puis demanda que soient mis à la disposition des terroristes japonais un avion et trois cent mille dollars afin qu'il puisse sortir librement des Pays-Bas.

Ce fut fait le mardi. Carlos disparaît… et réapparaît début janvier à l'aéroport d'Orly, en tentant une attaque – manquée – au lance-roquettes contre un Boeing 707 de la compagnie israélienne El Al, puis une seconde, six jours plus tard ; mais, repéré par des agents de la Direction de la surveillance du territoire (DST), il s'empare de deux otages à qui il rend leur liberté après avoir obtenu qu'un vol le conduise à Bagdad. Cette attaque, qui fera vingt et un blessés, trahit un accord passé depuis l'installation officielle, courant novembre 1974, d'un bureau de l'Autorité palestinienne à Paris – en clair, l'OLP – selon lequel la France accueillait des Palestiniens sur son territoire à condition qu'ils s'y tiennent à carreau.

Voilà pourquoi la DST ne le lâche plus, aussitôt qu'elle apprend son retour sur le territoire et finit même par le loger dans un appartement du 5e arrondissement, à deux pas du Panthéon. Pour garder un œil sur lui. Mais le 27 juin 1975, le Vénézuélien tire plusieurs fois, tuant deux inspecteurs de ce service et en blessant un troisième. Le lendemain, *Libération* fera sa une de ce drame et titrera, ce dont il n'y a toujours pas à être fier près d'un demi-siècle plus tard : « Match "Carlos" – DST : 3-0 ».

Suspecté d'avoir remis les pieds en France pour y commettre quatre attentats qui firent dix morts en 1982 et 1983, l'assassin n'y revint toutefois officiellement que le 15 août 1994 quand, après avoir été enlevé au Soudan sur ordre de Charles Pasqua, ministre l'Intérieur, il fut incarcéré à la prison de la Santé. Plusieurs procès aux assises le condamnèrent à la réclusion criminelle à perpétuité. Il a aujourd'hui soixante-treize ans et purge sa peine à la centrale de Poissy, dans les Yvelines.

Derrière le second choc pétrolier – un fusil à deux coups dont le premier tir a lieu en juin 1979, le second en décembre 1980, et qui multipliera quasiment par trois le prix du baril en deux ans –, il y a un vieil homme enturbanné, un imam à la longue barbe blanche que la France a accueilli pendant près de quatre mois, du 10 octobre 1978 au 1er février 1979 à Neauphle-le-Château, dans les Yvelines : Rouhollah Khomeyni.

Nommé ayatollah dans les années 1950, il s'oppose ouvertement à partir de 1963 à la « Révolution blanche[1] » imposée par le shah d'Iran, Mohammad Reza Pahlavi, qui l'envoie en exil un an plus tard, dont

1. Programme de réformes économiques et sociales qui modernisa de fond en comble le pays et fit perdre leur pouvoir aux grands propriétaires terriens ainsi qu'au clergé. Elle permit aussi aux femmes d'acquérir des droits fondamentaux dans beaucoup de domaines :

la dernière étape sera « Neauphle », où il s'installe avec un simple visa de touriste, sans demander l'asile politique, et où chaque jour à 13 heures, une soixantaine d'Iraniens venus de toute l'Europe se livrent avec ferveur à leur dévotion en sa compagnie à l'ombre d'un pommier. Il tient même parfois salon pour les journalistes, salons au cours desquels, bien que dénonçant la dictature du shah, son discours modéré empli de spiritualité et son charisme ensorcellent des personnalités telles que Jean-Paul Sartre et Michel Foucault, qui voit même en lui un « nouveau Gandhi ».

Sachant cependant à qui on avait affaire, il lui fut signifié par deux fois que « le sol de la France n'[était] pas un territoire d'où p[ouvai]ent être lancés des appels à des actions de violence ». Sans être dupe, puisqu'elle n'ignore pas que Khomeyni enregistre des milliers de cassettes furtivement envoyées à Téhéran dans lesquelles il prône sans ménagement le renversement du pouvoir en place – pourtant son allié essentiel au Proche-Orient –, la France laisse faire. Ces prêches enflammés engendrent des manifestations d'une telle ampleur que Reza Pahlavi quitte Téhéran le 16 janvier 1979. Deux semaines plus tard, l'ayatollah y arrive, descendant du 747 d'Air France au bras d'un steward de la compagnie.

La révolution islamique enclenchée, l'Iran chiite va en quelques mois se radicaliser en interne et à l'égard

---

interdiction de la polygamie, divorce, droit de vote, libre accès aux études supérieures.

des Occidentaux, incarnations par excellence des mécréants. Cet Iran qui, grâce au shah, était modéré au sein de l'Opep, bascule en juin du côté des plus durs – l'Algérie et la Libye –, et le prix du baril augmente brusquement de 20 %. Quinze mois plus tard, son entrée en guerre avec l'Irak sunnite – au sous-sol très riche, lui aussi, en hydrocarbures – n'arrange pas les choses, avec la destruction de son immense raffinerie d'Abadan qui aura une influence certaine sur l'approvisionnement mondial et fera une nouvelle fois monter les prix. Le second choc pétrolier est là.

Question choc, Valéry Giscard d'Estaing a dû en avoir un sacré quand, bien que prévenu par les « services », il découvrit dans la soirée du 9 octobre 1979, veille de la parution de l'hebdomadaire, *Le Canard enchaîné* titrant sur sept colonnes en haut de sa une et en lettres capitales rouges : « QUAND GISCARD EMPOCHAIT LES DIAMANTS DE BOKASSA ». Cette révélation et celles qui suivirent pendant dix-huit mois, abondamment et régulièrement reprises par TF1 et Antenne 2, chaînes alors publiques, furent l'un des facteurs qui le privèrent d'une réélection le 10 mai 1981.

Ce Bokassa en question avait d'abord été pendant dix ans un grand ami de la France après qu'il fut porté au sommet de la République centrafricaine, le 1er janvier 1966, à la suite d'un coup d'État… avant de s'avérer plus encombrant lorsqu'il s'autoproclama empereur sous le nom de Bokassa Ier au point d'être… débarqué deux semaines avant les premières révélations du *Canard*.

À dix-huit ans, en 1939, il s'était engagé dans l'armée française, puis dans les FFL ; il fut ensuite formé en France, combattit en Indochine et en Algérie. Bien que gaulliste dévot – il l'appelait « Papa » après avoir été reçu deux fois par le Général, lequel le nommait, lui, « le Soudard », et la presse « Papa Bok » –, il quitta l'armée avec le grade de capitaine pour aller organiser celle de son nouveau pays, conduit par l'un de ses cousins depuis 1960… qu'il renversa.

Quoiqu'il devînt très vite ubuesque, bouffon, grotesque et dictatorial, de Gaulle, Pompidou et Giscard d'Estaing le soutinrent car la position géographique de la République centrafricaine et ses mines d'uranium, prospectées par le Commissariat à l'énergie atomique (CEA), constituaient un avantage stratégique pour la politique de la dite France-Afrique.

Après s'être croisés pour la première fois lors des funérailles de Charles de Gaulle à Notre-Dame, Bokassa et Giscard établirent des liens plus personnels à l'occasion de trois chasses au gros gibier, organisées pour le ministre des Finances de Georges Pompidou par un membre de la famille de son épouse, Anne-Aymone, propriétaire d'une concession dans le nord de la République centrafricaine. C'est à ce moment-là que l'« affaire des diamants » débute.

Après avoir vérifié et recoupé des informations fournies par l'un de ses aimables correspondants – lesquels ne sont jamais rétribués –, le journal affirma qu'en

1973, le futur président aurait reçu de Bokassa une plaquette de diamants estimée à l'époque à un million de francs – équivalant à environ un million d'euros aujourd'hui. Dans le numéro suivant, le journal assura qu'en 1975, lors d'une visite à Bangui, Giscard aurait une fois encore bénéficié des largesses diamantaires de Papa Bok.

Si les cadeaux, quelle que soit leur valeur, sont des pratiques courantes entre chefs d'État et sont remis aux services destinés à les conserver, il lui est reproché de les avoir gardés pour lui, bien que dans une interview télévisée du 27 novembre 1979, il affirmât qu'« avant que [s]on mandat ne s'achève, tous les cadeaux qu['il avait] reçus [...] aur[aie]nt été [remis à des] œuvres de bienfaisance ou musées ».

Jusqu'au bout de son septennat, il lui fallut s'expliquer. Et jusqu'au bout, il s'enfonça. Comme deux mois avant le second tour en 1981, lorsqu'il expliqua : « Ce n'étaient pas du tout, comme on l'a dit, des diamants, c'est-à-dire de grosses pierres ayant une grande valeur et que l'on pouvait garder pour soi [...]. C'étaient plutôt des produits [...] utilisables sur un plan de décoration en bijouterie [...]. Ils sont restés à l'Élysée. » Des propos contradictoires avec ceux recueillis lors d'un entretien téléphonique avec *Le Canard enchaîné*, où Bokassa affirma avoir « remis à quatre reprises des diamants au couple présidentiel » avant d'ajouter : « Vous ne pouvez pas imaginer ce que j'ai remis à cette famille-là. » Accusations qu'il réitérera dans le *Washington Post* du 8 mai 1981 pour « [régler ses] comptes avec ceux qui ont provoqué [sa] chute ».

Beaucoup moins excitante pour les Français mais bien plus importante pour l'Histoire fut l'affaire du « petit télégraphiste », au cours de laquelle Leonid Brejnev roula dans la farine son alter ego français et le prit quasiment pour un imbécile.

Seul patron de l'Union soviétique depuis avril 1966, sous ses airs joviaux, ce type était un dur de dur en termes d'orthodoxie ; aussi, il a vite remis au pas son pays et ses satellites après le semblant de libéralisation politique et intellectuelle qu'avait amorcé Nikita Khrouchtchev. L'incarcération des écrivains Iouli Daniel, Vladimir Boukovski et Andreï Sinyavsky, ce fut lui ; le bannissement d'Alexandre Soljenitsyne, l'exil forcé d'Andreï Sakharov à Gorki et l'internement psychiatrique de Leonid Pliouchtch, lui aussi. C'est sur ses ordres que les chars des membres du pacte de Varsovie[1] – exceptés roumains et tchèques, bien sûr –, menés par ceux de l'Armée rouge, envahirent la Tchécoslovaquie au mois d'août 1968 ; que l'Union soviétique franchit en force, avec armes et bagages, la frontière afghane fin décembre 1979, et que l'état de siège fut instauré en Pologne par Wojciech Jaruzelski deux ans plus tard, avant que les dirigeants de Solidarnosc fussent arrêtés les uns après les autres.

1. Alliance militaire créée en 1955 groupant l'URSS, la RDA, la Hongrie, la Tchécoslovaquie, la Pologne, la Bulgarie, la Roumanie. L'Albanie en sortit le 13 septembre 1968.

Au-delà des relations civiles qu'entretiennent en général les chefs d'État, Leonid Brejnev avait une affection toute particulière pour l'ancien maire de Chamalières (1967-1974). Leur inclination commune pour la chasse et les belles voitures avait créé une étonnante complicité entre le rustique apparatchik ukrainien, fils de métallurgiste, et le polytechnicien, un peu aristocrate par la bande et politiquement installé en Auvergne. Durant le septennat, cinq rencontres officielles eurent lieu.

Mais c'est une sixième, complètement informelle, qui nous occupe. Cinq mois après l'invasion de l'Afghanistan, condamnée par tout l'Occident y compris la France, le président de la République s'arrange pour obtenir un rendez-vous en douce à Varsovie le 19 mai 1980 avec le numéro un soviétique, déjà bien attaqué par la maladie, au cours duquel ce dernier lui accorde que « l'affaire d'Afghanistan est politique et non militaire […]. Mais nous ne devons pas rester […]. J'en ferai une affaire personnelle pour l'imposer [au Politburo] […]. Vous pouvez compter sur moi. » À son retour, VGE ne révèle rien, ni à la presse ni à ses partenaires du G7. Mais lors de leur réunion annuelle, les 22 et 23 juin suivants à Venise, il lâche une… bombe qui les met en fureur lorsqu'il annonce que son ami Leonid lui a fait savoir que ses troupes allaient prochainement évacuer le pays occupé. Et si quelques avions, pièces d'artillerie et trois ou quatre unités furent effectivement retirés… ce fut pour être aussitôt remplacés par de plus nombreuses.

Révolté par le procédé, le G7 publie dès le premier soir, ce qui ne s'était jamais produit depuis sa création, en 1975, un communiqué affirmant le caractère « inacceptable » de cette invasion, ajoutant que « si ce retrait est confirmé, il devra être permanent et complet ». Giscard est humilié et, comme celle des diamants, il traînera cette casserole jusqu'au bout puisque, lors de l'émission *Cartes sur table* du 16 mars 1981, François Mitterrand moquera l'épisode italien et qualifiera d'un sobriquet railleur son futur adversaire, moins de deux mois plus tard : « Et tout à coup arrive [...] un petit télégraphiste : c'est M. Giscard d'Estaing. Il amène une dépêche dans sa poche. »

La face B du septennat giscardien, celle qui concerna l'accueil de certains étrangers, fut en revanche plus à son honneur. Et on lui doit d'avoir redonné la vie à des hommes que les régimes de l'autre côté du Rideau de fer étaient en train de briser.

Comme au Tchèque Milan Kundera, par exemple. Communiste convaincu, il prend sa carte au Parti dès l'âge de dix-huit ans, au début de ses études ; elle lui est retirée à ses vingt et un ans, lorsque le Premier ministre, Klement Gottwald, totalement inféodé à Staline, impose la dictature. Toujours fidèle à son premier amour, il est réintégré au Parti après la mort, quasiment concomitante, de ces deux personnages, en 1953, avant d'en être définitivement exclu en 1970 pour avoir pris fait et cause en faveur du « printemps de Prague », alors qu'il est désormais un romancier, essayiste, dramaturge reconnu et très lu. Il perd aussitôt son poste d'enseignant à l'Institut des hautes études cinématographiques de Prague, ses livres disparaissent des librairies et des bibliothèques, et il est obligé de bricoler ici ou là pour survivre. Au début de l'été 1975, Prague le fiche en définitive à la porte, en leur octroyant, à lui et à sa femme, un passeport et une autorisation d'être « absents » durant… sept cent trente jours. Il part pour Rennes, où son ami Dominique Fernandez – qu'il a connu lorsque le prix Médicis étranger 1973 lui a été remis pour *La vie est ailleurs* – lui a trouvé un poste à l'université, et Giscard fait accélérer le processus pour qu'il acquière un visa permanent, avant que Mitterrand lui octroie la nationalité française. C'est en 1982 que Kundera terminera son roman le plus connu, *L'Insoutenable légèreté de l'être*, et en 2011, son œuvre entre au catalogue de la bibliothèque de « La Pléiade », devenant l'un des rares écrivains à y être publiés de leur vivant.

Communiste tout aussi fervent au départ, au point d'adhérer lui aussi très jeune au PCUS, le brillant mathématicien ukrainien Leonid Pliouchtch va toutefois, au fil des années, perdre progressivement ses illusions et commencer à fréquenter les milieux dissidents à partir de la fin des années 1960. Arrêté en 1972, il est condamné à l'internement psychiatrique pour « menées antisoviétiques ». Il restera dans ces « hôpitaux » jusqu'à ce que le président de la République, alerté par Laurent Schwartz, fasse le nécessaire auprès de Leonid Brejnev pour qu'il soit expulsé vers la France, dont il deviendra citoyen et où il s'éteindra paisiblement à l'âge de soixante-seize ans.

Par un engagement rapide et radical, Valéry Giscard d'Estaing va aussi permettre que beaucoup de vies soient réellement sauvées : celles de nombreux Vietnamiens, Cambodgiens, Laotiens de l'ex-Indochine française ayant commencé à fuir après la prise du pouvoir par les « Rouges » au printemps 1975 sur des embarcations de fortune – les *boat people*. Pendant des semaines et des mois, ils vont errer en mer de Chine, menacés de mort par les pirates, les requins, les intempéries, avant, parfois, de croiser la route de cargos qui les recueillaient, puis les éparpillaient au gré des milliers de camps surpeuplés de la région, où ils finissaient par croupir et souvent mourir. Le Haut-Commissariat des Nations unies pour les réfugiés estimera que, sur ces plus de trois millions de malheureux, entre deux cent mille et deux cent cinquante mille perdirent la vie durant l'exode.

Au printemps 1979, cette crise humanitaire devint si insupportable qu'André Glucksmann – un fils d'immigrés austro-hongrois et roumain qui, après avoir été maoïste, avait rompu avec le marxisme – prit l'initiative de réconcilier Jean-Paul Sartre et Raymond Aron – dont la complicité et l'amitié depuis Normale Sup' avaient été irrémédiablement brisées en 1947 – pour qu'ils aillent ensemble solliciter le président de la République afin qu'il intervienne ; ce fut fait le 26 juin 1979[1].

1. À l'automne 1978, le Président, voulant rencontrer ceux que l'on appelait désormais les « nouveaux philosophes », invita à déjeuner

L'hôte de l'Élysée se montra exemplaire. Alors que la suspension de l'immigration du travail en provenance, notamment, du Maghreb et du Sahel venait d'être établie, il décide d'ouvrir chaque mois les portes à plus de mille réfugiés asiatiques et d'accélérer leur accès à l'emploi, au logement, à la scolarité et à la nationalité française. En dix ans, 128 531 de ces hommes, femmes et enfants ont ainsi pu se construire une vie nouvelle.

Avec les quatorze années au pouvoir de François Mitterrand, l'histoire de ces étrangers qui ont fait la France se raconte autrement. Certes le pays sera frappé comme il ne l'a jamais été : plus de trente attentats commandités ou perpétrés par l'étranger sont commis. Terroristes arméniens, palestiniens, islamistes sunnites et iraniens chiites, sans compter les Français d'Action directe, plus ou moins affiliés à la Fraction armée rouge allemande et aux Brigades rouges italiennes, causent la mort d'une cinquantaine de personnes et font des centaines de blessés. Malgré cela, il reste des hommes et des femmes nés sous d'autres cieux ou sur notre territoire, nombreux et devenus – ou pas – français qu'il faut honorer pour avoir marqué notre histoire au crépuscule de ce siècle.

Pierre Bérégovoy en est peut-être l'exemple le plus emblématique. Né russe en 1925 près de Rouen, d'un

Glucksmann et Bernard-Henri Lévy. Avant même de passer à table, ces derniers lui déclarèrent : « Nous ne nous assiérons et discuterons que si vous levez l'interdiction de séjour de Daniel Cohn-Bendit. » Voir chapitre « Ma France ».

père ukrainien qui avait fui le bolchevisme et d'une Normande, il ne reçut sa nouvelle nationalité que trois ans plus tard, grâce à la loi promulguée en 1927. Le « certif' » dans une poche, deux CAP dans l'autre et quatre étés plus loin, il devient ouvrier fraiseur en usine, intègre ensuite sur concours la SNCF, entre en Résistance puis s'engage chez les Jeunesses socialistes. Remarqué par un peu tout le monde pour sa force de travail, son opiniâtreté et son intelligence, il adhère à la SFIO, crée une section syndicale Force ouvrière aux chemins de fer à Rouen, avant de rejoindre Gaz de France en 1950, où il termine sa carrière professionnelle comme directeur adjoint, en 1978.

Celle, politique, qu'il mena le fut aussi magistralement. Conseiller de Mendès pour les questions sociales, il rejoignit le PS et François Mitterrand au congrès d'Épinay en 1971, et gagna la confiance de ce dernier au point d'être l'un des représentants socialistes qui négocieront avec leurs homologues du PCF aux fins de rédiger un programme commun de gouvernement. Son cursus parfait de social-démocrate en fit un secrétaire général de la présidence lorsque Mitterrand entra à l'Élysée, puis un ministre affecté à diverses fonctions – Affaires sociales, Économie, Finances et Budget, Défense nationale – avant qu'il soit nommé à Matignon, le 2 mars 1992.

Plus jeune de neuf mois, Henri Krasucki a suivi à peu de chose près le même parcours, celui de la méritocratie républicaine, avant de devenir en 1982 un numéro un très radical de la CGT en remplaçant Georges Séguy.

À deux différences notables : né en Pologne, il ne devint français qu'en 1947, et si, bien avant ça, il pencha lui aussi à gauche, ce fut du côté du PC-SFIC ; d'abord en adhérant aux Jeunesses communistes et à la CGT dès son premier emploi comme ajusteur, puis en étant admis dans le réseau résistant FTP-MOI. Arrêté, torturé en mars 1943, il gardera le silence, sera déporté et reviendra de Buchenwald deux ans plus tard.

Reconverti en ouvrier métallurgiste, il grimpe vite dans la hiérarchie du syndicat, dont il devient l'un des permanents l'année de sa naturalisation. Son ascension est un peu moins rapide au sein du PCF, où il ne sera élu au comité central qu'en 1956 puis au bureau politique en 1964. Affublé de la double casquette syndicale et politique, il est l'un des principaux négociateurs de ce qui débouchera sur les accords de Grenelle en juin 1968.

Contrairement aux habits du type borné qu'on a voulu lui faire porter, Henri Krasucki était un lettré, un homme cultivé, plein d'humour, un amoureux d'opéra qui, après avoir rendu les clés de la centrale en 1992, continua son combat, notamment en luttant, en vain, jusqu'à ses derniers jours pour qu'une autoroute ne traversât pas la région où il s'était retiré.

Ce double septennat mitterrandien verra aussi des scientifiques porter haut la voix de la France.

Ainsi, le Vietnamien Trân Thanh Vân, né en tant qu'indigène dans le protectorat d'Annam, en 1936, puis naturalisé à son arrivée à Paris, en 1953, pour y suivre des études de mathématiques et de physique – discipline dans laquelle il devient docteur dix ans après –, est aussi réputé pour ses travaux théoriques sur les particules que pour sa conscience à l'égard de l'avenir de la planète. C'est pour cela qu'il a créé, à partir de la fin des années 1980, à Blois d'abord, puis ailleurs, des rencontres désormais très courues des astrophysiciens, physiciens, mathématiciens, cosmologistes, biologistes et chimistes du monde entier, afin d'échanger et de maximiser les interactions interdisciplinaires propices au développement de la science sans trop malmener la Terre.

Très préoccupé lui aussi par cette question, Hubert Reeves, astrophysicien nucléaire franco-canadien de Montréal qui travailla à la Nasa, fut directeur au CNRS et consultant au CEA, publia trois livres dans les années 1980 – *Patience dans l'azur*, *Poussières* et *L'Heure de s'enivrer* – qui seront traduits dans de nombreuses langues. Le premier, qui proposait de faire découvrir le ciel et ses étoiles au grand public avec des mots simples, le révéla en faisant un malheur à l'émission *Apostrophes*. Dans le deuxième, il tenta de faire prendre conscience aux gens que, de la simple roche à l'homme, en passant par la fougère ou le tyrannosaure, tout est né du même atome, et que, partant de là, chaque particule en ce bas monde doit être respectée. Mais c'est dans le troisième qu'il aborda en profondeur les menaces que fait peser le progrès sur la Terre, à commencer par les complexes militaro-industriels de l'URSS et des États-Unis.

Pour Georges Charpak, né en Pologne en 1924, arrivé en France en 1931, déporté à Dachau puis naturalisé français en 1946, l'écologie, en revanche, fut toujours parmi les dernières de ses préoccupations, ce dont il ne se cacha d'ailleurs jamais. Diplômé de l'École des mines et devenu docteur en physique en 1955, cette absence de prise de position ne l'a pas empêché d'être honoré du prix Nobel en 1992 pour récompenser, expliqua l'Académie suédoise des sciences, « l'invention et le développement de détecteurs de particules, en particulier la chambre proportionnelle "multifils" ».

Bien qu'ayant dénoncé la pratique du pouvoir personnel du général de Gaulle dans un livre, *Le Coup d'État permanent*, paru en 1964, François Mitterrand se glissa facilement dans le costume du monarque républicain accompli. Et, sans apparemment s'intéresser à l'intendance, il voyait tout, entendait tout, savait tout ; en définitive, il statuait sur tout.

Comme d'annoncer officiellement trois mois après son élection, quasiment sans avoir consulté quiconque, que le palais du Louvre serait dans son intégralité rendu à sa vocation première, celle de musée, établie depuis la Révolution ; et que l'on construirait à Bercy une imposante structure pour y loger les services des Finances et leurs ministres. Moins d'un an plus tard, il décidait qu'une œuvre originale serait érigée au beau milieu de l'immense place délimitée par les pavillons Richelieu, Denon et Sully. Sans recourir aux procédures du concours d'architecture, le Président choisit seul le projet ultramoderne de l'architecte sino-américain Ieoh Ming Pei : une pyramide de verre. Si l'idée fit hurler la France traditionaliste, l'ensemble architectural composé s'étalant sur cinq siècles[1] est tenu aujourd'hui par le monde entier pour une merveille. Comme l'est la perspective pyramide du Louvre-Arc de Triomphe du Carrousel-Arc de Triomphe de l'Étoile, terminée par la Grande Arche de La Défense, dont Mitterrand confia l'élaboration au Danois Johan Otto von Spreckelsen et qui fut inaugurée à l'occasion du bicentenaire de la Révolution.

C'est un autre étranger, le Suisse Bernard Tshumi, qui conçut en 1983 le magnifique parc de la Villette, et c'est une architecte d'intérieure italienne, Gae Aulenti, qui fut chargée, en 1982, d'aménager la scénographie des salles du musée d'Orsay[2] pour y recevoir les sculptures des XIXe et XXe siècles ainsi que la plus importante collection de peintures impressionnistes et postimpressionnistes du monde.

Considérant l'opéra Garnier trop petit en jauge et techniquement dépassé, Mitterrand jouera en l'espèce la seule fausse note de sa partition des grands travaux, en faisant construire celui de la Bastille selon les idées de l'architecte uruguayen Carlos Ott. Défauts de conception, gouffre financier pour tenter d'y remédier…

1. Après avoir fait raser la citadelle érigée par Philippe Auguste, c'est François Ier qui décida en 1527 l'édification dans le style Renaissance du premier élément du palais que l'on connaît aujourd'hui. Tous ses successeurs – hormis Louis XV, Louis XVI, Charles X, Louis-Philippe – ainsi que Napoléon Ier, Napoléon III, la IIIe République et François Mitterrand, apporteront ensuite leur « pierre » à l'édifice.

2. Un projet initié par Valéry Giscard d'Estaing.

Malgré tous les efforts accomplis depuis vingt ans, cette salle n'est pas parvenue à gagner le cœur de la plupart des ténors et cantatrices qui ont dû s'y produire.

Si la haute couture et le prêt-à-porter français n'ont pas attendu le règne de François Mitterrand ni les stylistes étrangers pour se construire une solide notoriété, Pierre Cardin, Karl Lagerfeld et Gianfranco Ferré vont toutefois ajouter au côté strictement esthétique leur touche de capitaine d'industrie dans les années 1970-1980 et au début des *nineties*, contribuant à augmenter un peu plus la réputation de la mode française à l'international.

La renommée du premier, né en Italie et devenu français à quatorze ans, n'était pourtant plus à faire depuis qu'il avait été le premier tailleur de la maison Dior, à son ouverture, en 1946, qu'il y inventa deux ou trois ans après la mode *New-Look*, qu'il créa sa propre griffe en 1953 et eut l'idée de poser les bases d'une production de prêt-à-porter en parallèle à la haute couture, afin que « la mode ne [soit] pas réservée à une élite richissime ». C'est en partie ainsi qu'il bâtit, en trois décennies, un empire implanté en Europe, aux États-Unis et au Japon. L'originalité du tournant des années 1970-1980, c'est que Cardin parvint à faire comprendre aux huiles soviétiques et chinoises que ce qu'il créait n'était pas uniquement, pour reprendre les jargons locaux de l'époque, en vue de satisfaire les caprices de la « bourgeoisie décadente occidentale », et que cela ne jurerait pas non plus dans les réceptions… au Kremlin, ni dans les soirées officielles à la Cité interdite ! Le succès rencontré lors d'une présentation de ses collections sur la place Rouge, et celui qui attira dix mille curieux dans le Palais des sports de la Maison des travailleurs à Pékin suffirent à conquérir l'arriviste fille de Brejnev et l'influente benjamine de Deng Xiaoping, et permit au petit émigré italien d'ouvrir de nombreuses franchises à Leningrad – aujourd'hui Saint-Pétersbourg –, Moscou, Pékin et Shanghai.

Karl Lagerfeld, lui, était hambourgeois de naissance et se posa à Paris à dix-neuf ans. Il avait beau dire : « Je ne mets jamais mon nez dans les comptes », il a très bien su faire fructifier ses dons artistiques en étant un génial multicarte dans tout ce qui touche à la mode – la haute couture, le prêt-à-porter, la création d'accessoires, de parfums, le design – et en choisissant d'être styliste indépendant. De ses débuts chez Balmain à Chanel, en passant par Patou, Fendi à Rome, Chloé… H & M ou Fabergé et Coty pour la parfumerie, il n'a signé que des contrats à durée déterminée.

Même si, de 1983 à son décès, en 2019, il fut directeur artistique chez « Coco » pour l'ensemble des collections de haute couture, prêt-à-porter et accessoires, il exigea des propriétaires, Alain et Gérard Wertheimer, de pouvoir créer sa propre marque, « Karl Lagerfeld », et œuvrer ailleurs lorsqu'un projet l'intéressait. Quand il arriva, la prestigieuse maison frôlait la fermeture ; il en transforma l'image en misant sur des tissus et des matériaux uniquement de luxe, en osant aussi des silhouettes nouvelles et modernes. Ce fut et cela reste un triomphe, qui fait de Chanel la marque française la plus connue dans le monde.

Le dernier de ces couturiers entrepreneurs fut un génial touche-à-tout italien dans ses jeunes années, à la fois un véritable Polytechnicien et un architecte d'avenir. Mais Gianfranco Ferré découvrit tardivement le monde de la mode, en imaginant des parapluies et des accessoires tout à fait originaux, avant de laisser aller son coup de crayon stylé vers d'autres horizons et de créer sa propre maison de couture, à trente-deux ans. Ses collections furent si vite prisées que Bernard Arnault le nomma directeur de la maison Dior en 1989. Avec ses allures d'un Pavarotti ou d'un Umberto Eco, il ne s'en laissa toutefois pas conter par le nouveau propriétaire de LVMH[1], n'hésitant pas à ajouter au classicisme Dior une touche d'exubérance sans jamais écorner la tradition, et il ne se gêna pas non plus pour être dispendieux lorsqu'il s'agit de monter ses défilés. À la longue, cela finit par déplaire au propriétaire et, après sept années de collaboration, le Lombard tourna les talons, revint aux manettes de sa propre griffe et devint multimillionnaire.

Si Mitterrand rendit hommage à Marie Curie en lui ouvrant les lourdes portes du Panthéon en 1995, ce siècle vieillissant avait aussi beaucoup donné la parole à des femmes dont la langue maternelle n'était pas forcément le français.

1. Louis Vuitton Moët Hennessy.

Née apatride en 1929 à Paris, Hélène Zourabichvili a commencé par parler celle de Tchekhov, son père étant géorgien et sa mère germano-russe. Elle a ensuite vite appris celle d'Hugo à l'école primaire, et n'est devenue française et Carrère d'Encausse qu'à la suite de son mariage, à vingt-trois ans. Diplômée de Sciences Po avant d'y professer, docteur ès lettres avant d'enseigner l'histoire à Paris I, elle se fait remarquer en 1978 par un pavé d'environ mille pages – *L'Empire éclaté* – dans lequel elle envisageait la fin, à terme, de l'Union soviétique. Elle estimait cette issue probable entre autres parce qu'une forte natalité dans les républiques musulmanes de l'ex-URSS finirait selon elle par braquer ces nationalités contre le pouvoir slave de Moscou, ce qui, en vérité, ne tint qu'une part très infime dans l'implosion de l'empire en 1991. Proche de Raymond Barre et de Jack Lang, elle devint députée européenne en 1994, quatre ans après avoir été élue à l'Académie française et cinq ans avant d'en être la première femme secrétaire « perpétuel », une institution dont elle est devenue la doyenne en janvier 2022. Opposée à la féminisation des titres et fonctions, elle considère l'écriture inclusive comme… un « péché mortel ».

Avant elle, le Quai Conti ne s'était ouvert qu'à deux femmes.

À Marguerite Antoinette Jeanne Marie Ghislaine Cleenewerck de Crayencour en 1980, qui refusa de porter l'habit vert et prit comme patronyme Yourcenar – anagramme de Crayencour – lorsqu'elle devint américaine, en 1947, après avoir atterri neuf années plus tôt dans le Maine pour y rejoindre sa compagne, professeure aux États-Unis. Fille de l'aristocratie belge, née à Bruxelles en 1903, elle avait avant cela beaucoup bourlingué. Après avoir grandi à Nice, être devenue française et y avoir obtenu son bachot sans jamais avoir fréquenté l'école primaire ni le lycée, elle vécut la bohème à travers l'Europe et rencontra son grand amour à Istanbul. Elle rédigea son premier livre en 1929 et s'est toujours définie comme « romancière historienne ». Elle parlait couramment le grec ancien, le latin, et *Les Mémoires d'Hadrien*, publié en 1951, lui conféra une réputation mondiale, témoignant de sa profonde connaissance de ces cultures.

C'est cette même passion et son érudition helléniste qui firent de Jacqueline de Romilly une deuxième immortelle, en 1988, et qui lui valurent d'être honorée par le gouvernement d'Athènes en recevant la nationalité grecque au milieu des années 1990. Bien qu'elle fût agrégée et docteur ès lettres, ce sont ses travaux mondialement salués sur la civilisation et la langue de Thucydide – l'homme de sa vie – qui lui permirent aussi d'être la première femme à avoir sa chaire au Collège de France.

Comme la Grèce le fit avec Jacqueline de Romilly, le gouvernement de Tel-Aviv offrit en 2016 à titre honorifique la nationalité israélienne à la militante antinazi Beate Klarsfeld, pour le combat qu'elle mena à dénoncer les crimes de la Shoah et à en pister les responsables à partir du milieu des années 1960. Elle fit tant pour cette bataille que Menahem Begin, alors Premier ministre, lui confia en la rencontrant : « Vous êtes *le* premier Allemand non juif à qui je serre la main. »

Originaire de Berlin et disciple, comme ses parents, de l'Église évangélique luthérienne, elle arrive en France en tant que jeune fille au pair à vingt et un ans, y rencontre Serge Klarsfeld, qui lui est juif, l'épouse à vingt-trois et devient ainsi française. Horrifiée dès son adolescence par l'Holocauste, le destin de la famille de son époux va lui révéler le sien. Et c'est en 1968 qu'elle se fera connaître de la Terre entière en giflant publiquement, lors du congrès de la CDU, le chancelier Kurt Kiesinger, dont le passé nazi durant la Seconde Guerre mondiale commençait à être dénoncé en RFA. Dès lors, sa chasse ne cessera plus. Elle et son mari démasqueront tant d'anciens nazis que la justice allemande apportera des modifications profondes à ce qui était jusque-là sa politique en la matière, faisant arrêter et condamner ces individus. Le point d'orgue des traques menées par ceux que l'on appelait désormais les « époux Klarsfeld » fut, après des années de recherche, de retrouver l'abject Klaus Barbie – assassin de Jean Moulin à Lyon et des enfants d'Izieu – et d'avoir convaincu François Mitterrand de demander en 1983 son extradition à la Bolivie, où il fut longtemps un « conseiller » criminel des juntes au pouvoir.

C'est reparti pour un siècle
(1996-)

L'approche puis l'entrée dans le XXIe siècle vont bouger les lignes de définition de ce qu'est *être* et *devenir français*. La question va alors, de manière officielle, faire irruption dans le débat.

Un rapport de l'Insee publié en 2018 indiquait qu'en remontant seulement cinq générations, 7,2 millions de Français sur 66 étaient des descendants directs d'immigrés. Ces chiffres ont révélé que, dans l'ensemble, la moyenne d'âge de cette catégorie était plus basse que celle du total de la population résidant en France.

Le concept de droit du sol, tel que défini en 1927, revu en 1993 puis à nouveau en 1998, fait aussi ressortir, selon une étude du Centre d'observation de la société datant de mars 2022, que si la majorité des enfants nés en France de parents étrangers deviennent – sous certaines conditions[1] – français, certains optent pour la nationalité de leurs père et mère, ou sont à tout

1. À treize ans, dès lors que les parents ont effectué les démarches nécessaires ; à partir de seize jusqu'à dix-huit si ce sont les demandeurs concernés qui les ont effectuées de leur propre chef.

le moins de plus en plus nombreux à la revendiquer, avec une identité binationale.

On peut constater par ailleurs qu'une tendance point depuis le début des années 2000 : celle de ces personnes qui, naturalisées après une arrivée en France dans leur enfance, décident d'ajouter plus tard à leur état civil leur citoyenneté originelle, comme l'ont fait Anne Hidalgo, Manuel Valls, Marcel Desailly ou d'autres, tel Éric Dupond-Moretti qui, français par filiation, est devenu aussi italien à quarante-neuf ans.

Le basketteur « Tony » Parker n'a pas fait ces choix. Il osa d'ailleurs une déclaration bien sentie – démarche assez rare chez les sportifs – lorsque le président candidat Nicolas Sarkozy expliqua en 2016, durant la campagne de la primaire de la droite pour l'élection présidentielle, ce que signifiait pour lui « être français[1] » : « Moi, je suis né en Belgique d'une mère hollandaise, d'un père américain [...]. Être français, c'est dans ton cœur [...]. C'est pour ça que, pour moi, ça a toujours été important de jouer en équipe de France, parce que je suis très fier d'être français. T'as pas besoin d'être né en France pour te considérer français, c'est à toi de le montrer avec tes actes. »

Arrivé à trois mois à Denain, « TP » a débuté à Fécamp. Doué comme il l'était, il intégra aussitôt le pôle des meilleurs basketteurs espoirs à l'Insep[2], puis passa deux saisons au PSG Racing avant d'être

1. À sa demande, il est l'est devenu à quinze ans.
2. Institut national du sport, de l'expertise et de la performance.

drafté – sélectionné – par la NBA américaine. Il y a joué dix-neuf ans dont dix-sept aux Spurs de San Antonio, avec qui il a remporté quatre titres et été le premier Français à inscrire son nom dans un palmarès qui fait rêver tous les joueurs du monde.

À dix-huit ans, il a connu la première de ses cent quatre-vingt-une sélections avec l'équipe de France, une équipe qu'on a très vite baptisée la « génération Parker » et qui a terminé troisième, deuxième et première du Championnat d'Europe en six éditions de 2005 à 2015.

Français et champion hors norme, Mamoudou Gassama, lui, ne l'était pas le 26 mai 2018 quand, en début de soirée, apercevant un môme suspendu dans le vide à un balcon au quatrième étage d'un immeuble, il escalada la façade à mains nues pour aller le sauver. Malien, sans-papiers, arrivé en France huit mois plus tôt après avoir galéré durant cinq ans à travers le Burkina Faso, le Niger, la Libye, la Méditerranée, l'Italie, logeant dans un foyer de Montreuil et travaillant au noir dans le bâtiment, il fit ce que son âme lui dicta… Le recevant quarante-huit heures plus tard pour l'honorer de son respect, le président Macron annonça que « tous ses papiers [allaient] être régularisés ». Moins de quatre mois après, Mamoudou était français ; on avait juste un peu fouillé dans le Code civil pour y dénicher l'article stipulant que la procédure de naturalisation s'applique bien à un « étranger qui a rendu des services exceptionnels à la France », en l'occurrence à un homme de vingt-deux ans qui avait évité la mort à un enfant laissé seul dans un appartement.

Chacun à une extrémité des échelles sociale, financière et culturelle, William Anthony Parker et Mamoudou Gassama montrent que peu importe d'où, quand et comment l'on part dans sa propre vie, nos amis étrangers ont toujours eu l'art de faire briller la France.

Depuis un peu plus d'une vingtaine d'années – avant même l'accession de Jean-Marie Le Pen au second tour de l'élection présidentielle en 2002 – sont remontés des profondeurs de l'esprit de la France les relents des insupportables violences dont ont été victimes au siècle dernier diverses communautés immigrées, italienne, polonaise, espagnole et algérienne, notamment. Et si, en apparence au moins, les Français se montrent désormais civils à l'endroit des trois premières – encore que les Polonais ne soient plus très bien vus depuis 2005[1] –, les sondages sur l'immigration et les scores cumulés – 32,28 % – obtenus le 10 avril 2022[2] par les représentants de la droite radicale indiquent cependant qu'une partie non négligeable – c'est un euphémisme – du pays n'a toujours pas réglé son problème avec l'Afrique.

Car au-delà de tous les immigrés qui, à leur échelle, ont localement et humainement apporté leur soutien à des gens dans le besoin qu'ils côtoyaient sans s'occuper de leurs origines ni de leur couleur de peau, ce

1. Le projet de directive européenne sur les conditions d'emploi des étrangers hors de leur pays fut adopté par la CEE en janvier 2004. Il fut cependant jugé déloyal par de nombreux Français, et, pour en parler, Philippe de Villiers prit pour exemple le cliché du « plombier polonais ».

2. Premier tour de l'élection présidentielle.

continent a, comme au siècle précédent, donné naissance à des femmes et des hommes qui, politiquement, culturellement, sportivement, ont continué à nous enrichir. Peu importe leurs profils.

On pourrait parler de ceux, nés « là-bas » et naturalisés « ici » : Najat Vallaud-Belkacem, Leïla Slimani, Tahar Ben Jelloun ont vu le jour au Maroc, Rama Yade à Dakar, Marcel Desailly au Ghana. Ou de ceux qui, ayant poussé leur cri primal dans une clinique de l'Hexagone, ont des parents originaires du Maghreb – pays où le droit du sang prime[1] – et sont donc par descendance algériens, tunisiens ou marocains, et qui, nés avant 1993 et la révision du Code de nationalité, sont devenus automatiquement français par le droit du sol : Fadela Amara, Rachida Dati, Zinédine Zidane, Jamel Debbouze, Roschdy Zem, Samy Naceri, Sami Bouajila et Rachid Bouchareb en sont de fameux exemples.

Il y a ceux enfin qui – comme Julien Green, Lino Ventura, Jacques Brel – n'ont jamais rien demandé à personne et sont restés « ce qu'ils sont nés », tel Khaled, natif d'Oran, arrivé à Paris par des chemins détournés à trente-deux ans. Auteur, compositeur, interprète, c'est lui qui a fait connaître le raï en Europe ; ses tubes *Didi*, *Aïcha* et son César pour la meilleure musique de film – *Un, deux, trois, soleil*, de Bertrand Blier, en 1994 – lui ont d'ailleurs valu une célébrité définitive.

1. Les Codes civils de ces pays attribuent automatiquement la nationalité des parents à leurs enfants.

L'évolution de la société a fait que des femmes issues des différents pays d'Afrique sont aujourd'hui très impliquées en politique même si, ici ou là, certaines n'ont pas attendu les années 2000 pour prendre part activement à la vie de la cité ou s'engager dans des luttes à plus grande échelle.

Fadela Amara, par exemple – l'ancienne secrétaire d'État chargée de la Politique de la ville (2007-2010) –, dont les parents furent sympathisants FLN bien avant sa naissance, a battu les pavés de Clermont-Ferrand dès 1978, lorsque la ville voulut raser le quartier ouvrier où elle avait grandi avec ses quatre sœurs et ses six frères ; elle n'avait que seize ans. Participante à la « marche des Beurs[1] », militante à SOS Racisme, conseillère municipale à Clermont en 2001, c'est en octobre 2002 qu'elle se fait véritablement connaître en étant à la pointe du combat pour dénoncer la mort d'une jeune fille brûlée vive dans une cité de Vitry-sur-Seine par son ex-petit ami. Ce drame l'amènera à fonder l'association Ni putes, ni soumises, qui luttera pendant des années contre les violences faites aux jeunes filles et aux femmes dans les quartiers, et lui fera acquérir une audience importante dans l'opinion publique. C'est sans doute pour cela que, sans se renier – elle a voté Ségolène Royal en 2007, François Hollande en 2012 –, elle acceptera le poste que lui offrira Nicolas Sarkozy,

1. Surnom donné par les médias à la marche pour l'égalité et contre le racisme, organisée du 13 octobre au 3 décembre 1983 entre Marseille et Paris.

lui confiant la charge du « respect et de l'égalité des chances dans les banlieues ». Bosseuse au caractère bien trempé, ses ministres de tutelle – Christine Boutin puis Brice Hortefeux – ne lui faciliteront guère la tâche.

Du caractère, Rachida Dati n'en a jamais manqué non plus. Fille d'un maçon marocain et d'une mère algérienne, elle est née en 1965 dans une commune de Saône-et-Loire, deuxième d'une famille de onze enfants. Ayant obtenu une double maîtrise, en sciences économiques et en droit civil, elle débute dans le privé – Elf Aquitaine, Matra, la Berd[1], la Lyonnaise des eaux – puis est reçue sur dossier à l'École nationale de la magistrature (ENM) et affectée par décret du président de la République, Jacques Chirac, au tribunal de grande instance de Péronne, dans la Somme, à sa sortie en 1999.

Changeant complètement de voie, elle devient directrice générale adjointe du conseil général des Hauts-de-Seine après que, remarquée par Nicolas Sarkozy, elle fut une conseillère de son cabinet, à l'Intérieur puis aux Finances. Elle adhère alors à l'UMP, en décembre 2006, et devient porte-parole du candidat un mois plus tard, avant d'être nommée ministre de la Justice et garde des Sceaux après l'élection de ce dernier ; c'est la première fois qu'une personne d'origine maghrébine est à la tête d'un ministère régalien. Elle conserve le poste pendant deux ans. Son franc-parler – autre euphémisme –, ses jugements péremptoires et définitifs, ses prises de position à l'emporte-pièce et ses rébellions fréquentes

1. Banque européenne pour la reconstruction et le développement.

face au Premier ministre, François Fillon, finissent par agacer tout son parti et amènent le Président à la laisser sur le bas-côté. Maire du 7e arrondissement depuis mars 2008, c'est maintenant durant les séances du conseil de Paris qu'elle continue à se faire entendre. Très souvent en haussant le ton.

Avoir été élevée très « entourée » – onze enfants chez les Dati, dix chez les Amara, quatre filles pour les Yade, trois sœurs et deux frères pour Najat Belkacem[1] – n'est pas le seul point commun entre ces quatre femmes. Toutes ont grandi dans des milieux modestes et des quartiers défavorisés, même Rama Yade quand son père, diplomate, rentra au Sénégal, les abandonnant quasiment sans ressources avec leur mère ; elles furent obligées de s'installer dans une cité de Colombes, dans les Hauts-de-Seine. C'est dire la volonté et le talent qu'il a fallu à toutes pour se hisser à l'un des échelons les plus hauts de la société, notamment Belkacem et Yade, qui, déboulant si jeunes – vingt-quatre ans pour la première, vingt-cinq pour son aînée de dix mois – dans le monde politique en 2002, s'entendent rapidement dire qu'elles représentent l'avenir pour leurs partis respectifs, le PS et l'UMP.

La Franco-Marocaine, arrivée dans la Somme en 1982 avec la politique du regroupement familial instaurée en 1976, sortira diplômée de Sciences Po Paris en 2000, entrera peu après au cabinet du nouveau maire socialiste de Lyon, Gérard Collomb, et sera élue conseillère régionale et vice-présidente de la région

1. Elle épouse Boris Vallaud en 2005.

Rhône-Alpes en 2004. Elle est l'une des trois porte-parole de la candidate Ségolène Royal en 2007, et celle de François Hollande en 2012.

De mai 2012 à mai 2017, Najat Vallaud-Belkacem sera l'une des six ministres – hommes et femmes – à être de tous les gouvernements, d'abord aux Droits des femmes puis à l'Éducation nationale. Renforcement du droit à l'interruption volontaire de grossesse, de la pénalisation contre le harcèlement sexuel, des sanctions contre l'inégalité salariale hommes/femmes dans le privé ; réforme de l'éducation prioritaire, des programmes – de l'école maternelle à la troisième –, de l'évaluation des élèves, de celle des enseignants et de leur rémunération, augmentation de la mixité sociale dans les collèges sont les principaux points de son bilan.

Le bulletin de notes de Rama Yade, c'est sûr, est moins éclatant. D'abord parce qu'elle n'a été « que » secrétaire d'État durant trois ans et cinq mois (de juin 2007 à novembre 2010) ; ensuite parce que les ministres dont elle dépendait, Bernard Kouchner aux Affaires étrangères et Roselyne Bachelot aux Sports, l'ont prise en grippe aussitôt qu'elle a adopté une attitude transgressive à leur égard en les désavouant publiquement, provoquant par là même des retentissements médiatiques à répétition ; enfin parce qu'en changeant quatre fois de parti politique en treize ans, elle a fini par passer au mieux pour une opportuniste, au pire une arriviste. Tant et si bien que, malgré une popularité certaine, elle a été mise à son tour sur la touche par Nicolas Sarkozy.

Si ces femmes aux origines outre-méditerranéennes ont dû beaucoup combattre pour, un temps, s'imposer, cela n'a pas été plus facile pour la Coréenne Kim Jong-sook, abandonnée dans les rues de Séoul quand elle avait trois ou quatre jours avant d'être recueillie dans un orphelinat puis adoptée par Annie et Joël Pellerin, à l'âge de sept mois. Ils la prénomment Fleur. On a beau dire, c'est un destin qui grave à jamais le disque dur d'un être humain. Entrée elle aussi en politique en 2002, après de solides études – Essec[1], Sciences Po Paris, ENA –, elle a été alternativement ministre et secrétaire d'État de mai 2012 à février 2016, avant de partir dans le privé.

L'enfance de Roxana Maracineanu n'aura guère été plus réjouissante sous la dictature de Ceaușescu, en Roumanie. Car pendant que son père, ingénieur, est envoyé comme coopérant en Algérie accompagné de son épouse et de leur jeune fils, Roxana est maintenue à six ans seule en otage chez une tante à Bucarest par les services du dictateur. Étant parvenu à la faire venir à Alger pour les vacances, tout le monde file à Marseille et demande l'asile politique. « Roxy » a neuf ans et ne parle pas un mot de français.

Après un passage par Blois, ils partent s'installer à Mulhouse. C'est là que la jeune fille, française depuis 1991, poursuit ses gammes en natation qui feront d'elle une championne du monde sept ans plus tard, et une médaillée d'argent aux Jeux olympiques de Sydney, en 2000. Après avoir adhéré au PS en 2010, elle devient

1. École supérieure des sciences économiques et sociales.

conseillère régionale d'Île-de-France jusqu'en 2015, puis ministre des Sports de septembre 2018 à mai 2022… sous l'ère Macron.

Née en Andalousie, immigrée à deux ans et naturalisée à quatorze, cela non plus n'a pas toujours été une partie de plaisir pour Anne Hidalgo de grandir dans le difficile quartier lyonnais de Vaise. Et la suite ne fut pas plus facile. Ses neuf années (1984-1993) comme inspectrice du travail – elle est l'une des premières femmes à occuper ce poste – l'ont obligée à se faire une carapace tant la tâche n'est pas aisée. Et si, après avoir adhéré au PS en 1994, elle a intégré les cabinets de Martine Aubry, Nicole Péry et Marylise Lebranchu lorsque Lionel Jospin est devenu Premier ministre, en 1997, elle y a découvert qu'il faut beaucoup de pugnacité pour, à défaut de s'imposer, y être au moins écoutée.

Par la suite, s'asseyant sur les préjugés machistes du milieu, Bertrand Delanoë – maire de Paris de 2001 à 2014 – a fait d'elle sa première adjointe au conseil de Paris. Depuis qu'elle lui a succédé à l'Hôtel de Ville, la droite – mais pas seulement – n'a cessé de dénigrer sa politique, parfois en usant de formules faisant peu de cas du principe d'égalité hommes-femmes. Quels que soient les chantiers qu'elle a lancés – environnement, transports publics, restriction de la circulation automobile, propreté de l'espace public, urbanisme, logement, gestion de sa majorité et on en passe –, tous ont été prétextes aux critiques, voire aux calomnies et aux médisances. Ce qui a fini par laisser des traces difficiles à effacer.

En témoignent l'absence de soutien véritable du PS[1] à sa candidature à la présidentielle de 2022, et ses scores faméliques au premier tour : 1,74 % des suffrages au niveau national, 2,17 % dans sa… « paroisse » ! Un peu plus de lucidité politique aurait pu lui éviter une telle débâcle.

Et que dire de ce qu'a supporté la Norvégienne Gro Eva Farseth, devenue Joly et française à vingt-quatre ans par son mariage, en 1967, avec un étudiant en médecine, alors qu'elle était fille au pair et avait commencé son droit à Paris, qu'elle terminera en beauté à l'ENM. Car si son improbable parcours d'étrangère faisant, dans une autre langue que la sienne, des études pointues tout en travaillant, tout en étant l'épouse d'un carabin et tout en élevant deux enfants, n'avait jusque-là pas été toujours aisé, le décalage commence à devenir patent à partir du moment où elle est propulsée juge d'instruction au pôle financier du Palais de justice de Paris. Durant onze années (1992-2003) elle instruit des dossiers tous plus difficiles les uns que les autres qui feront peser sur elle autant de pression que ses « clients » sont puissants. Ceux de Bernard Tapie d'abord – alors un chouchou de François Mitterrand –, dans son bras de fer avec le Crédit lyonnais puis lorsque le fisc le poursuit pour n'avoir pas payé d'impôts deux ans durant de manière frauduleuse. Celui de l'affaire Elf, ensuite, au début des années 1990, dans laquelle les noms de Roland Dumas – ami depuis la fin des années 1950 de Mitterrand et à l'époque ministre des

1. Seuls François Hollande, Bernard Cazeneuve et Lionel Jospin ont à peu près joué le jeu.

Affaires étrangères – et de Charles Pasqua apparaissent. Dans cette affaire, Eva Joly met en évidence un important réseau de corruption impliquant hommes politiques et grands patrons, que le quotidien anglais *The Guardian* qualifiera de « plus gros scandale politico-financier et de détournements de fonds dans une démocratie occidentale depuis la fin de la Seconde Guerre mondiale ». À peine bouclée, c'est celle dite des « frégates de Taïwan » qui atterrit sur son bureau et celui de sa collègue Laurence Vichnievsky. Il concerne la vente de six de ces navires à la république de Chine, un contrat d'armement géré par Thomson-CSF – aujourd'hui Thalès – et piloté sous la table notamment par François Mitterrand, Édith Cresson, Édouard Balladur et... Roland Dumas. Leurs investigations mettront au jour commissions et rétrocommissions occultes engraissant des comptes privés à Taipeh[1], Paris et Pékin – dont celui du Premier ministre chinois, Li Peng. Enfin, cerise des cerises sur ces gâteaux très avariés, Eva Joly met en examen Roland Dumas – alors président du Conseil constitutionnel – et sa maîtresse Christine Deviers-Joncour en 1998, tous deux mouillés à la fois dans l'affaire Elf et dans celle des frégates[2].

Lassée d'être vilipendée par certains médias de gauche comme de droite, et « ne [voulant] laisser à personne les moyens et le temps de se venger », elle repart à Oslo en 2002 puis renoue avec son pays d'adoption

1. Capitale de Taïwan.
2. Condamné en première instance, Roland Dumas a été relaxé en appel.

lorsque Dany, tête de liste d'Europe Écologie aux européennes, l'invite à bord de son train en 2008. Les résultats du mouvement en France – troisième avec 16,28 %, et en talonnant le Parti socialiste – envoient Eva Joly à Strasbourg pendant cinq années. Sur cette lancée, elle annonce sa candidature à l'élection présidentielle 2012 sous l'étiquette Europe Écologie Les Verts. Une fois encore, on ne va pas la rater. D'abord parce que la direction verte marche derrière elle en traînant les pieds – et la laissera se débrouiller seule dans la dernière ligne droite –, ensuite parce que Nicolas Hulot, qui s'est parachuté dans la primaire, manigance en coulisse pour, sinon la discréditer, du moins soutenir qu'elle n'est pas une bonne idée. Largement investie par les militants et sympathisants, elle est ensuite moquée par une bonne partie de la presse, lui reprochant son « manque de métier » et/ou de ne pas avoir « les codes ». Jusqu'à ce que l'on touche à l'ignominie quand le chroniqueur d'un hebdomadaire trempe en décembre 2011 sa plume dans la fange, rédigeant son texte d'une manière à reproduire et parodier son accent. Ce qu'elle qualifie, à juste titre, d'« attaque raciste ». Finalement elle terminera sixième au premier tour avec 2,31 % des suffrages exprimés.

Évolution de la société, écrivions-nous, certes, mais ses avancées ne viennent pas sans sortir parfois de l'ombre quelques casseroles.

Car toutes ces femmes de premier plan ont déclaré avoir été victimes de sexisme, d'injustice sociale et professionnelle, de machisme, de xénophobie voire de racisme. Et cette parole trouve d'autant plus d'écho depuis qu'elle s'est « libérée » ; tant de l'éclairé côté du courage que de celui de l'obscure force du mâle. Car si elles n'hésitent plus à se rebeller et à dénoncer – et cela déjà avant #MeToo –, certains leaders d'opinion de l'extrême droite, eux, osent désormais des mots inqualifiables à leur encontre. Sans doute parce que la plupart de ces femmes assument complètement leurs origines, à l'image de Fadela Amara, Najat Vallaud-Belkacem et jusqu'à Rachida Dati, qui, bien que se présentant comme « française d'origine française », ne se braque plus lorsqu'on aborde ses racines familiales nord-africaines. Anne Hidalgo prend même la décision, en 2003, d'acquérir la double nationalité franco-espagnole.

Une démarche effectuée il y a cinq ans par Manuel Valls, qui, né à Barcelone en 1962, a d'abord été espagnol jusqu'en 1982, avant de devenir français. Ce Catalan, dont la destinée politique est sans doute arrivée à son terme après son échec aux législatives 2022, s'était auparavant constitué, de 1980 à 2018, un joli palmarès en cochant l'une après l'autre toutes les cases propres aux grands ambitieux – même si avoir misé sur Michel Rocard, l'année précédant l'élection de François Mitterrand, l'a coupé dans son élan. Mais lorsque, après sa réélection en 1988, le Président appelle son mentor à Matignon, l'ascension de Manuel Valls reprend : conseiller général d'Île-de-France, maire d'Évry, député, ministre de l'Intérieur puis Premier ministre de François Hollande. Il a été le cinquième Français naturalisé à occuper cette fonction – sous cette appellation et celle de président du Conseil des ministres – depuis les débuts de la naturalisation, en 1815, le premier ayant été le Franco-Écossais William Henry Waddington, en 1879[1]. Enfin, il est candidat aux élections présidentielles de 2007, puis de 2017. C'est à ce moment-là que les choses commencent à se gâter pour lui. Son impétuosité, son petit côté bagarreur, ses colères, ses humiliations et ses manières vis-à-vis de ses collègues à l'Assemblée comme du gouvernement, son autoritarisme, son ego, ses positions sur la sécurité et l'immigration – à l'opposé de celles de son parti – lui valent une claque monumentale à la primaire socialiste de 2017. Nettement battu par Benoît Hamon, il rompt son engagement de le soutenir et appelle à voter Emmanuel Macron. Dès lors, La République en marche (LREM) lui ayant fait une fleur en ne présentant pas de candidat face à lui dans sa circonscription aux élections législatives qui suivent, il retrouve le Palais-Bourbon, mais aussi l'anonymat. Il se précipite alors vers la lumière de Barcelone pour y briguer la mairie ; c'est son avant-dernier échec avant celui des législatives 2022, où il avait pourtant fini cette fois par obtenir – éternels opportunisme et carriérisme ? – l'appui de LREM.

Opportuniste, pas sûr qu'Éric Dupond-Moretti le soit vraiment. Carriériste, encore moins, tant sa réputation n'était plus à faire lorsque le président Macron l'a promu garde des Sceaux, en juillet 2020. Orphelin à quatre ans d'un ouvrier métallurgiste, fils d'une femme de ménage

1. Sous l'Ancien Régime, les Italiens Concino Concini (Louis XIII) et Mazarin (Louis XIV), ainsi que le Suisse Jacques Necker (Louis XVI) avaient occupé une fonction équivalente en gardant leur nationalité.

– Elena Moretti, qu'il a vénérée, raison pour laquelle il est devenu italien à quarante-neuf ans –, élève moyen au lycée, il a été obligé de multiplier les petits boulots pour financer ses études de droit puis d'avocat pénaliste et s'est fait claquer la porte au nez par plusieurs cabinets lillois réputés après avoir prêté serment. Ayant enfin trouvé une place, son travail acharné sur ses dossiers et son éloquence vont finir par payer. Modestement puis grassement quant au regard du nombre d'acquittements obtenus – cent quarante-cinq entre 1987 et 2020. Il fut surnommé « Acquittator ».

Bien que viscéralement de gauche, « tonitruant défenseur des humbles et des sans-grade », comme l'a défini en 2018 le journaliste Vincent Hugueux dans *L'Express*, il est totalement paradoxal. D'abord parce que, avocat, il a aussi conseillé et défendu des chefs d'État africains et leurs proches peu scrupuleux avec les règles démocratiques et les droits de l'Homme ; ensuite parce que, occupant le bureau de la Place Vendôme, il a le devoir de soutenir ceux qu'il vomissait publiquement durant ses précédentes occupations.

Si Élisabeth Borne et Pap Ndiaye sont français par leur mère, leur cas mérite qu'on s'y arrête. Car il n'est point besoin de remonter cinq générations pour leur trouver une ascendance étrangère. Le père de la Première ministre, Jacques Bornstein, né belge en 1927 puis devenu apatride à son retour des camps de la mort, a pris son pseudonyme de résistant – « Borne » – en devenant français. Deux ans après avoir été nommée préfète, elle déclara en 2015 à *Libération* que le jour où elle a remis pour la première fois un décret de naturalisation, elle a « beaucoup pensé à [son] père. [Qu'elle], la fille d'un réfugié apatride qui n'a été français qu'en 1950, accomplisse ce geste, cela disait quelque chose sur l'intégration ».

Le ministre de l'Éducation nationale et de la Jeunesse, dont le père est sénégalais et la mère beauceronne, dit à peu près la même chose lorsqu'il se décrit comme un « pur produit de la méritocratie républicaine ». Lui avoue s'être découvert « noir sur le tard », après s'être immergé dans l'histoire des Afro-Américains à la fin de ses études aux États-Unis. Dans la famille Ndiaye, c'est cependant sa sœur cadette, Marie, qui a été la première à se faire un nom : prix Femina en 2001, elle est ensuite récompensée du Goncourt, en 2009, obtenu au premier tour pour son roman *Trois femmes puissantes*, contant les histoires de Norah, Kanta et Khady disant « non » à l'humiliation et « oui » à vie, la première étant fortement inspirée de l'autrice elle-même.

Si certains vont donc jusqu'à acquérir la nationalité française, cela fait bien longtemps que le pays, et, à plus forte raison, la langue française ont une aura exceptionnelle auprès des écrivains étrangers. Tolstoï, par exemple, commença *Guerre et Paix* dans celle de Zola et de Flaubert, avant de se raviser au bout de quelques chapitres. Milan Kundera, lui, rédigea son œuvre dans notre langue à partir de 1993, pour signifier sa rupture avec son pays d'origine.

Depuis la fin du XIXe siècle jusqu'aux lauréats les plus récents, chacun de la vingtaine de récipiendaires étrangers à avoir été récompensés par le prix Goncourt de 1903 à 2021 a eu une raison propre d'écrire en langue française. Pour s'en tenir à ceux des trente dernières années, certains – Leïla Slimani, le Franco-Libanais Amin Maalouf, et le Franco-Belge François Weyergans – le firent parce que leur langue maternelle était le français. D'autres pour avoir été scolarisés à l'étranger, dans une école primaire française, tel Tahar Ben Jelloun à Rabat. Le dissident russe Andreï Makine, arrivé clandestinement en 1987, explique, lui, qu'il avait « entendu et aimé cette langue dès [son] enfance dans [sa] lointaine Sibérie car c'était celle de [sa] grand-mère d'origine française ». Le Franco-Afghan Atiq Rahimi, réfugié politique depuis 1984, ne s'est quant à lui essayé au français qu'avec son quatrième roman, *Syngué sabour. Pierre Patience*, langue dans laquelle il lui fut « plus facile de raconter des choses taboues qu'en persan ». L'Américain Jonathan Littell, naturalisé par décret en 2008 pour sa « contribution au rayonnement de la France » et parfaitement bilingue pour y avoir passé son enfance, a été si bouleversé par *Shoah*, le film documentaire de Claude Lanzmann, et le livre de David Rousset, *Les Jours de notre mort* – un récit contant le quotidien des suppliciés dans les camps d'exterminations –, qu'il lui sembla que *Les Bienveillantes* – mémoires fictives et horriblement détaillées d'un officier nazi criminel de guerre – ne pouvaient être rédigées dans une autre langue.

Quant au Sénégalais Mohamed Mbougar Sarr – plus jeune « goncourisé » de l'histoire pour son roman *La Plus Secrète Mémoire des hommes*, en 2021 –, qui a grandi à Diourbel, où l'on parle principalement le wolof et qui a suivi des études supérieures en français, c'était pour lui la meilleure façon d'« idéaliser l'espace littéraire comme espace de discussion [entre l'Occident et l'Afrique]. C'est l'espace de discussion le plus fécond ».

La France doit tant à ces hommes et femmes nés étrangers ou apatrides qui l'ont fertilisée que sur les vingt-cinq que le Quai Conti a accueillis – du Suisse Victor Cherbuliez en 1881 au Franco-Belge Antoine Compagnon en 2022 –, un seul ne fut pas écrivain. Parmi eux, neuf sont toujours en vie sur les trente-cinq académiciens qui y siégeaient encore il y a quelques mois : Hélène Carrère d'Encausse[1], Andreï Makine, Amin Maalouf, le Franco-Britannique Michael Edwards, le Franco-Chinois François Cheng, Antoine Compagnon –, et trois ne sont pas du tout français – le Canado-Haïtien Dany Laferrière, l'Italien Maurizio Serra et Mario Vargas Llosa, Péruvien devenu espagnol en 1993.

Ces autrices et auteurs étrangers ayant participé à la renommée de notre pays ne font en définitive que perpétuer une lignée commencée à la Belle Époque avec Guillaume Apollinaire, tout comme le font les danseurs, chanteurs et comédiens d'aujourd'hui venus d'ailleurs. Ainsi la Coréenne Sae Eun Park est une étoile de l'Opéra de Paris et la Québécoise Isabelle Boulay, lauréate aux Victoires de la musique 2001, promeut notre langue en chanson à travers le monde, à l'instar de Diane Dufresne et Fabienne Thibeault dans les années 1970-1980.

1. Voir chapitre « La gauche… en marche ».

Mais ce sont les comédiens et comédiennes, réalisateurs et réalisatrices qui sont les plus nombreux. Kristin Scott-Thomas fait toutefois figure d'exception ici car, si c'est par choix qu'elle a vécu un quart de siècle à Paris, y a épousé un gynécologue français, élevé ses trois enfants, appris son métier à l'école de la rue-Blanche et qu'elle se dit « plus française [ce qu'elle est aussi] que britannique », c'est en anglais qu'elle joue désormais le plus souvent. De sa révélation, en 1994, dans *Quatre mariages et un enterrement* à *Rebecca* – remake du film d'Hitchcock, sorti en 2020 –, en passant par *Le Patient anglais* et *L'Homme qui murmurait à l'oreille des chevaux*, l'actrice apparaît en effet essentiellement dans des productions américaines ou britanniques.

Cécile de France, qui a commencé à toucher au théâtre à Liège, a décidé, à vingt ans, de venir elle aussi en France suivre des cours de comédie à l'École nationale supérieure des arts et techniques du théâtre de Lyon, dont elle est sortie avec les félicitations du jury, en 1998. Vite remarquée après quelques apparitions ici ou là, Cédric Klapisch – avec qui elle tournera trois fois – l'invite à être Isabelle dans *L'Auberge espagnole* et sa suite, *Les Poupées russes*, ce qui lui vaudra deux César : celui du meilleur espoir féminin en 2003, et celui de meilleure actrice dans un second rôle, quatre ans plus tard. Elle devient alors « *bankable* » et très appréciée du public comme de la critique, d'autant qu'elle élargit son registre : comédie, drame, cinéma d'auteur, théâtre – Feydeau, Shakespeare, Sophocle – et séries – *Dix pour cent* et *The Young Pope*, dont elle est l'une des actrices principales aux côtés de Jude Law et Diane Keaton. Elle n'oublie néanmoins pas d'où elle vient, puisqu'on la voit dans plusieurs films produits et réalisés par la Belgique, notamment *Le Gamin au vélo*, des frères Dardenne – deux fois Palme d'or à Cannes (1999, 2005) –, et qu'elle n'a jamais pris la nationalité française.

Chose que n'a pas faite non plus Benoît Poelvoorde, bien qu'étant une figure estimée du cinéma français. Un peu par hasard au demeurant, puisque que *C'est arrivé près de chez vous*, son film en forme de documentaire parodique et provocateur, tourné en 16 millimètres, en noir et blanc, avec trois euros six cents dans sa banlieue bruxelloise, a fait un tel malheur en 1993 auprès de la jeunesse française que les producteurs parisiens ont vite compris qu'il y avait un filon à exploiter avec ce garçon. Partant de là, il deviendra la tête d'affiche de nombreuses comédies tout en s'imposant dans des registres dramatiques à partir de 2005, et n'hésitant pas à aborder, toujours avec succès, des films d'auteur français et belges au début de la décennie 2010. Son succès en France ne l'empêche pas de répondre présent quand des metteurs en scène de son pays comme Lucas Belvaux ou Jaco van Dormael font appel à lui. Sa très riche filmographie lui a valu trois nominations aux Césars et d'être récompensé en 2002 du prix Jean-Gabin[1], décerné à un espoir du cinéma français ou francophone.

Virginie Efira, elle, n'était partie ni pour faire carrière dans le cinéma, ni pour faire sa vie en France, ni

1. Rebaptisé prix Patrick-Dewaere depuis 2008.

pour s'y faire naturaliser en 2016. Animatrice à la télévision belge, M6 lui fait toutefois passer un casting en 2003… pour présenter la météo. Elle crève à ce point l'écran qu'elle ne tarde pas à présenter des émissions de divertissement sur la chaîne et attire l'œil d'Alexandre Astier, qui en fait la brillantissime épouse d'un chevalier de la Table ronde dans sa série *Kaamelott* (2006). De plus en plus sollicitée, elle franchit le pas du cinéma deux ans après. Les comédies romantiques s'enchaînent alors, jusqu'à ce qu'elle s'oriente vers des personnages plus complexes à partir de *Victoria*, en 2016, présenté à Cannes, où sa prestation est saluée par la critique. Mais c'est vraiment à partir de 2020 qu'elle fait l'unanimité avec la tragicomédie d'Albert Dupontel *Adieu les cons*. *Rolling Stone* et *Les Inrockuptibles*, généralement avares de compliments, la couvrent de fleurs et le public – deux millions de spectateurs, malgré la sortie en deux temps due à la pandémie de Covid-19 – accourt. Dirigée l'année suivante par Paul Verhoeven, elle interprète prodigieusement dans *Benedetta* cette abbesse d'un couvent de Toscane du XVIIe siècle, faisant d'elle la favorite pour être la meilleure actrice à la Mostra de Venise – récompense finalement attribuée à Cate Blanchett – et aux César où, cette fois, c'est Valérie Lemercier qui lui souffle la vedette.

C'est quant à lui par obligation que François Damiens a quitté sa Belgique en 2004. Ses fabuleux canulars francophones en caméra cachée étaient si regardés en Wallonie et à Bruxelles que François l'Embrouille était reconnu à chaque coin de rue. Canal + l'a bien récupéré, mais sa notoriété l'a également rattrapé chez nous.

Heureusement, Michel Hazanavicius, manquant de peu de mourir de rire en regardant l'un de ces épisodes, lui propose une mission désopilante dans *OSS 117. Le Caire, nid d'espions*, si bien qu'il devient à partir de 2006 un comique incontournable des écrans de France, puis un acteur « tout-terrain » après son interprétation exceptionnelle d'un père sourd et muet dans *La Famille Bélier*, qui lui vaudra une nomination aux César dans la catégorie « Meilleur acteur », en 2015. Et une deuxième l'année suivante, pour sa prestation dans *Les Cowboys*, un autre drame franco-belge.

Il reste un dernier facteur ayant amené des jeunes femmes à tenter leur chance en France : le mannequinat.

L'Allemande Diane Kruger est de celles-là. Repérée par l'agence Elite, elle arrive à Paris à seize ans, au tout début des années 1990, et défile pour Saint Laurent, Chanel, Louis Vuitton ; Luc Besson lui suggère alors le cinéma et elle devient une assidue du Cours Simon. En 2002, elle rencontre et épouse Guillaume Canet, qui lui donne le premier rôle dans la comédie dramatique *Mon idole*. Son talent et sa beauté lui attirent les majors d'Hollywood : elle joue en 2004 aux côtés de Brad Pitt, Orlando Bloom et Eric Bana dans *Troie*, avant d'être appelée par Quentin Tarantino pour *Inglourious Basterds*, en 2009. Si son camp de base a longtemps été Paris, elle va pourtant se dédoubler entre le continent nord-américain et l'Europe, et n'hésitera pas à se lancer dans des projets plus confidentiels et difficiles, ainsi qu'à donner sa confiance à des réalisateurs exigeants, français comme étrangers : Cédric Klapisch, Denys Arcand, Bille August, Jaco van Dormael, Fabienne Berthaud ou Benoît Jacquot, ce dernier faisant d'elle une délicieuse Marie-Antoinette dans *Les Adieux de la reine*, un an avant qu'elle remporte, en 2017, le prix d'interprétation féminin sur la Croisette pour sa prouesse d'actrice dans *In the Fade*, de Fatih Akin.

Monica Bellucci a vécu une histoire assez similaire. Mais, en ayant assez de n'être « que » sublime mannequin en Italie, elle prend à la toute fin des années 1980 des cours de théâtre dans son pays, apparaît dans un téléfilm de Dino Risi et dans le *Dracula* de Francis Ford Coppola. Elle arrive à Paris en 1995, où elle saisit l'occasion de se faire apprécier dans *L'Appartement* – ce qui lui vaut une nomination aux César dans la catégorie « Meilleur espoir féminin » –, et rencontre Vincent Cassel ; ils resteront mariés dix-sept ans.

Devenue une actrice de renom, elle tournera alors aussi bien en France – *Le Pacte des loups*, *Dobermann*, *Astérix et Obélix. Mission Cléopâtre* – que dans les blockbusters américains – *Matrix II* et *III*, *She Hate Me*, *007 Spectre* – ou des films plus difficiles en Europe avec quelques pointures derrière la caméra, dont Giuseppe Tornatore, Bertrand Blier, Philippe Garrel ou Claude Lelouch.

Le monde des affaires français enfin a lui aussi eu deux brillants capitaines d'industrie nés hors de nos frontières, et qui l'ont fait briller.

Le premier est Lindsay Owens-Jones, P.-D.G de la firme française L'Oréal de 1988 à 2011. Il a fait de celle-ci, au milieu des années 2000, le groupe de cosmétiques numéro un dans le monde, et ce jusqu'en 2021. Mais son patron est, lui, toujours resté britannique. Bien qu'après être passé par Oxford il a poursuivi ses études en France à partir de 1967, entrant à vingt-trois ans dans la « boutique », propriété de Mme Bettencourt, où il a gravi tous les échelons.

Le second est Carlos Ghosn. À la fois libanais par son père et brésilien pour être né à Porto Velho, dans la partie haute du bassin de l'Amazone, il a vécu à Rio jusqu'à l'âge de huit ans. Enfant chétif, on l'amène ensuite à Beyrouth et il arrive en France dix années plus tard, où il sort diplômé de l'École polytechnique puis de celle des mines en 1977, se fait naturaliser et est embauché par Michelin. Les fonctions, les restructurations et acquisitions que lui confie un peu partout dans le monde le groupe de Clermont-Ferrand contribuent grandement à faire de ce dernier le plus grand manufacturier de pneus du monde. Ce qui n'échappe pas à Louis Schweitzer, patron de Renault, qui l'appelle à ses côtés en 1996 pour en faire un directeur général adjoint, puis son héritier en 2005. Ses méthodes radicales, son ambition, son charisme et son culot lui permettent alors de séduire les Japonais Nissan et Mitsubishi, faisant en 2017 de l'alliance Renault-Nissan-Mitsubishi le premier constructeur automobile mondial. Jusqu'à sa chute, l'année suivante.

Pour terminer ce long voyage de plus de cent vingt années passées sur les traces de ces gens partis de tous les continents qui finirent par arriver en France, nous aimerions nous arrêter en deux lieux et sur trois dates qui ont parfaitement symbolisé, un très court instant, ce qu'est la France : aux Champs-Élysées d'abord, les 12 et 13 juillet 1998, puis à Cannes, le 28 mai 2006.

Dans l'heure et le lendemain qui suivirent la victoire de l'équipe de France de football face au Brésil en finale de la Coupe du monde 1998, plus d'un million et demi de personnes, de tous sexes, de tous âges, de toutes origines, de toutes confessions, de tous les milieux sociaux, se rassemblèrent en effet sur les Champs en clamant une immense fierté pour *leur* équipe. Tous, jeunes, vieux, petits, grands, ouvriers ou patrons, bourgeois ou des quartiers, étaient alors unis grâce aux treize joueurs. Ceux-là, d'une certaine manière, représentaient eux aussi la Terre entière : l'Océanie de Christian Karembeu, né à Lifou, dont l'arrière-grand-père kanak fut « exposé » dans un zoo humain lors de l'Exposition coloniale de Paris en 1931 ; l'Asie, incarnée par Youri Djorkaeff, dont le grand-père était kalmouk, c'est-à-dire un Mongol du sud de la Russie ; l'Amérique, avec Lilian Thuram, né et ayant grandi aux Antilles ; l'Europe et sa poignée de Gaulois plus ou moins de souche ; l'Afrique enfin, grâce à Marcel Desailly, au Franco-Sénégalais Patrick Vieira et à Zinédine Zidane, auteur ce soir-là de trois des buts « bleus ».

Ah, « Zizou » ! Quelle idée merveilleuse a eu son père, Smail, né en Kabylie, d'arriver en 1953 pour participer au développement de la France de l'après-guerre, et d'être finalement resté à Marseille juste avant de repartir au pays après avoir rencontré Malika, algérienne comme lui. Et quel génie de concevoir, ensemble, « Yazid » – le surnom de Zidane dans la cité –, dernier d'une fratrie de cinq enfants.

Que ce soit avec les Bleus, la Juventus de Turin ou le Real Madrid, partout où il est passé, la France a rayonné à travers lui, au point qu'il est probablement le Français le plus connu dans le monde. Emmanuel Macron l'a d'ailleurs clairement signifié en juin 2022 sur RMC : « Je souhaite, pour le rayonnement du championnat français et pour la France, qu'il revienne et vienne entraîner un grand club français. »

Au-delà de son prestige international, il a été un fol espoir pour notre pays tant cette foule qui le sanctifia au soir du Mondial – et qui d'ailleurs continue de le faire – était en 1998 le terreau parfait sur lequel, en y mettant un peu du nôtre, nous aurions pu faire pousser ce pays black-blanc-beur dont des centaines de milliers de jeunes mouraient d'envie qu'on leur ouvre grand les portes. Vingt-cinq ans plus tard, on sait ce qu'il en reste.

Marcel Desailly, lui, n'a jamais touché à cette pharaonique popularité, ce qui ne l'empêche pas de compter dans notre histoire tant par son destin que par ses exploits. Non reconnu par son géniteur polygame lorsqu'il naît à Accra, Odenkey, son prénom, a passé le début de sa vie à murmurer une langue locale et un peu l'anglais, à errer dans le bidonville où il vivait avec ses nombreux frères et sœurs. Jusqu'à ce qu'un fonctionnaire français de l'ambassade s'éprenne de sa mère, les fasse venir, elle et ses enfants, à Nantes en 1972, et adopte toute la fratrie en leur donnant son nom. Odenkey sera donc Marcel Desailly.

Très costaud et footballeur au-dessus du lot pour son âge – « the Rock » est son surnom –, le jeune garçon intègre le FC Nantes dans son centre de formation et il dispute son premier match avec les professionnels deux ans après. Sélectionné dans toutes les équipes de France à partir de la catégorie « Cadets », il part ensuite à Marseille, équipe avec laquelle il remporte la Ligue des champions de 1993, puis deux autres avec l'AC Milan et le Chelsea FC. Champion du monde en 1998, victorieux de l'Euro en 2000, il devient le capitaine de l'équipe de France jusqu'en 2004, après en avoir cent quatorze fois porté le maillot.

Fou de football, Jamel Debbouze, dont les parents sont marocains, rêvait probablement lui aussi de porter ce maillot lorsque, môme, il tapait dans un ballon dans sa cité de Trappes, dans les Yvelines. La vie en a décidé autrement. Peut-être parce qu'il n'avait pas le talent suffisant, mais surtout parce qu'à force de faire les cent coups dans son quartier, il est à quinze ans happé par un train et perd l'usage de son bras droit. Ce drame marque un tournant définitif dans son adolescence. Pour se singulariser, il s'invente un personnage et s'inscrit à la compagnie théâtrale d'improvisation de Trappes, où son don va le faire remarquer par un monde dont il n'avait pas idée : le showbiz. Radio Nova puis Canal + achèvent de le révéler et, soutenu par Luc Besson et Gérard Depardieu, le cinéma va le consacrer, *Le Fabuleux Destin d'Amélie Poulain* et *Astérix et Obélix. Mission Cléopâtre* faisant de lui un acteur indispensable au septième art français.

Et l'on arrive donc au dimanche 28 mai 2006, jour de la proclamation du palmarès du 59e Festival de Cannes. Le prix d'interprétation masculine est remis collectivement à Jamel Debbouze, Roschdy Zem, Samy Naceri, Sami Bouajila et Bernard Blancan, le seul Gaulois de la compagnie, pour leur performance dans le film *Indigènes* – une coproduction française, algérienne, marocaine et belge –, mis en scène par Rachid Bouchareb. Comme on l'a vu, parmi les soldats de l'Armée française de la Libération, créée en 1943 à Alger, soixante-cinq mille étaient des combattants nord-africains appelés officiellement « indigènes », comme tous leurs camarades des autres colonies françaises. Le film raconte la découverte de la guerre et de l'Europe par quatre d'entre eux : Saïd, Messaoud, Yassir et Abdelkader[1]. Confrontés de plein fouet à la discrimination, au racisme, ils vont toutefois y trouver l'occasion de susciter en eux l'émergence d'une conscience politique et d'un espoir.

Un espoir à l'égard de l'avenir qu'aujourd hui, en 2023, on serait heureux de retrouver…

1. Respectivement Jamel Debbouze, Samy Naceri, Roschdy Zem, Sami Bouajila.

Épilogue

Ce récit historique, plus qu'un clin d'œil, tente de braquer les projecteurs sur des femmes et des hommes qui ont offert à la France souvent le meilleur d'eux-mêmes… parfois le pire. Ce sont eux qui ont donné au récit national toute sa dimension universelle.

Oui, l'identité de ce pays est on ne peut plus fluide. Parfois surprenante, et déroutante.

Il se trouve que ce qui détermina à jamais la mienne trouva ses racines dans l'un des plus grands moments de mon existence, un événement auquel je n'ai même pas participé, et pour cause.

Pour répondre à mon expulsion en mai 1968, des dizaines de milliers de manifestants – selon la police –, des centaines de milliers – selon les organisateurs – défilèrent dans Paris en scandant : « Nous sommes tous des Juifs allemands. » Noirs, Blancs, enfants d'immigrés maghrébins, athées, juifs, musulmans, chrétiens, bouddhistes et hippies ésotériques, femmes, hommes, ados, hétéros, gays, lesbiennes, borgnes, aveugles, unijambistes, athlètes de haut niveau, étudiants, lycéens, enseignants, travailleurs français ou émigrés, des êtres railleurs ou tristes, pessimistes ou optimistes, tous étaient des Juifs allemands.

Un demi-siècle plus tard, j'ai présenté mon film *Nous sommes tous des Juifs allemands* – réalisé avec mon fils Niko en 2020, dans lequel je me suis confronté à ma judéité en discutant avec des Israéliens en parcourant cet État – lors d'un colloque sur l'identité juive et la relation des Juifs avec Israël. Pendant les discussions qui ont suivi la projection, une jeune Américaine m'a interpellé, me demandant si la manifestation de 1968 ne m'avait pas gêné ou indisposé. Selon elle, il s'agissait d'une appropriation culturelle malvenue étant donné que les participants n'étaient majoritairement pas juifs. Quelle époque vivons-nous, où le séparatisme identitaire fait des ravages…

Avec Patrick Lemoine, nous avons tenté de démontrer dans ce livre que des femmes et des hommes, même sans ancêtres gaulois, venus du monde entier, ont participé à la construction de cette belle France.

Et alors ? Qu'est-ce qu'on en fait, maintenant ?

Peut-être pas grand-chose, mais il importait de prouver que nos débats concernant ces immigration, intégration ou assimilation excessives n'ont, la plupart du temps, aucun sens. Ou alors ils entrouvrent une réflexion paradoxale et talmudique : la France, la société française sont l'œuvre, la consécration, le produit de ceux qui la peuplent. Partant de là, en considérant l'évolution historique, l'incroyable richesse de l'immigration et la multitude des difficultés qu'elle engendre, cette France se transforme et, pour paraphraser vaguement Renan, nous devons tous, gaulois ou pas, intégrer ces changements ; oui, nous devons assimiler la modernité, et cela doit être un travail quotidien de tous.

Cette modernité n'est pas un fleuve tranquille mais un torrent parsemé de risques et d'embûches, avec cependant des plages de tranquillité merveilleuse. La France appartient à ceux qui y vivent et y travaillent – avec ou sans papiers –, qui jouent, rient et pleurent sur le territoire sacré de l'Hexagone.

Bref, simplifions-nous la vie : toute personne vivant ici a le droit de jouir de la citoyenneté française. Et elle doit s'imprégner du consensus national qui s'exprime dans la Constitution, laquelle est, par essence, démocratique, donc… évolutive.

Honni soit qui mal y pense.

Index

Abbado, Claudio : 241
Abbas, Ferhat : 193
Abetz, Otto : 142, 152
Adamo, Salvatore : 227
Adenauer, Konrad : 27, 192, 238
Agam, Yaacov : 240
Ajar, Émile : 173
Akin, Fatih : 291
Alibert, Raphaël : 150
Amara, Fadela : 271-272, 281
Amilakvari, Dimitri : 156
Antonioni, Michelangelo : 227
Apollinaire, Guillaume : 49, 66-69, 75, 87, 117, 286
Aragon, Louis : 119, 170, 175
Arcand, Denys : 291
Arendt, Hannah : 16, 131
Arletty, Léonie Bathiat, dite : 15
Armand, Inès : 73
Armstrong, Louis : 120
Arnault, Bernard : 263
Aron, Raymond : 254
Astérix : 48, 222
Astier, Alexandre : 289
Aubrac, Lucie : 168
Aubry, Martine : 18, 277
Audry, Colette : 210
August, Bille : 291
Aulenti, Gae : 260
Aumont, Jean-Pierre : 138
Autant-Lara, Claude : 154
Aznavour, Charles : 198-199

Bâ, Addi : 167
Bachelot, Roselyne : 275
Baker, Joséphine : 49, 118, 174
Bakhtiar, Chapour : 164
Balladur, Édouard : 279
Bana, Eric : 290
Bancic, Olga : 170
Barbie, Klaus : 266
Bardot, Brigitte : 228
Barnavi, Élie : 31

Barras, Paul : 46
Barre, Raymond : 264
Barrère, Igor : 204
Barrès, Maurice : 61
Barry, John : 228
Barthes, Roland : 32, 210
Batteux, Albert : 35
Bazin, André : 136, 230
Beach, Sylvia : 113
Bechet, Sidney : 50, 119
Becker, Jean : 188
Beckett, Samuel : 49, 133, 164, 196-197
Béclère, Antoine : 89
Becquerel, Henri : 63
Begin, Menahem : 265
Béjart, Maurice : 241
Belkacem, Krim : 194
Bellucci, Monica : 291
Belmondo, Jean-Paul : 222, 231
Belvaux, Lucas : 288
Ben Bella, Ahmed : 160, 185, 194
Ben Jelloun, Tahar : 271, 285
Bérégovoy, Pierre : 255
Bergeron, André : 216
Bergson, Henri : 62, 73-74
Bernier, Georges : 219
Berthaud, Fabienne : 291
Berthelot, Marcellin : 89
Berthelot, Sophie : 89
Besson, Luc : 290, 296
Bétoulinskaïa, Anna : 174
Bianco, Désiré : 9, 86
Bich, Marcel : 233
Bidault, Georges : 162, 176
Birkin, Jane : 227
Bismarck, Otto (von) : 78, 101
Blancan, Bernard : 296
Blanchard, Pascal : 79
Blanchett, Cate : 289
Blier, Bertrand : 291
Bloom, Orlando : 290
Blum, Léon : 127, 209
Boganda, Barthélemy : 196
Bohr, Niels : 64
Bokassa, Jean-Bedel : 241, 247-249
Bonaparte (voir Napoléon Ier)
Bonnet, Christian : 37
Borne, Élisabeth : 283
Borrini, Louisa : 107
Bouajila, Sami : 271, 296
Bouchareb, Rachid : 271, 296
Boudiaf, Mohamed : 194
Boukovski, Vladimir : 250
Boulay, Isabelle : 286
Boulez, Pierre : 240
Bourbon-Parme, François-Xavier (de) : 164
Bourguiba, Habib : 183
Boutin, Christine : 273

Bowie, David : 199
Boyer, Charles : 138
Braille, Louis : 89
Brandt, Willy : 238
Braque, Georges : 66
Braun, Wernher (von) : 179
Brecht, Bertolt : 20, 134
Brejnev, Leonid : 8, 238, 241, 250-251, 253, 262
Brel, Jacques : 9, 49, 198, 227, 271
Bresson, Robert : 154
Breton, André : 88, 117, 130, 143, 240
Breytenbach, Breyten : 225
Briand, Aristide : 94
Brink, André : 225
Briro, Lazlo : 234
Brossolette, Pierre : 152
Bruno, G. (voir Fouillée-Tuillerie, Augustine)
Bullard, Eugène : 95
Butor, Michel : 197

Cabanis, Pierre Jean-Georges : 89
Cabu, Jean Maurice Jules Cabut, dit : 220-221
Calder, Alexander : 145
Camus, Albert : 141, 208
Canet, Guillaume : 290
Canetti, Jacques : 198, 228
Canudo, Ricciotto : 75
Cardin, Pierre : 107, 261
Carlos, Ilich Ramírez Sánchez, dit : 244
Carlson, Carolyn : 241
Carnot, Lazare : 89
Carnot, Sadi : 58
Carol, Martine : 135
Carrère d'Encausse, Hélène : 264, 286
Casals, Pablo : 142
Casarès, famille : 141
Casarès, Maria : 141
Caserio, Sante Geronimo : 58
Cassel, Vincent : 291
Cassin, René : 62
Castelot, André : 203
Castoriadis, Cornelius : 35, 211-212
Cavanna, François : 58, 220
Cavanna, Luigi : 107
Cayatte, André : 154
Cazeneuve, Bernard : 19, 278
Ceauşescu, Nicolae : 276
Céline, Louis-Ferdinand : 81
Cendrars, Blaise : 68, 75, 80-81, 88, 117, 144
Césaire, Aimé : 158
César, Jules : 44, 47
Chabrol, Claude : 230
Chagall, Marc : 9, 71
Challe, Maurice : 205

Charcot, Jean-Martin : 126
Charles, Ray : 199
Charles X : 46, 260
Charlier, Jean-Michel : 222
Charlotte du Mexique : 151
Charpak, Georges : 121, 258
Che Guevara, Ernesto Guevara, dit : 214
Cheng, François : 286
Cherbuliez, Victor : 286
Chevalier, Maurice : 138, 199
Chiappe, François : 203
Chibitty, Charles : 163
Chirac, Jacques : 12, 18, 63, 244, 273
Choltitz, Dietrich (von) : 176
Churchill, Winston : 86, 168, 171-172
Citroën, André : 111
Clark, Petula : 229
Clemenceau, Georges : 59-60
Clouzot, Henri-Georges : 154, 190
Clovis Ier : 44, 47, 49
Cocteau, Jean : 88, 92, 117
Cohen, Leonard : 199
Cohn-Bendit, Daniel : 7, 131, 134, 216, 255, 280
Cohn-Bendit, Erich : 131
Cohn-Bendit, Gabriel : 131, 134
Colette, Sidonie-Gabrielle Colette, dite : 133, 144
Collins, Larry : 176
Collomb, Gérard : 274
Colmont, Marie : 138
Compagnon, Antoine : 286
Concini, Concino : 282
Constantin II : 224
Coppola, Francis Ford : 291
Coquatrix, Bruno : 226
Corbusier (Le), Charles-Édouard Jeanneret-Gris, dit : 91, 201-202
Costa-Gavras, Konstantínos Gavrás, dit : 170, 224
Coty, René : 206
Coubertin, Pierre (de) : 54
Cresson, Édith : 279
Cukor, George : 190
Cunhal, Alvaro : 217
Curie, Marie Skłodowska : 9, 49, 63-65, 84, 89-91, 263
Curie, Pierre : 63

Dalí, Salvador : 49, 118, 143, 233
Dalida, Iolanda Christina Gigliotti, dite : 226
Damiens, François : 289
Daniel, Iouli : 250
Daniel, Jean : 211
Darrieux, Danielle : 135, 154

Dassin, Jules : 232
Dati, Rachida : 271, 273, 281
Daubié, Julie-Victoire : 102
Daudet, Léon : 60
Daven, André : 119
David, Herta : 134
Debbouze, Jamel : 271, 295-296
Debré, Michel : 196
Debussy, Claude : 70
Delanoë, Bertrand : 277
Delaunay, Sonia : 69
Delfeil de Ton, Henri Roussel, dit : 220
Delon, Alain : 231
Demy, Jacques : 230
Deng Xiaoping : 239, 262
Depardieu, Gérard : 296
Deray, Jacques : 228
Desailly, Marcel : 268, 271, 293-294
Descamps, Eugène : 216
Desgraupes, Pierre : 204
Deviers-Joncour, Christine : 279
Diaghilev, Serge (de) : 70-71
Diagne, Blaise : 146
Diagne, Raoul : 146
Dietrich, Marlene : 137
Diori, Hamani : 196
Djabraïlov, Ahmadiyya : 165
Djorkaeff, Youri : 293
Dongen, Kees (van) : 72
Doniol-Valcroze, Jacques : 136
Dorgelès, Roland : 82
Dormael, Jaco (van) : 288, 291
Dos Passos, John : 69, 115
Dreyfus, Alfred : 60, 62
Drieu la Rochelle, Pierre : 152
Droit, Michel : 205
Dronne, Raymond : 161-162
Drumont, Édouard : 60
Druon, Maurice : 173
Drut, Guy : 186
Duchamp, Marcel : 116
Duclos, Jacques : 128, 167
Dufresne, Diane : 286
Dumas, Alexandre : 144
Dumas, Roland : 278-279
Dumayet, Pierre : 204
Dupond-Moretti, Éric : 268, 282
Durkheim, Émile : 61, 74
Duvignaud, Jean : 210
Duvivier, Jean : 138

Eddy Barclay, Édouard Ruault, dit : 226
Edwards, Michael : 286
Efira, Virginie : 288
Einstein, Albert : 64, 201
Eisenhower, Dwight D. : 160-161, 163, 171
Elizabeth II : 7
Éluard, Paul : 130, 143
Enfants d'Izieu : 266

Erhard, Ludwig : 23, 27
Ernst, Max : 240

Faber, François : 83
Fallersleben, August (von) : 16
Faulkner, William : 115
Faure, Félix : 60
Fayçal d'Arabie saoudite, Fayçal ben Abdelaziz Al Saoud, dit : 242
Fermat, Pierre (de) : 7
Fernandel, Fernand Joseph Désiré Contandin, dit : 154, 231
Fernandez, Dominique : 253
Ferré, Gianfranco : 261, 263
Ferré, Léo : 170
Feuchtwanger, Lion : 133
Feuillère, Edwige : 135
Feydeau, Georges : 287
Filipacchi, Daniel : 225-226
Fillon, François : 274
Finkielkraut, Alain : 215
Fitzgerald, Francis Scott : 50, 114
Fitzgerald, John F. : 113
Foccart, Jacques : 207
Foch, Ferdinand : 149, 151
Fontanot, Jacques : 165
Fontanot, Nerone : 165
Fontanot, Spartaco : 165
Ford Coppola, Francis : 188
Foucault, Michel : 246
Fouillée-Tuillerie, Augustine : 48
Fourastié, Jean : 25
Frachon, Benoît : 128
France, Anatole : 59, 61
France, Cécile (de) : 287
Franco, Francisco : 140, 142-143, 161, 187
François Ier : 260
Franquin, André : 222
Fred, Frédéric Othon Théodore Aristidès, dit : 220
Frédéric le Grand : 20
Fresnay, Pierre : 153
Freud, Sigmund : 20, 125, 147, 215
Freund, Gisèle : 133
Fried, Eugen : 128
Friedkin, William : 188

Gabin, Jean : 137, 231
Gaillard, Félix : 196
Gainsbourg, Serge : 121, 228
Gall, France : 229
Gallaher, Dave : 99
Gambetta, Léon : 59, 85
Gamelin, Maurice : 151
Gandhi, Mohandas Karamchand : 246
Garibaldi, Giuseppe : 84

Garin, Maurice : 62-63
Garrel, Philippe : 291
Gary, Romain : 121, 173, 208
Gassama, Mamoudou : 9, 269-270
Gauguin, Paul : 199
Gaulle, Charles (de) : 13, 15, 18, 26, 41, 49, 60, 155, 157, 160-161, 166, 168, 171-173, 177, 184, 186, 191-192, 204-206, 208-209, 216, 218-219, 235-238, 248, 259
Gébé, Georges Blondeaux, dit : 220-221
Geismar, Alain : 216
George, David Lloyd : 95
George VI : 171
Ghosn, Carlos : 292
Gide, André : 92, 130, 133
Gierek, Edward : 105
Giraud, Jean : 222
Giroud, Françoise : 230
Giscard d'Estaing, Anne-Aymone : 248
Giscard d'Estaing, Valéry : 37, 241, 244, 247-249, 251-255, 260
Glucksmann, André : 254
Glucksmann, Raphaël : 215, 255
Godard, Jean-Luc : 32, 35, 136, 229-230, 232
Goebbels, Joseph : 134, 136-137, 153
Goethe, Johann Wolfgang (von) : 20, 198
Göring, Hermann : 15, 153
Gorki, Maxime : 157
Gorz, André : 35, 210
Goscinny, René : 48, 222-224
Gotlib, Marcel : 223
Gottwald, Klement : 252
Gould, Anna : 56
Goybet, Mariano : 97
Granell, Amado : 162, 176
Gréco, Juliette : 229
Greco (Le), Domínikos Theotokópoulos, dit : 66
Green, Julien : 82-83, 271
Greg, Michel Louis Albert Regnier, dit : 223
Greven, Alfred : 153
Gromyko, Andreï : 219
Guevara, Ernesto (voir Che Guevara)
Guillaume II : 78
Gustav V : 176
Gusti (voir Jordan, Auguste)

Hadj, Messali : 124, 161
Haig, Douglas : 98
Hamon, Benoît : 282
Hardy, Françoise : 229
Hautecloque, Philippe (de) : 161
Haydn, Joseph : 16

Hazanavicius, Michel : 290
Heath, Edward : 238
Hegel, Friedrich : 20
Heidegger, Martin : 131
Hemingway, Ernest : 50, 81, 113-114
Henry, Pierre : 240
Hergé, Georges Remi, dit : 221
Herriot, Édouard : 129
Hidalgo, Anne : 268, 277, 281
Himes, Chester : 33
Hitler, Adolf : 23, 130, 135, 137, 143, 149, 163, 176, 192
Hô Chi Minh : 123, 193
Holban, Boris : 168
Hollande, François : 14, 186, 272, 275, 278, 281
Honecker, Erich : 133
Hortefeux, Brice : 273
Houphouët-Boigny, Félix : 147, 195, 207
Hugueux, Vincent : 283
Hulot, Nicolas : 280
Huntziger, Charles-Louis : 149-150

Ieoh Ming Pei : 259
Ionesco, Eugène : 49, 196

Jacob, Max : 66
Jacquot, Benoît : 291
Jankélévitch, Vladimir : 196, 198, 213
Jarry, Alfred : 225
Jaruzelski, Wojciech : 250
Jaurès, Jean : 57, 74, 209
Jean sans Terre : 43
Joffre, Joseph : 79
Joliot-Curie, Irène : 90
Joly, Eva : 278-280
Jordan, Auguste (dit Gusti) : 147
Jospin, Lionel : 13, 18, 182, 277-278
Jouhaud, Edmond : 205
Jouvet, Louis : 153
Joyce, James : 113, 133
July : 215
Jung, Carl Gustav : 20

Kacew, Roman : 172
Kafka, Franz : 196
Kandinsky, Vassily : 145
Kant, Emmanuel : 20, 198
Karembeu, Christian : 293
Karina, Anna : 232
Karol, K.S., Karol Kewes, dit : 211
Kastler, Alfred : 62, 213
Keaton, Diane : 288
Keita, Modibo : 196
Keitel, Wilhem : 149
Kemal, Mustafa : 129

Kessel, Joseph : 173
Keynes, John Maynard : 37
Khaled, Khaled Hadj Ibrahim, dit : 271
Khomeyni, Rouhollah Moussavi : 242, 245-246
Khrouchtchev, Nikita : 190, 250
Kiesinger, Kurt : 266
Klapisch, Cédric : 287, 291
Klarsfeld, Beate : 49, 265
Klarsfeld, Serge : 266
Klein, William : 233
Kopa, Raymond : 19, 35, 184-185
Kosma, Joseph : 189
Kostrowitzky, Angelica (de) : 67
Kouchner, Bernard : 275
Krasucki, Henri : 121, 256-257
Kristeva, Julia : 35
Krivine, Alain : 215
Kroupskaïa, Nadejda : 73
Kruger, Diane : 290
Kühne, Otto : 168
Kundera, Milan : 49, 252-253, 284
Kupka, Frantisek : 240

Ladd, Anna Coleman : 91, 93
Lafaurie, Serge : 211
La Fayette, Gilbert du Motier (de) : 76
Laferrière, Dany : 286
La Fontaine, Jean (de) : 32
Lagerfeld, Karl : 9, 50, 261-262
Lagrange, Joseph-Louis : 89
Lang, Fritz : 136
Lang, Jack : 202, 264
Langevin, Paul : 64, 89
Lanzmann, Claude : 285
Lapierre, Dominique · 176
Largo Caballero, Francisco : 142
Laval, Pierre : 152, 191
Law, Jude : 288
Lazareff, Pierre : 204
Lebranchu, Marylise : 277
Leclerc de Hautecloque, Philippe : 155, 159-160, 162
Lefebvre, Henri : 209
Leibovitz, Anna : 133
Lelouch, Claude : 291
Lemercier, Valérie : 289
Lemoine, Patrick : 7
Lénine, Vladimir Ilitch Oulianov, dit : 73, 214, 242
Le Pen, Jean-Marie : 270
Le Pen, Marine : 22, 24
Lesseps, Ferdinand (de) : 102
Lester, Richard : 227
Levi, Primo : 20
Lévy, Bernard-Henri : 255
Li Peng : 279

Liebermann, Rolf : 240-241
Lippmann, Gabriel : 62
Lo Duca, Joseph-Marie : 136
London, Artur : 170
Longo, Luigi : 108, 140
Lorenzi, Stellio : 203
Losfeld, Éric : 225
Louis XIV : 7
Louis XV : 20, 76, 260
Louis XVI : 76, 260, 282
Louis XVIII : 46
Louis-Philippe Ier : 260
Lubitsch, Ernst : 138
Lumumba, Patrice : 243
Luxembourg, Rosa : 211
Lwoff, André : 62

Maalouf, Amin : 285-286
Maazel, Lorin : 241
Macron, Emmanuel : 20-21, 37, 42, 46, 117, 269, 277, 282, 294
Mademba-Sy, Claude : 159-160
Maga, Hubert : 196
Magritte, René : 117, 143
Makine, Andreï : 285-286
Malakian, Achod : 231
Mallarmé, Stéphane : 70
Malraux, André : 130, 133
Man Ray, Emmanuel Radnitsky, dit : 116
Manouchian, Missak : 51, 122, 169
Manouïlski, Dimitri : 128
Mao Zedong : 214
Maracineanu, Roxana : 276
Marcellin, Raymond : 221
Marchais, Georges : 17
Marcuse, Herbert : 214
Marshall, George Catlett : 180
Martin, Henri : 46
Marx, Karl : 210, 214
Massine, Léonide : 88
Massu, Jacques : 218
Matisse, Henri : 66-67
Mauriac, François : 82
Maurras, Charles : 60-61, 127
Mazarin, Jules : 282
Mbappé, Kylian : 184
Mbougar Sarr, Mohamed : 285
Mekloufi, Rachid : 183
Melnik, Constantin : 207
Mendès France, Pierre : 209, 256
Merkel, Angela : 27
Messiaen, Olivier : 240
Michel-Ange, Michelangelo di Lodovico Buonarroti Simoni, dit : 118
Michelet, Jules : 46
Milhaud, Darius : 91
Miller, Henry : 144
Millerand, Alexandre : 94

Milosevic, Slobodan : 8
Mimoun, Alain : 124, 185
Miró, Joan : 117, 143
Mitterrand, François : 13, 63, 89, 133, 206, 208, 224, 252-253, 255-256, 259-261, 263, 266, 278-279, 281
Modigliani, Amedeo : 72, 88, 117-118
Molière, Jean-Baptiste Poquelin, dit : 7
Mondriaan, Pieter Cornelis : 145
Monet, Claude : 61
Monge, Gaspard : 89
Monroe, Marylin : 190
Montand, Yves, Yvo Livi, dit : 49, 108, 189
Montijo, Eugénie (de) : 101
Moravia, Alberto : 20
Morgan, Anne : 91-92
Morgan, Michèle : 135
Morin, Edgar : 35, 210, 225
Morris, Maurice de Bevere, dit : 222
Morrisse, Lucien : 226
Moulin, Jean : 266
Mussolini, Benito : 106, 140, 143, 188

Naceri, Samy : 271, 296
Napoléon Ier, Napoléon Bonaparte : 46, 260
Napoléon III, Charles Louis Napoléon Bonaparte : 47, 101, 260
Ndiaye, Pap : 65, 283
Necker, Jacques : 282
Nevill, Wilfred « Billie » : 98
Newton, Isaac : 7
Nicolas II : 71, 110
Nicolas, Louis : 87
Nijinski, Vaslav : 69-71
Nin, Anaïs : 144
Nixon, Richard : 238
Noailles, Anna (de) : 92
Noce, Teresa : 140
Nordling, Raoul : 175
Noureev, Rudolf : 70, 202-203

Obélix : 222
Obréjan, Maurice : 121
Oliveira Salazar, António (de) : 216
Ophüls, Max : 134
Orbán, Viktor : 8
Ott, Carlos : 260
Otton IV : 43
Ouafi, Boughéra (El) : 124
Owens-Jones, Lindsay : 292

Pagani, Herbert : 224
Pahlavi, Mohammad Reza : 245-246
Painlevé, Paul : 89

Pajetta, Giuliano : 165
Papadopoulos, Geórgios : 224
Papon, Maurice : 182
Parker, Tony, William Anthony Parker II, dit : 268, 270
Pasqua, Charles : 245, 279
Pasternak, Boris : 133
Pavarotti, Luciano : 241
Péguy, Charles : 61
Pellerin, Fleur : 276
Pérec, Marie-José : 186
Perón, Eva : 133
Perrin, Jean : 89
Pertini, Sandro : 108
Péry, Nicole : 277
Pétain, Philippe : 37, 97, 126, 149, 152, 173, 177, 191
Petit, Roland : 241
Philippe, Gérard : 35
Philippe II Auguste : 43-44, 260
Picasso, Pablo : 50, 65-66, 72, 88, 118, 142
Pickford, Mary : 138
Pitt, Brad : 290
Planck, Max : 64
Platini, Michel : 107, 184
Pliouchtch, Leonid : 250, 253
Plissonnier, Gaston : 218
Poelvoorde, Benoît : 288
Pollack, Sydney : 188
Pompidou, Georges : 83, 146, 235, 238-239, 248
Ponticelli, Lazare : 84
Porik, Vasilli : 166
Porter, Cole : 229
Poulenc, Francis : 91
Pratt, Hugo : 223
Preminger, Otto : 232
Prévert, Jacques : 189
Priam : 44
Price, Norman : 95
Proudhon, Pierre-Joseph : 73
Proust, Marcel : 61, 103

Rabelais, François : 225
Radiguet, Raymond : 117
Rahimi, Atiq : 285
Raimu, Jules Muraire, dit : 153
Ramos, Conchita : 164
Rappoport, Charles : 123
Raspoutine, Grigori : 109
Rathenau, Hermann : 154
Ravel, Maurice : 91
Rayski, Adam : 168
Reeves, Hubert : 258
Reggiani, Serge : 140
Régine, Régina Zylberberg, dite : 229
Reich, Wilhem : 214-215
Reiser, Jean-Marc : 220-221
Remarque, Erich Maria : 81

Renan, Ernest : 11, 298
Renard, Jules : 61
Renault, Louis : 111
Renoir, Jean : 136, 138
Reynaud, Paul : 151-152, 191
Risi, Dino : 291
Ritter, Julius : 170
Rivette, Jacques : 230
Robbe-Grillet, Alain : 32, 197
Robespierre, Maximilien (de) : 46
Rocard, Michel : 281
Rochet, Waldeck : 208
Rockefeller, John Davison Jr : 112
Rolland, Romain : 130
Romilly, Jacqueline (de) : 265
Ronsard, Pierre (de) : 44
Roosevelt, Franklin Delano : 172, 180
Roosevelt, Theodore : 56
Rossif, Frédéric : 203
Rothschild, Germaine (de) : 131, 139
Rousset, David : 285
Royal, Ségolène : 272
Rubinstein, Arthur : 91
Ruiz, Pablo (voir Picasso, Pablo)
Ruiz y Blasco, José : 66

Sacco, Nicola : 115
Sae Eun Park : 286
Saint Laurent, Yves : 145
Sakharov, Andreï : 250
Salan, Raoul : 205, 216
Salmide, Henri : 156
Salvador, Henri : 49
Sarkozy, Nicolas : 14, 46, 268, 272-273, 275
Sarraute, Nathalie : 196
Sartre, Jean-Paul : 35, 209, 246, 254
Satie, Erik : 88, 91
Sautet, Claude : 232
Sauvageot, Jacques : 216
Schifrin, Lalo : 233
Schiller, Friedrich (von) : 20, 198
Schneider, Romy : 232
Schoen, Wilhelm (von) : 75
Schor, Ralph : 104
Schröder, Gerhard : 18
Schuman, Robert : 190, 192
Schwartz, Laurent : 213, 253
Schweitzer, Albert : 200
Schweitzer, Louis : 292
Scott-Thomas, Kristin : 287
Seberg, Jean : 232
Seghers, Anna : 132-133
Séguy, Georges : 216-217, 256
Sembat, Marcel : 77

Semprún, Jorge : 141
Senghor, Lamine : 124
Senghor, Léopold Sédar : 146, 159, 195, 207
Serra, Maurizio : 286
Shakespeare, William : 7, 287
Sieyès, Emmanuel-Joseph (abbé) : 45
Signoret, Simone : 190
Silberberg, Xenia : 140
Simenon, Georges : 144
Simon, Michel : 153
Simone, Nina : 199
Sinatra, Franck : 199
Singer, Winnaretta : 56, 90-91
Sinyavsky, Andreï : 250
Siodmak, Robert : 135, 232
Skinner, Ruth Isabelle : 91, 93
Slimani, Leïla : 271, 285
Soares, Mario : 217
Soljenitsyne, Alexandre : 250
Sophocle : 287
Soutine, Chaïm : 71, 117
Souvarine, Boris : 123
Souza, Linda (de) : 217
Spanghero, Walter : 108
Spielberg, Steven : 188
Spreckelsen, Otto (von) : 260
Staël, Nicolas (de) : 240
Stalhschmidt, Heinz : 155
Staline, Joseph : 128-129, 210
Stavisky, Alexandre : 128
Stein, Gertrude : 50, 72, 112-113
Stein, Léo : 72
Sting, Gordon Matthew Thomas Sumner CBE, dit : 199
Stravinsky, Igor : 71, 91
Stroheim, Erich (von) : 35, 136
Suarez, Georges : 173
Sverdlov-Pechkoff, Zinovi : 157

Tapie, Bernard : 278
Tarantino, Quentin : 290
Tchang Kaï-chek : 158
Te Kanawa, Kiri : 241
Teitgen, Pierre-Henri : 26
Ténot, Franck : 225
Terzieff, Laurent : 32
Tessier, Carmen : 208
Thaw, William : 95
Théato, Michel : 54
Thenault, Georges : 94
Théodorakis, Mikis : 224
Thibeault, Fabienne : 286
Thimonnier, Barthélemy : 91
Thorez, Maurice : 127-128, 167
Thuram, Lilian : 293
Titien (Le), Tiziano Vecellio, dit : 118
Tolstoï, Léon : 284
Topor, Roland : 220

Tornatore, Giuseppe : 291
Trân Thanh Vân : 257
Trarieux, Ludovic : 61
Trenet, Charles : 228
Triolet, Elsa : 116, 175
Trotobas, Joseph : 189
Trotski, Léon : 129
Truffaut, François : 230
Truman, Harry : 180
Tshumi, Bernard : 260
Tsiranana, Philibert : 196
Tsugouharu Foujita, Léonard : 72, 118
Tzara, Tristan : 88

Uderzo, Albert : 48, 222
Ulbricht, Walter : 133

Vaillant-Couturier, Paul : 123
Vallaud, Boris : 274
Vallaud-Belkacem, Najat : 271, 274-275, 281
Valls, Manuel : 268, 281
Vanzetti, Bartolomeo : 115
Varda, Agnès : 230
Vargas Llosa, Mario : 286
Vartan, Sylvie : 226
Vautier, René : 204
Ventura, Lino : 49, 107, 188, 231, 271
Vercingétorix : 46-47
Verhoeven, Paul : 289
Verneuil, Henri : 122, 231
VGE (voir Giscard d'Estaing, Valéry)
Vian, Boris : 48, 228
Viansson-Ponté, Pierre : 208
Vichnievsky, Laurence : 279
Vieira, Patrick : 293
Villiers, Philippe (de) : 270
Vinci, Léonard (de) : 118
Visconti, Luchino : 232
Viviani, René : 75
Vo Nguyen Giap : 193

Waddington, William Henry : 282
Walter, Fritz : 35
Washington, George : 77
Welles, Orson : 232
Wendel, famille (de) : 107
Wertheimer, Alain : 262
Wertheimer, Gérard : 262
Weyergans, François : 285
Weygand, Maxime : 149-151
Wharton, Edith : 91
Wilson, Woodrow : 74
Winston, Churchill : 180
Wolinski, Georges : 220-221
Worth, Charles Frederick : 102

Xingjian, Gao : 49

Yade, Rama : 271, 274
Young, Terence : 232
Yourcenar, Marguerite : 264
Youssoupov, Félix : 109

Zadkine, Ossip : 71
Zeller, André : 205
Zem, Roschdy : 271, 296
Zemmour, Éric : 22, 24
Zhou Enlai : 239
Zidane, Zinédine : 184, 271, 293
Zitouni, Mustapha : 183
Zola, Émile : 59-60, 62, 74
Zorine, Valerian Alexandrovich : 218
Zweig, Arnold : 148

Table des matières

Préambule 7

De l'identité 11
Ma France 31
« Nos ancêtres les Gaulois » 41
La Belle Époque (1898-1914) 53
La Grande Guerre (1914-1918) 75
Les Années folles (1919-1929) 101
Les heures sombres (1930-1939) 125
Le temps des héros (1940-1945) 149
La reconstruction (1946-1962) 177
L'« apothéose » des Trente Glorieuses (1963-1973) 205
La gauche… en marche (1974-1995) 235
C'est reparti pour un siècle (1996-) 267

Épilogue 297
Index 301

Ce livre existe grâce au travail de toute une équipe.

Communication : Caroline Babulle, Sandrine Perrier-Replein, Typhaine Maison, Inès Paulin, Adélaïde Yvert.

Coordination administrative : Martine Rivierre.

Studio : Pascaline Bressan, Barbara Cassouto-Lhenry, Joël Renaudat.

Fabrication : Muriel Le Ménez, Céline Ducournau, Bernadette Cristini, Sophia Paroussoglou, Isabelle Goulhot.

Commercial, relation libraires et marketing : Laetitia Beauvillain, Perrine Therond, Ombeline Ermeneux, Élise Iwasinta, Morgane Rissel, Arthur Rossi, Aurélie Scart.

Cessions de droits : Isabelle Votier, Benita Edzard, Lucile Besse, Sonia Guerreiro, Costanza Corri.

Gestion : Sophie Veisseyre, Chloé Hocquet, Isabelle Déxès, Camille Douin.

Services auteurs : Viviane Ouadenni, Jean-François Rechtman, Catherine Reimbold.

Ressources humaines : Mylène Bourreau.

Juridique : Laëtitia Doré, Anaïs Rebouh, Valérie Robe, Lucie Bergeras, Julia Crosnier.

Avec le soutien des équipes d'Interforum et d'Editis qui participent à la création, la diffusion et la distribution de ce livre.

pcа
cmb
édition pré-presse
livres numériques

44400 Rezé

CET OUVRAGE
A ÉTÉ ACHEVÉ D'IMPRIMER
SUR ROTO-PAGE
PAR L'IMPRIMERIE FLOCH
À MAYENNE EN DÉCEMBRE 2022

N° d'éditeur : 64799/01 – N° d'imprimeur : 101673
Imprimé en France